◎国际商务案例集◎

中国利用外资与对外投资案例

郭天宝　编著

中国财经出版传媒集团
经济科学出版社
Economic Science Press

图书在版编目（CIP）数据

中国利用外资与对外投资案例/郭天宝编著. —北京：
经济科学出版社，2015.12
（国际商务案例集）
ISBN 978-7-5141-6435-0

Ⅰ.①中… Ⅱ.①郭… Ⅲ.①外资利用-案例-中国
②对外投资-案例-中国 Ⅳ.①F832.6

中国版本图书馆 CIP 数据核字（2015）第 315757 号

责任编辑：杜 鹏 张 力
责任校对：郑淑艳
版式设计：齐 杰
责任印制：邱 天

中国利用外资与对外投资案例
郭天宝 编著
经济科学出版社出版、发行 新华书店经销
社址：北京市海淀区阜成路甲 28 号 邮编：100142
总编部电话：010-88191217 发行部电话：010-88191522
网址：www.esp.com.cn
电子邮箱：esp_bj@163.com
天猫网店：经济科学出版社旗舰店
网址：http：//jjkxcbs.tmall.com
北京万友印刷有限公司印装
710×1000 16 开 20 印张 400000 字
2016 年 12 月第 1 版 2016 年 12 月第 1 次印刷
ISBN 978-7-5141-6435-0 定价：45.00 元
（图书出现印装问题，本社负责调换。电话：010-88191510）
（版权所有 侵权必究 举报电话：010-88191586
电子邮箱：dbts@esp.com.cn）

总　序

20世纪末的第二次全球化大潮使世界各国和地区的市场进一步融合，任何一国的企业，无论是否有意参与国际竞争，都已置身于国际商务环境之中。与此同时，中国自2001年加入WTO以来，对外贸易和对外投资迅猛发展，中国企业"走出去"开展跨国经营、参与国际竞争的意愿逐渐增强。为适应21世纪我国对外贸易和对外投资发展的需要，增强我国企业的国际竞争力，我国教育部于2005年首次批准设置国际商务本科专业。至今，国际商务专业已走过了10年的风雨历程。在这十年里，国际商务专业在国内学术界的争议声中不断成长，逐渐被社会认可，被市场需要。如今，国际商务专业已发展成非常有前景的热门专业。

经过10年的努力，国际商务专业的学科属性已基本成型。国际商务是一个独立的自足（Self-contained）的学科，是从各相关学科中吸取国际化经营所需的专业知识进行有机的融合而形成的新的学科体系（王林生，2013）。国际商务是在全球性、区域性、国家、地区、产业和企业多个层面上货物与服务进出口、国际生产制造和对外直接投资的综合活动（王炜瀚，2013）。由此可见，国际商务是一个十分庞大的学科，其实践领域可以涵盖国际贸易、国际投资、国际金融、国际商法、国际市场营销、跨文化管理、国际商务谈判等方方面面。

为进一步培养应用型、复合型、职业型高级国际商务专门人才，教育部于2010年批准设立国际商务专业硕士学位。国际商务人才培养目标突出目标市场及具体专业技能培养，突出国际化技能和国别技能培养，突出高层次国际商务人才培养。要实现上述目标，学生在校期间除了多参加实践活动之外，在教学活动中的案例教学显得尤为重要。

但目前，市场上与国际商务学科相关的案例集普遍存在零散、系统性差、时间滞后、无法满足国际商务教学实践等特点。因此，编辑、整理、收集为国际商务专业学生课堂教学使用的专门的案例集就显得尤为迫切且十分必要。

本套丛书既可满足高校培养应用型、复合型、职业型高级国际商务专门人才之需，弥补国际商务专业所需的各种技能训、练基地缺乏之需，也可满足为政府及企业国际化提供借鉴材料之需。

本套丛书由王云凤教授担任总主编，分别由郭天宝、王素玉、张智远、刘铁明、李建民、关嘉麟、李可七位老师编写。本套丛书能够出版，与吉林财经大学国际经济贸易学院教师多年形成的齐心协力、合作共赢的氛围是分不开的，它凝结了吉林财经大学国际经济贸易学院教师多年的科研和教学心血与宝贵经验。本套丛书由2014年吉林省财政专项国际商务专业硕士案例库建设项目资助。由于编写水平有限，疏漏或不当之处在所难免，敬请同行专家、学者及读者批评指正。

编委会
2016年2月

前　言

随着全球经济一体化的迅猛发展，对外经济贸易活动日趋频繁，越来越多的经济体选择"走出去""引进来"的方式，不断探索新的发展理念，尝试新的发展方式。如何在复杂的世界经济格局中运筹帷幄，把握先机，以最小的代价谋得最大的利益，是每个企业决策者的必修课。

中国是一个发展中的大国，中国改革开放的重要目标之一是融入世界经济体系并与世界市场接轨，实现经济国际化。改革开放以来，中国在利用外资和对外投资上取得了巨大成就，无论是在规模上还是涉及领域方面都得到了迅速发展，中国经济全球化趋势日益增强。随着我国加入WTO，对外开放领域将进一步扩大，外资的大量涌入也引起了我国经济格局的极大变化。对此，我们应及早地做好应对之策，趋利避害，以积极的姿态迎接经济全球化和国际多边经济贸易合作带来的挑战，更好地保障和维护我国社会利益。

本书收集整理了近年来我国大型企业利用外资、对外投资的经典案例，较为全面地分析了并购案例对我国乃至世界经济的影响。每个案例配有"理论链接"，学习者在阅读案例的同时对相关理论会有较为深入的思考和掌握；案情介绍部分主要包括背景介绍、并购双方、并购动因、并购过程及并购后产生的影响等方面；案例最后配有思考题，供学习者阅读案例后思考。通过对案例的学习，有助于学习者更好地把握跨国公司并购的发展趋势和规律，更加有效地理解和掌握企业的全球化战略。

本书是集体劳动的结晶，李根、杨天红、董毓玲、刘晶晗、孙忠瑾为本书的编写做了大量的工作，在此深表谢意。在本书编写过程中，参阅或引用了许多国内外学者的研究成果、著作和教学案例，在此特向学者们表示由衷的感谢！

由于水平有限，书中难免有粗浅疏漏之处，敬请读者提出宝贵意见，以便进一步修订和改进。

编　者
2016 年 12 月

目录

第一部分　中国利用外资 ... 1

雀巢牵手徐福记打造糖果巨头 ... 3
沃尔玛收购1号店打造线上线下一体化业务 ... 8
联合利华收购中华牙膏 ... 14
可口可乐收购汇源 ... 19
惠而浦收购合肥荣事达三洋电器 ... 25
苏格兰纽卡斯尔收购重庆啤酒 ... 30
FAG恶意并购西北轴承 ... 36
英国帝亚吉欧收购成都水井坊 ... 43
德国DEG收购南充市商业银行 ... 48
加拿大汉博和汉博公司收购东方热电集团 ... 52
韩亚银行收购吉林银行 ... 57
美国CVC收购晨鸣纸业 ... 62
百胜餐饮"叼走"小肥羊 ... 67
瑞士奈科明收购天普药业 ... 72
雀巢公司收购银鹭食品产业 ... 78
雀巢公司并购辉瑞旗下的惠氏公司 ... 83
摩根士丹利控股南孚公司 ... 87
米塔尔收购华菱管线 ... 92

第二部分　中国对外投资 ... 99

光明食品并购英国维他麦 ... 101
双汇国际并购美国史密斯菲尔德 ... 107
兖州煤业收购澳大利亚菲利克斯资源公司 ... 112
中海油并购加拿大尼克森石油公司 ... 117
中联重工收购意大利CIFA公司 ... 123

- 大连万达携手美国 AMC 打造影院巨头 …… 128
- 金川集团收购南非 Metorex 公司 …… 132
- 潍柴动力收购德国凯傲集团 …… 137
- 中国工商银行并购美国东亚银行 …… 141
- 吉利收购沃尔沃 …… 146
- 中国平安收购富通集团 …… 152
- 中国石化并购雷普索尔巴西子公司 …… 158
- 中投公司投资摩根士丹利 …… 163
- 上汽集团收购双龙汽车 …… 169
- 徐工集团并购德国施维英 …… 177
- 三一重工收购德国普茨迈斯特 …… 183
- 海信集团收购夏普墨西哥工厂 …… 190
- 联想收购摩托罗拉 …… 196
- 锦江国际集团收购法国卢浮酒店集团 …… 201
- 四川腾中重工收购悍马 …… 207
- 清华紫光 25 亿美元收购惠普子公司 …… 214
- 明基并购西门子手机业务 …… 219
- 上海电气收购日本秋山 …… 225
- 中国财团并购国际飞机租赁公司 …… 231
- 中国铝业收购澳大利亚力拓集团 …… 236
- TCL 收购汤姆逊 …… 242
- 港交所收购伦敦金属交易所抢夺大宗金属货物定价权 …… 248
- 美的并购开利拉美空调业务 …… 254
- 长江基建全资控股英电网络业务 …… 259
- 工商银行并购南非标准银行 …… 264
- 华为收购美国 3COM …… 270
- 京东方杠杆收购韩国现代 TFP 生产线 …… 277
- 中石油收购 PK 石油公司 …… 282
- 中投公司投资美国黑石集团 …… 288
- 金河生物收购潘菲尔德 …… 296
- 联想收购 IBM 全球 PC 业务 …… 301

第一部分　中国利用外资

雀巢牵手徐福记打造糖果巨头

【理论链接】

垄断优势理论

垄断优势理论（Theory of Monopolistic Advantage）又称所有权优势理论，美国经济学家海默（S. Hymer）于1960年首次提出了以垄断优势来解释对外直接投资的理论。垄断优势理论认为跨国公司拥有的垄断优势主要有以下几个方面：资金优势、技术优势、组织管理优势、规模经济优势、获取信息优势。

摘要：2011年12月8日，雀巢公司宣布正式与徐福记结成合作伙伴关系，雀巢将以溢价24.7%收购其股份，根据拟定协议，雀巢公司将拥有合资公司股份的60%，徐福记创始家族拥有剩余的40%。随着审批程序的结束，历时半年的雀巢并购徐福记渐入尾声。

关键词：雀巢；徐福记；糖果企业；垄断优势

1. 案例概述

雀巢收购徐福记以其巨额的交易资金，被评选"2011年度中国快速消费品十大并购"之首，同时，交易双方在糖果行业的领先地位也使业界人士普遍认为并购将会给行业格局带来巨大的影响。

2011年7月11日，雀巢和徐福记同时宣布双方已对收购事宜达成共识并签署了相关协议。根据协议，雀巢将以17亿美元收购徐福记60%的股份，徐福记创始家族持有剩余的40%股份；雀巢将溢价24.7%收购其股份，而徐福记已于7月4日宣布在新加坡股票交易所的股票暂停交易，以满足洽谈需求。

雀巢作为中国糖果市场占有率第5位的企业，与排名第2位的徐福记联手，必将大大提升雀巢在华的竞争实力。同时，徐福记作为糖果行业中民族企业的领头羊，并购事件也在国内引发了巨大的反响。行业巨头之间的并购不仅令雀巢得以扭转与卡夫和玛氏等竞争中的劣势地位,客观上也压缩了其他民族品牌如大白兔、金丝猴的生存空间,抑制了民族企业的发展。介于雀巢此前对中国十大饮水企业之一的云南大山饮水和银鹭集团的收购先例,此次并购也在国内引发了国人对外资垄断中国食品供应链以及民族企业发展前景的担忧。

2. 案例介绍

2.1 并购双方

雀巢公司创立于1867年,总部设在瑞士日内瓦湖畔的沃韦。147年的发展,使雀巢公司逐渐从以生产婴儿食品为主转为以生产巧克力棒和速溶咖啡闻名的食品制造商。雀巢坚持灵活创新的经营理念,以市场为导向,不断调整自我经营方向,拥有适合经营市场与当地文化相契合的丰富的产品系列。2005年,雀巢以市场需求变动为契机,进行经营转型,开始从农产品加工商转为具有附加值的食品加工商,并最终成为食品、营养领域产品和服务的供应商;2010年,雀巢公司在全球拥有超过500家的工厂,25万名员工,年销售额高达1 097亿瑞士法郎,纯利润达到342亿瑞士法郎;其中,有将近95%的销售额来自食品的销售是世界最大的食品制造商。目前,雀巢在五大洲的60多个国家中共建有400多家工厂,所有产品的生产和销售由总部领导下的约200多个部门完成。雀巢销售额的98%来自国外,因此又被称为"最国际化的跨国集团"。2013年,雀巢在全球500强企业排名69位,营业收入984.83亿美元。雀巢早在1874年便在中国开始经营,旗下雀巢鹰唛炼奶是香港第一个注册商标。雀巢于1987年在双城市开设在华第一家工厂,并于1990年投产。1990~2006年,雀巢在中国大陆建立了16家工厂。截至2012年,雀巢与银鹭、徐福记、太太乐、惠氏营养品、豪吉及大山等建立合作伙伴关系,在大中华区共运营33家工厂,拥有50 000名员工。雀巢通过利用本地原材料在本地制造同等高品质的食品,替代进口产品,现在雀巢在中国大陆销售的产品中99%是在本地制造的,在中国市场拥有良好的口碑。在过去的几十年中,雀巢从瑞士对大中华区的直接投资已累计超过70亿元人民币。雀巢大中华区的总部设在北京,经营21家工厂,其中4家在上海市、3家在广东省、4家在天津市、3家在四川省、2家在山东省、1家在黑龙江省、1家在江苏省、1家在内蒙古自治区、1家在北京市,还有1家在香港特别行政区。雀巢同时注重中华区的科研开发和适合本土市场的产品研发,2001年,雀巢在上海成立了上海雀巢研发中心,致力于应用科技和营养研究,并开发中国消费者喜爱的、适合中国人口味和消费能力的营养食品。

徐福记由徐氏兄弟于1978年创办,曾分别在台湾经营徐记食品、徐福记食品、安可食品、巧比食品及蜜饯等知名品牌，被誉为"二十年金字招牌"，是中国最大的糖果品牌和糖点企业之一。该集团主要生产糖果、糕点、沙琪玛、巧克力、果冻等休闲糖点。于1992年在中国广东省东莞市注册创立东莞徐福记食品有限公司。凭借多年成功的市场销售经验，开拓新局，快速获得成长扩展。1997年，徐福记与新加坡汇亚集团（TRANSPAC）及仲华海外投资基金共同合资，为集团带来崭新思维及理念，共同成立BVI徐福记国际集团，并注册成立东莞徐记食品有限公司，专事经营徐福记品牌在中国糖点领域的永续发展。2003年，徐福记获得了沃尔玛公司全球采购系统合格供应商的资格，此后，徐福记充分利用沃尔玛在全球3 000多个超级市场的优势大力拓展国外市场，大大提高了"徐福记"食品的品牌效应，扩大了产品的出口量，提高了产品在全球市场的占有率。据统计，2006年徐福记在中国拥有56家销售分公司，超过13 000个直接管控的终端零售点，成为中国最大的糖果品牌和糖点企业之一。徐福记公司具有完善的服务体系，严把产品质量关，注重客户服务和售后服务，长期保持着消费者投诉处理率100%的良好业绩。2003年公司销售收入突破14亿元，创造利税2.6亿元。2006年春节，徐福记仅在上海市场的散装销售额就将近2个亿。据徐福记最新公布的财报显示，2010年全年的营收和净利润分别为43.1亿元和6.022亿元，同比分别增长14%和31%。根据国际市场调研公司欧睿数据调查显示，按零售额算，2008年我国糖果市场规模近580亿元，雀巢的份额仅为1.6%，远远落后于排名首位的美国玛氏12.9%，徐福记的份额则为3.9%。

2.2 并购过程

（1）2011年7月5日，雀巢被指洽购徐福记，徐福记新加坡停牌；徐福记证实与雀巢洽谈收购事宜。

（2）7月6日，雀巢证实正洽购徐福记，并购需跨越很多障碍；徐福记称不会将公司全部卖给雀巢，更侧重合作。

（3）7月7日，雀巢三月内两起并购，且均针对民族品牌，国内反响剧烈。

（4）7月8日，雀巢收购徐福记，垄断动机明显，前景不被看好。

（5）7月9日，徐福记承认雀巢洽购。

（6）7月11日，雀巢已和徐福记签协议，拟17亿美元购60%股份。

（7）7月12日，雀巢中国公司称111亿控股徐福记获批有望。

（8）12月7日，徐福记国际集团在新加坡交易所发布公告宣布，商务部昨天已经批准了雀巢公司以17亿美元收购徐福记60%股权的交易。雀巢计划把徐福记从新加坡交易所摘牌，摘牌时间将另外公布。

（9）12月18日，雀巢公司官网宣布正式与徐福记公司结成合作伙伴关系，历时半年的并购历程宣告完结。

2.3 并购后的效益

（1）收购后雀巢的发展状况。长期以来，雀巢公司的扩展目标是在 2020 年实现新兴市场对公司总体营收的贡献率达到 45%，因此，雀巢公司需要借助收购来扩展市场份额，实现既定目标。收购之初，雀巢公司便为自身设定了 8% 至 10% 的增长目标；同时，鉴于徐福记是国内糖果行业中领先企业，且拥有近 1.8 万条散装柜以及庞大的二、三线渠道资源，业界对雀巢并购后发展普遍看好。根据 2013 年公开报道，雀巢全年销售额达到 922 亿瑞士法郎，其中有机增长为 4.6%，全年实际内部增长比重为 3.1%，是集团自 2009 年以来最差业绩；以销售业绩来看，虽然大中华区成为雀巢全球第二大市场，总体业绩在集团中表现良好，增速为 27.6%，但与 2012 年 91.4% 业绩相比，增速已明显趋缓。雀巢官方称低利润是受到投资组合的重组成本和影响所致。

（2）收购后徐福记发展状况。并购之后徐福记的发展受到经济低迷和生产成本上涨的挑战，增速趋缓，营收贡献率逐渐下降，产品业绩下滑，产品逐渐脱离主流消费趋向边缘化。根据欧睿数据调查公司为 21 世纪经济报道提供的数据显示，在中国糖类市场上，徐福记的份额在逐渐下降，其 2013 年份额为 3.8%，较上一年下降 0.1%，排名行业第三位；且徐福记主打产品糖果及巧克力市场份额呈下降趋势，2012 年及 2011 年份额分别为 3.9% 和 4%。

3. 案例分析

3.1 雀巢优势分析

（1）资金实力雄厚。雀巢作为全球最大的食品制造商，目前总市值约为 2 000 亿美元。

（2）品牌实力强硬。雀巢灵活的品牌经营意识，创新的经营理念，在消费者中树立了良好的口碑。

（3）创新实力雄厚，研发能力强大。雀巢在全球建立了健全的研发网络，包括瑞士洛桑的基础研究中心和分布在欧洲、亚洲、非洲及美洲等国家的 29 个研发机构，有超过 5 000 名技术人员从事研发活动。

（4）先进的管理理念。雀巢始终将员工和人才置为业务核心，同时注重并购企业的本土化管理，注重本土员工的经营与管理。

（5）丰富的并购经验。雀巢作为一家优秀的跨国公司，在过往的跨国经营中积累了丰富的并购经验。且雀巢刚完成对云南大山饮水及银鹭集团的收购，为并购徐福记积累了丰富经验。

3.2 并购动机分析

（1）雀巢并购动机分析：庞大的中国消费市场为雀巢的全球发展和自身经营目标的实现提供了良好商机；徐福记领先的市场地位和完善的销售网络弥补雀巢在中国发展的不足；雀巢急需徐福记的协助以扭转其在糖果行业竞争的劣势现状。

（2）徐福记接受洽谈原因分析：有利于企业未来发展的整体规划；是解决当前企业发展过程中的资金和技术问题优选之道；吸收先进管理理念和人才以优化自我发展，同时打开国际市场，有利于企业国际化发展。

3.3 并购后影响分析

（1）对雀巢的影响：雀巢收购徐福记后应该可以说是强强联合优势互补，可以扩大在中国市场的份额。雀巢虽然是在中国糖果行业属于前五名，但还远远落后于玛氏、卡夫和联合利华这三家国际巨头，收购徐福记以后，雀巢在市场的销售额上能够坐二望一。同时，雀巢还可以借助徐福记的销售网络向中国的二、三线市场进行延伸。

（2）对徐福记的影响：徐福记可以借助国际巨头这种资源和雀巢的研发创新力量来提高产品的营养价值和品质；同时因为雀巢是作为一个国际性企业，对徐福记参股，对于提升徐福记的国际化形象，开展国际化经营具有十分有益的促进作用。

（3）对国内消费市场的影响：收购成功后雀巢对糖果市场的控制力将明显增强，综合竞争力得以提高，不仅提升了与玛氏、卡夫、联合利华等相抗衡的实力，而且也进一步压缩了雅客、大白兔等国内中小企业的生存空间，竞争激烈程度加剧对中国一些中小的糖果企业来讲生存空间确实会有一些挤压，甚至有一些品牌在二、三线的市场可能被淘汰出局。

【思考题】
1. 雀巢收购徐福记对中国糖果业的产业格局产生了哪些影响？
2. 请结合案例谈谈中国民族企业在面对跨国企业挑战时应采取的应对策略。

【资料来源】
［1］外资企业并购案例占总数六成［J］．上海商报，2011（1）．
［2］冯一萌．雀巢联姻徐福记［J］．IT经理世界，2011（7）．
［3］张旭．雀巢并购正反面：银鹭惠氏支撑业绩 徐福记恐被边缘化［J］．21世纪经济报道，2014（6）．
［4］并购案例：雀巢赢得徐福记．百度文库．

沃尔玛收购1号店打造线上线下一体化业务

【理论链接】

内部化理论

内部化理论（Internalization Advantage Theory）又称市场内部化理论，是当代西方较为流行的来解释对外直接投资动因的一种理论。所谓市场内部化，是指由于市场不完全，跨国公司为了其自身利益，以克服外部市场的某些失效，以及由于某些产品的特殊性质或垄断势力的存在，导致企业市场交易成本的增加，而通过国际直接投资，将本来应在外部市场交易的业务转变为在公司所属企业之间进行，并形成一个内部市场。也就是说，跨国公司通过国际直接投资和一体化经营，采用行政管理方式将外部市场内部化。市场不完全是内部化理论的基本假设，这种假设主要体现在三个方面：第一，企业在不完全市场竞争中从事生产经营活动的目的是追求利润最大化；第二，中间产品市场的不完全，使企业通过对外直接投资，在组织内部创造市场，以克服外部市场的缺陷；第三，跨国公司是跨越国界的市场内部化过程的产物。从上述三种假设可以说明，在不完全市场上，当技术、管理、原材料、信息等外部的生产要素市场交易成本高于内部的市场交易成本或难以保证交易正常进行时，企业为了实现利润最大化，会将其市场内部化。

摘要：2012年10月26日，沃尔玛公司正式宣布已实现控股1号店，取代平安集团成为1号店的大股东，持股比例为51%。经过半年的审查，沃尔玛在作出一系列限制性承诺之后，终于在中国电商市场上迈出了一大步。从此，沃尔玛将利用1号店良好的销售体系和市场口碑，弥补其线上业务的弱势，1号店也将借助沃尔玛高效的物流系统和信息系统，提升服务质量，推动自我发展。

关键词：沃尔玛；1号店；电子商务；物流体系；线上整合

1. 并购双方介绍

1.1 沃尔玛

沃尔玛百货有限公司由美国零售业的传奇人物山姆·沃尔顿先生于1962年在阿肯色州成立，主要涉足零售业，是世界上拥有员工最多的企业，同时也是美国《财富》杂志世界500强企业中蝉联3年冠军的大型跨国连锁企业，发展至今，沃尔玛已经成为全球最大的零售商。沃尔玛公司有8 500家门店，分布于全球15个国家，下设69个品牌，全球员工总数220多万人，每周光临沃尔玛的顾客有2亿人次。2013年，沃尔玛实现营业收入4 691.62亿美元，净利润达到169.99亿美元，同比上涨5%和8.2%，这一数字是Tesco乐购的8.7倍，是家乐福的10.7倍，是麦德龙的43.5倍。现沃尔玛主要有沃尔玛购物广场、山姆会员店、沃尔玛商店、沃尔玛社区店四种营业态式。

沃尔玛在经营中提出"帮顾客节省每一分钱"的宗旨，实现了价格最便宜的承诺，沃尔玛还向顾客提供超一流服务的新享受。公司一贯坚持"服务胜人一筹、员工与众不同"的原则。走进沃尔玛，顾客便可以亲身感受到宾至如归的周到服务。同时，沃尔玛推行"一站式"购物新概念。顾客可以在最短的时间内以最快的速度购齐所有需要的商品，正是这种快捷便利的购物方式吸引了现代消费者。此外，虽然沃尔玛为了降低成本，一再缩减广告方面的开支，但对各项公益事业的捐赠上，却不吝金钱、广为人善。有付出便有收获，沃尔玛在公益活动上大量的长期投入以及活动本身所具的独到创意，大大提高了品牌知名度，成功塑造了品牌在广大消费者心目中的卓越形象。

沃尔玛在中国大陆经营始于1996年，广东深圳罗湖区成为沃尔玛在华第一家购物广场的所在地，现今，沃尔玛已经在全国148个城市开设了380多家商场，在全国创造了106 500个就业岗位。目前，沃尔玛中国超过99%员工来自于中国本土。凭借强大的资金实力和先进的技术支撑，沃尔玛在中国迅速走强，通过并购好又多，极力抢占国内零售市场，增强自我竞争力。

1.2 1号店

1号店是国内首家网上超市，开创了中国电子商务行业"网上超市"的先河。母公司为上海益实多电子商务有限公司，由世界500强戴尔前高管于刚（全球副总裁）和刘峻岭（全球副总裁，中国和中国香港区总裁）联合在上海张江高科园区创立。在加入戴尔之前，于刚曾任亚马逊全球供应链副总裁，他对亚马逊的供应链进行改造并取得了巨大的成功。他们二人领导团队，能够取长补短，而且他们持有相同的价值观——为顾客带来价值。2008年7月网站正式上线，成立仅3年半的时间，以每月业绩28%的平均飙升速度成长为国内领先的B2C网上购物平台。

1号店的经营植根于管理团队先进的管理理念和技术支持，公司独立研发出多套具有国际领先水平的电子商务管理系统并同时拥有多项专利和软件著作权，在系统平台、采购、仓储、配送和客户关系管理等方面大力投入，不断强化自我竞争实力。1号店自上线以来广受青睐，一年多时间内就积累注册用户4 000多万，上千个供应商，数百个品牌合作商，商品涵盖食品材料、美容护理等十二大类，480个小类，200万多种商品，还在业内率先拓展了众多虚拟产品服务项目。另外，1号店为提升自我服务质量，创立自己的配送中心，截至2011年12月底拥有超过34个大城市的自主配送。

1号店自成立以来，便将"全力满足顾客需求，追求最完美的顾客体验"贯穿到自我的核心经营理念之中。公司始终认为为供应商和顾客创造价值，自我价值也将会实现的双赢理念，而员工培训也将此融入每一位员工的心里，培养员工的使命感。

2. 并购动机

2.1 沃尔玛的困惑

高效的物流系统和信息系统是沃尔玛征战全球的两大利器，但是面对中国特殊的国情和消费需求，这两大利器接连失效。高效的信息系统和自动化的物流系统的协同效应使沃尔玛最大限度地降低了商品库存和在途时间，有效压缩了营运成本，支撑这两个体系的是沃尔玛在美国3 000多家门店和布局合理的配送中心以及美国四通八达的高速公路。而在中国，高速公路覆盖还不够完善，运输成本较高；另外，中国不同于欧美计划式消费，中国式消费者多是冲动性购物而非目的性购物，且各种口味千差万别，给沃尔玛的信息分析和物流带来了极大的挑战；沃尔玛领先高效的信息物流系统难施手脚，无法体现规模优势；依赖信息系统并借助其商用卫星，沃尔玛能快速分析供应商、配送中心、商场的供需状况，并在短时间内实现配送流程，但受政策影响，沃尔玛的卫星系统难以在大陆地区发挥作用，跨地区连锁配送能力受到抑制，极大地影响了沃尔玛的效率和低价政策的实施；在中国，沃尔玛在配送中心周围密集建店无法实行，利用配送中心的规模效应来降低成本的优势始终无法发挥出来，反而增加了物流成本。另外，沃尔玛在中国的发展受到自身文化传统的限制，经营扩展谨慎保守，店面数量无法使沃尔玛高效的信息物流系统发挥规模优势，成本高居不下。反观同类跨国零售企业在华的历程，如家乐福等，经过本土化建设后均大踏步走上了爆发式增长的扩张阶段。

线上业务的发展伴随着互联网的普及迅速扩张起来，沃尔玛曾对中国电商市场进行评估，坦言未来五年，中国网购规模将接近美国网购市场的销售水平。另外，根据中国的消费特色，沃尔玛很难完全通过实体店来全面覆盖中国零售市场，而电子商务将很好地补充沃尔玛实体店的业绩。但是沃尔玛在中国的电商发展不仅落后于亚马逊等国际电商，更与本土京东、天猫等保持了很大差距。虽然沃尔玛先后在大陆成立了上海电商总部、深圳网上购物测试服务，但顾客对其服务意见不断。沃尔玛的中国局陷入了线上、线下双重困局。

2.2　1号店的魅力

1号店由戴尔前高管于刚和刘俊岭两人共同创立，于2008年7月11日正式上线，开创了中国电子商务行业"网上超市"的先河。对沃尔玛来说，1号店是个不错的选择。初期，1号店以销售日用品和食品为主，而这也正是沃尔玛的主营业务，沃尔玛对此较为熟悉，运作起来上手快，游刃有余；1号店的两位创始人都有过海外经历，二人均曾在同属美国的跨国企业DELL任职过，深谙美国文化，这一点无论是对于人际沟通还是企业互融都很有利，容易产生协同效应；1号店成立时间不长，商品涉及食品饮料、美容护理、厨卫清洁、母婴玩具、电器、家居、营养保健等十三大品类，拥有超过18万种商品，上线开始便获得了2 400万注册用户，成绩不俗，被誉为"电商黑马"。2011年，1号店的交易额连续保持4个季度快速增长，据1号店公开披露的数据显示，其Q2/Q3/Q4环比增长分别达336%、609%、268%，全年营业额达到27.2亿元。1号店成为目前中国最大的网上超市，拥有上千个供应商、数百个品牌合作商，业务范围包括网上直销业务和增值电信业务。

1号店在线上业务方面拥有诸多优势，这些是吸引沃尔玛的重要因素。在仓储物流上，1号店拥有北京、上海、广州、武汉、成都五大仓储中心，目前，1号店订单已覆盖到全国（除港澳台），1号店创立了自己的配送中心，截至2011年12月底，拥有超过34个大城市的自主配送，未来在全国范围内还将再建数百个配送站；在集成供应链上，其庞大的采购团队，从供应商认证到确保产品质量，对供应商进行管理，目前1号店拥有上千个优质供应商资源，涵盖众多国内外优质品牌生产商，能把规模化效应所带来的实惠实实在在地反馈到消费者手中。

3.　并购过程

借助与"平安万里通"的合作，1号店在2010年开始用户量与销售收入均得到快速发展。但平安整合 1 号店展开互联网业务的效果不是十分明显，另外，1 号店自身配送成本高、毛利低等问题困扰日渐拖累平安的发展。2011 年一季度，平安开始对外出售 1 号店股权，7 月沃尔玛接受平安报价，双方就收购事宜进行洽谈，年底方案已成。

2011 年 12 月 16 日，商务部收到沃尔玛公司收购纽海控股 33.6% 的股权申报，初次申报因缺少文件而被退回。2012 年 2 月，商务部确认补充材料的申报文件，并对集中申报进行立案审查。初步审查后，商务部认为该并购对中国 B2C 网上零售市场可能具有排除、限制竞争的效果，本案进入进一步审查阶段：

2012 年 3 月 16 日，商务部决定对此案进行延期审查。

2012 年 5 月，上海市市委书记俞正声参观 1 号店上海张江总部。

2012 年 6 月 13 日，经申报方同意，商务部决定延长进一步审查期限。

2012 年 7 月 3 日，沃尔玛公司向商务部提交了解决竞争问题的最终承诺。经评估，商务部认为，该承诺能减少此项集中对市场竞争可能产生的不利影响；

2012 年 8 月，这一交易获得监管机构限制性批准（所谓的"限制性条件"指：纽海上海此次收购，仅限于利用自身网络平台直接从事商品销售的部分；在未获得增值电信业务许可的情况下，纽海上海在此次收购后不得利用自身网络平台为其他交易方提供网络服务；本次交易完成后，沃尔玛公司不得通过 VIE 架构介入目前由益实多运营的电信增值业务）。

2012 年 10 月 26 日，沃尔玛正式宣布已实现控股 1 号店，取代平安集团成为 1 号店大股东，持股比例约 51%。此次收购之后，平安集团目前持有 1 号店 36.9% 的股份，而于刚等管理层则持股 11.8%。

在收购完成的消息发布不久，沃尔玛对 1 号店的组织架构调整随即展开，两名部门副总裁级别高管的交接任命已经完成。戴青被任命为 1 号店人力资源副总裁，宋侑文任财务副总裁，宋曾任金佰利中国首席财务官。此二人来自沃尔玛电商团队，有着丰富的业内背景。

沃尔玛收购 1 号店，可以说无论是对整个零售市场还是电商市场都是一种冲击，你可以选择在网上选购你所需的日用品，下单之后，1 号店保证 1 天之内送到你家。1 号店很好地利用了沃尔玛在中国 140 个城市开设了 370 家商场，来开拓自己的疆域，不用再担心自己的仓库都是出于上海、北京这样的大城市，不能保证一天送到顾客家里的麻烦，因为大多数顾客习惯于家里少什么就去买什么，时买时用，不用再等两天才能用到的麻烦，所以，提供 12 个小时之内送达，是非常重要的一个优势。

4. 沃尔玛线上店的优势

沃尔玛强大的资金实力、强大的后台服务系统、先进的物流、强势的议价能力以及天天平价的策略及管理优势，与1号店在线上的实力相整合，将内部化理论优势发挥得淋漓至极，必将对中国电商的发展带来很大的影响：

（1）物流成本冲击：电商发展的最大困境便是巨额的物流成本，当前沃尔玛的规模效益使沃尔玛的物流成本保持在2%左右的水平，而京东商城的配送成本超过6.6%，两者之间差距明显。

（2）价格成本冲击：低价是沃尔玛长期贯彻的策略，沃尔玛在发展过程中不断整合线上业务，扩展稳定的上游供货以及自由品牌的建设，将供货成本尽可能的最小化。而1号店当前的主营业务是食品百货类，与沃尔玛的线下业务不谋而合，因此价格一定会比线下许多超市更便宜，给消费者带来福利的同时，也为自己的营业额和市场份额提供了强大支持。

可以预言的是，沃尔玛终会通过其他的手段全面收购1号店，实现100%控股。然后也会不断地加大对上游产品的建设和物流投入，打击竞争对手。最后就是依靠自身优势，抢夺电商市场，这也是沃尔玛整合一号店的战略目的所在。

【思考题】

1. 结合案例，谈谈1号店是如何实现其OTO商业模式的。
2. 结合案例，谈一下沃尔玛并购1号店后对其同类线下店经营的影响。

【资料来源】

［1］张辉．沃尔玛收购1号店的思考［N］．速途网，2012（11）．

［2］徐小慧．零售业供应链及采购成本管理研究——基于沃尔玛的案例分析［J］．商业研究，2014（2）．

［3］沃尔玛收购1号店．百度文库．

联合利华收购中华牙膏

【理论链接】

产品生命周期理论

1966年,美国哈佛大学教授纬农(R. Vernon)在垄断优势的基础上,发表了《产品周期中的国际投资和国际贸易》的论文,提出了产品生命周期理论。产品生命周期理论认为跨国公司拥有知识资产优势,具有新产品创新能力,并且应该极力维持企业拥有的技术优势地位,以获得新产品的创新利润。但是新技术的发展日新月异,跨国公司不能长期垄断这些新技术,新产品一旦上市就会被竞争者仿制。新产品从研制创新阶段必然要过渡到产品的成熟阶段,然后再过渡到产品的标准化阶段。

摘要:1994年1月,欧洲日化用品巨头联合利华公司以1 800万美元资金入股,取得控股权,并和上海牙膏厂采取"商标使用许可"的合作方式,租赁了"中华"的商标使用权。联合利华很看重"中华"的品牌知名度和中老年人群中的影响力。2001年5月,联合利华更换了中华牙膏的标识,并推出了各种不同口味的中华牙膏,使其消费群体向年轻化拓展。

关键词:联合利华;中华牙膏;商标权;国际化战略

1. 并购双方介绍

1.1 联合利华

联合利华的前身利华兄弟公司在上海投资开设的中国肥皂有限公司生产的"力士"香皂、"伞"牌肥皂等产品因品质优良成为中国市场的畅销货。1986年联合利华重返上海,第一家合资企业上海利华有限公司继续生产"力士"香皂。联合利华在全球有400多个品牌,其中大部分是收购来并推广到世界各地,比如,旁氏原是一个美国品牌,联合利华将其买下并发展为一个护肤品名牌,推广到中国；而"夏士莲"原是在东南亚推广的一个英国牌子，联合利华也将其引入中国。"成为本地化的跨国公司"是联合利华的全球经营宗旨和长期以来的传统。

这些年来，联合利华不仅将众多国际品牌带进中国市场，同时大力培植中国本地的品牌。联合利华的历史已经横跨了3个世纪，它的成功也历经了多个重大的历史时期：经济繁荣期、萧条期、世界大战、人类生活方式的转变和技术的进步。而联合利华一直以来不断开发新的产品，致力于改善人们的生活，比如帮助人们减少花在家务上的时间；增加食品的营养；使品尝食物成为享受；让人们开始更多地关注起自身、家庭和衣物等。19世纪末期，联合利华的前身企业为工人开设职业培训；为消费者开发的新产品获得社会广泛好评；普及卫生和个人的清洁护理；在食品中添加维生素，用以改善食物的营养……所有这些在今天看来都已不再是新鲜事物，但在当时却是领先一步。

1986~2001年，联合利华在中国的投资共计约10亿美元，引进了100多项先进的专利技术，直接雇用了4 000多名中国员工，间接提供了14 000个就业机会，生产20多种品牌的产品，涵盖了人们日常生活的各个方面。今天，联合利华仍坚信成功意味着企业行为的高标准化，以企业行为的最高标准对待员工，消费者，社会，乃至于所在的整个世界。这些年来，联合利华发起或参与了越来越多的项目，寻求可持续发展的产品原料；保护环境；支持当地的社区等。

1.2 中华牙膏

中华牙膏是上海白猫集团股份有限公司旗下品牌，中华牙膏品牌创立于1954年，已经拥有了61年历史。1994年被欧洲联合利华集团租用。中华牙膏旗下产品拥有联合利华全球研发中心的支持，领先技术，承诺优秀品质，并且是国内唯一获得FDI（国际牙科联盟）认可的牙膏品牌。中华拥有美白、口气清新、全效、中草药和防蛀5个系列，10个品种的牙膏，覆盖了较全面的牙膏功效需求，形成较为完善的产品线。2011年6月，中华全线产品新装上市，推出了全新的品牌形象，给消费者以年轻，自信的品牌理念，让品牌由相对陈旧形象转化为年轻、现代的新品牌形象。

2. 案例分析

1994年1月，上海联合利华牙膏有限公司成立，联合利华以1 800万美元资金入股，取得了合资公司的控股权；上海牙膏厂以土地厂房和设备作价1 200万美元入股，占有40%的股份。之后双方在品牌上达成了许可经营合同，联合利华取得了"中华牙膏"品牌的经营权，条件是须向上海牙膏厂缴纳一定的品牌使用费——中华牙膏销售的2%左右。双方约定，以10年为单位，在商标的续展期内，期末销量必须大于期初销量，否则中方有权收回商标使用权。合资之初，联合利华承诺在洁诺和中华两个牙膏品牌上的投入是 4∶6，不过到后来并没有遵守这一承诺，而是主打自有品牌洁诺。但洁诺的市场份额一直没有起色。

自 2001 年起，联合利华开始投巨资建设中华牙膏的品牌。近年来，中华牙膏每年为联合利华贡献 10 亿元左右的销售额，在国内市场占有率始终在 15% 左右，与高露洁、佳洁士在国内市场占有率同列三甲。虽然中华牙膏与白猫股份签订的是无限期的租约，但每 10 年还需要做一次回顾，对销售有一个量的限制，如果达不到对于销售量的要求，就可能被白猫股份收回；但白猫集团经营不善，导致企业年年亏损，其有意向进行企业重组。如果要作资产的评估，中华品牌的所有权与经营权的分开，将导致联合利华无法因为中华销售量以及品牌知名度的逐年递增作评估，也无法对股东交代。

中华是联合利华的最重要品牌，联合利华不会放弃中华品牌，中华品牌是他们在中国市场上唯一重点发展的牙膏品牌。同时，中华的销售额还在每年递增。这让联合利华认识到，单纯靠租赁该品牌是远远不够的。

"品牌要发展就要不断的创新"，这是联合利华品牌战略的一个重要原则。对全球品牌，联合利华进行本土化改造，使其符合本土消费者的需求；对本土品牌，联合利华对之注入国际经验、资源和技术，一方面充分继承和发扬品牌特色；另一方面不断推陈出新，为品牌注入新的活力和内涵。随之而来的是超过 50 亿元的销售额和每年两位数的增长业绩，这证明联合利华将本土化和全球化相结合的努力已获得成功。

对于联合利华来说，没有比中华牙膏更了解、更贴近中国消费者的产品。自 1954 年在上海牙膏厂投产以来，中华牙膏作为一个拥有 50 余年历史的中国民族品牌，在消费者心目中一直保持着较高的品牌好感度，特别是 2001 年后，依托于联合利华的强大支持，中华牙膏经历了换装、丰富产品线及技术革新等全面优化，已成为品质领先的一流牙膏产品。然而，与高露洁、佳洁士等国外牙膏品牌相比，中华牙膏品牌形象老化、保守，在年轻消费者中的市场份额呈逐年下降趋势，如何完成以旧"焕新"，成功完成品牌激发，重塑品牌活力，就成为摆在中华牙膏面前最为严峻的问题。

2005 年 9 月，配合中华牙膏家族又一新成员"中华本草五珍"的上市，联合利华的技术人员制作了以"本草五珍"为原型的高近 3 米、重达 780 公斤的超大牙膏，在全国 9 市 1 县展开大型巡展，并向吉尼斯世界纪录发起了冲击。这一颇富社会话题性质的重大事件很快就引起了公众广泛的关注，形成了媒介舆论的热点。借助于挑战进程的悬念和大牙膏的在各地的风光亮相，中华牙膏"领先、健康、活力"的产品及品牌诉求也得到了充分的传达，用于挑战吉尼斯世界纪录的超大牙膏，也已经成为大众心目中的一个标志性形象，并和中华品牌紧紧关联，成为提升中华品牌好感度及推广五珍新品的一个关键因素。

"中华挑战世界之最"的成功之处在于，通过事件、传播、产品、品牌的巧妙嫁接，使得它脱离了新品上市抑或活动路演的单一层面，而达到了整合营销的更高要求。世界最大牙膏的制作不仅体现了联合利华技术能力，更为重要的是这种勇于挑战自我的精神被成功地加诸于中华牙膏身上，使得中华一改以往在消费者心目中保守、老化的形象，焕发出年轻的活力。2005年9月20日至11月12日长达50多天的巡展过程中，通过吸引人们对挑战结果和大牙膏的持续关注，激发消费者对民族品牌的支持热情，为中华品牌形象的重塑打响了第一炮。

消费者是最终实现品牌购买行为的人，如何取得消费者对品牌深层次的认同和好感，是一个品牌能否拥有长久生命力的关键，联合利华显然深知这一点。无论是旨在加强环境保护的"联合利华中国绿水青山行动"，还是旨在推进教育"联合利华希望之星"项目，除了作为中国社会结构的一部分，所期望履行的义务和责任之外，也是在与消费者作的一次次感性交流。

借助"中华挑战世界之最"这一大型公益巡展，伴随着活动声势的扩大和公益性的广泛传播，中华的品牌形象得以成功重建，产品销量大幅上升，与之而来得更有超越产品本身的特殊荣誉和国际地位。作为目前牙科医学领域历史最悠久、参加成员国最多的世界专业牙科组织，FDI，即世界牙科联盟对中华牙膏此次挑战世界之最巡展活动给予高度评价，FDI认为，"中华挑战世界之最"之旅，证明中华牙膏已经成为技术领先、备受消费者信赖、又具有强大社会责任感的牙膏品牌。目前，FDI已经与联合利华中国建立合作伙伴关系，并选定其旗下的中华牙膏和洁诺牙膏作为FDI在中国推进口腔健康事业的唯一合作牙膏品牌。中华，这个经历了半个世纪风风雨雨的牙膏品牌，通过联合利华的一系列整合的品牌运作和推广行为，已经以崭新的姿态，重新矗立在中国和世界面前。

3. 发展趋势

几年前，国外品牌的进入从根本上改变了中国牙膏市场的竞争格局，今天，这些已经奠定了坚固市场根基的国际品牌依然保持着旺盛的生命力，而又一批国外品牌也来到了中国，准备掀起新一轮的竞争。

相比之下，国产品牌则显得后势不足。在今后的牙膏市场中，上演的应该是国外品牌之间的争夺，市场份额将被重新划分。牙膏是我们生活中不可或缺的日用品，因此市场竞争十分激烈。由于各种牙膏产品质量基本上差异不大，要占有市场，就必须从包装入手以吸引消费者的购买欲。然而，设计包装时必须考虑包装是否符合当地人民的文化及习惯。牙膏包装流行换装两年前，牙膏便流行换装风。

联合利华生产的"中华"牙膏在建议零售价不变的情况下，3个月内两次"改头换面"，告别使用多年的铝管，换上轻便耐用的复合管包装，面貌一新。新中华草本抗菌牙膏采用了以绿色为主色调，外包装分为两部分，一面是以醒目的白色为基调，上面除了保留繁体字样的中华二字外，老中华商标上原有的华表和天安门被改成了流线型设计；另一面以绿色为主，草本、抗菌的字样十分醒目。新包装总体感觉清新自然，具有时代感和流行特色。

随着社会的进步和生活环境的改善，消费者对产品的评判标准已不仅仅局限于产品质量，对产品外在包装、品牌形象等也提出了全方位的需求。产品从品质到功用再到包装都需要不断更新，产品的更新换代要紧跟消费者的需求变化节奏，产品具有不可抗拒的生命周期，从产品的萌芽到衰退必然要经历一个较为漫长的过程，产品的标准化阶段要有居安思危意识，要有不断的挑战自我、创新自我的意识，以满足不断发展变化的市场需求。

【思考题】
1. 结合案例请简要分析联合利华收购中华牙膏的原因？
2. 根据上述案例，谈一下中华牙膏相对于联合利华开拓中国市场的价值？

【资料来源】
[1] 中华牙膏历史. 百度文库, 2011.
[2] 联合利华兼并中华牙膏. 百度文库, 2013.
[3] 英国联合利华收购中国中华牙膏的影响与启示. 百度文库, 2013.
[4] 刘放. 中华牙膏换装出击 联合利华祭出本土化策略. 网际商务, 2001 (17).

可口可乐收购汇源

【理论链接】

反垄断审查

从我国现行《反垄断法》和《外国投资者并购境内企业的规定》来看，外资并购行为除依法应接受由商务部主导的反垄断审查，还可能要接受由商务部、发改委等国家部委共同负责的国家安全审查。在经济全球化背景下，我国越来越受到世界金融危机等经济波动的冲击，而加强外资并购境内企业的反垄断和国家安全审查，有利于国家宏观经济的健康稳定发展。外资并购境内企业审查制度的应遵循以下基本原则：一是平衡协调原则。平衡协调原则的内涵是指外资并购领域的立法、执法和司法诸环节，要平衡协调好并购企业、目标企业、社会公众、消费者等主体的利益。二是维护公平竞争原则。维护竞争原则，实际上是国家以公权力来纠正市场自发调节产生的弊端，并力求使市场机制正常发挥作用而形成的原则。三是国民待遇原则。外资并购反垄断法律制度，应坚持国民待遇原则。国民待遇原则在国际外资并购领域表现为，东道国对外资并购的法律待遇与本国内资相同，反垄断法律规则要规范、透明、统一。

摘要：2008年9月3日，可口可乐公司宣布通过旗下全资附属公司以179.2亿港元的总价收购汇源果汁集团有限公司。然而，2009年3月18日下午，我国商务部以该项收购将对竞争产生不利影响为由，正式否决了可口可乐收购汇源果汁的申请。这一决策是自我国《反垄断法》实施以来，首个未获商务部审查通过的经营者集中申报案例，在业界引起了不小的轰动。

关键词：可口可乐；汇源果汁；收购；反垄断法

2008年9月3日，可口可乐公司（以下简称"可口可乐"）宣布以179.2亿港元的总价款收购中国汇源果汁集团有限公司（以下简称"汇源果汁"）。本案所涉及的公司收购是通过要约收购的方式进行的，交易申购设定的最后期限是2009年3月23日。2009年3月18日，商务部根据《反垄断法》，就"可口可乐收购汇源果汁案"做出最后裁决,认定该项经营者集中将对竞争产生不利影响,故而禁止该项经营者集中。本案是迄今为止金额最大的外资并购案,同时也是我国《反垄断法》自 2008 年 8 月 1 日施行以来第一个没有通过审查的经营者集中案,也正因为如此,该案在业界引起了不小的轰动,各种媒体尤其是互联网对本案都异常关注。

1. 并购方简介

1.1 可口可乐

可口可乐公司注册于 1919 年,是全球最大的饮料公司。可口可乐旗下现有饮料品牌超过 450 个,涉及汽水、果汁等多种产品。1979 年,可口可乐成为中国改革开放后第一批进入中国的国际消费品公司。目前可口可乐公司在中国投资已经超过 11 亿美元,建立了 27 家瓶装厂,雇用员工超过 15 000 人。

1.2 汇源集团

北京汇源饮料食品集团有限公司成立于 1992 年,是中国领先的果汁饮料生产商。汇源集团旗下产品主要包括水果原浆、浓缩汁、果蔬汁、含乳饮料、茶饮料、婴儿食品等 400 多种。目前,汇源集团在中国建立了 24 处加工厂,270 个销售公司和 500 多个中心专卖店,总资产超过 49 亿元人民币。

汇源集团 2007 年 2 月在港交所挂牌上市,股票代码 01886,IPO 募资超过 24 亿港元,上市首日市值超过 80 亿港元,2008 年 9 月 18 日市值超过 120 亿港元。

2. 案例介绍

2.1 并购动机

可口可乐公司是软饮料销售市场的领袖和先锋,亦是全球最大的果饮料经销商。透过全球最大的分销系统,可口可乐产品畅销 200 多个国家及地区,拥有全球软饮料市场 48% 的市场占有率。其品牌价值已超过 700 亿美元,是世界第一品牌。以 179.2 亿港元收购汇源果公司,创下可口可乐公司 1927 年进入中国市场以来最大手笔的收购纪录,也是其自 1892 年成立以来的第二大收购案。那么,可口可乐为何要高价并购汇源果公司呢?

(1) 饮料市场呈现的态势。目前,可口可乐公司在中国的饮料市场正面临着很大的经营压力:碳酸饮料的销售下降,可乐的市场份额被百事赶超,纯净水方面无法与娃哈哈抗衡,在果市场输给了汇源,茶饮料上则输给了康师傅和统一。尽管棕色带汽的可乐产品永远是可口可乐公司的立身之本,但非碳酸饮料,特别是果饮料在健康和营养方面更胜一筹。如美国超市所出售的饮料中,超过2/3都是果饮料,尤以营养丰富的100%纯果最受欢迎。虽然我国的多数消费者仍喜欢直接食用新鲜水果,但随着消费习惯的改变,人们对果饮料的接受度将急剧上升。为此,可口可乐公司制定了全方位发展饮料业务、加大非可乐市场特别是果市场的经营战略。

(2)汇源品牌的吸引力。可口可乐公司赶超我国本土品牌的最好手段,除了利用其强大的品牌优势,就是凭借其经济实力和娴熟的资本运作,并购知名的本土品牌,加速本土化的布局。而汇源公司的吸引力就在于,它是我国最大的果供应商和出口商,在纯果和中浓度果市场稳居领导地位,所占份额分别高达42.6%和39.6%。其汇源品牌又是我国果行业的第一品牌,被评为"最具市场竞争力品牌"、"中国最具影响力品牌"、"消费者心目中理想品牌第一名"等。如果收购成功,可口可乐公司将取得汇源公司引以为傲的品牌价值、市场份额、市场潜力和营销网络,再加上可口可乐公司在低浓度果市场上的优势,二者的产品将形成良性互补。因此,倚仗两者的品牌效应和渠道协同,再辅以出众的资源整合能力、国际市场营销手段和产品研发优势,可口可乐公司在与我国同类企业的竞争中,无疑将占得先机。

2.2 并购过程

2008年9月3日,注册于美国特拉华州的可口可乐宣布以总价179.2亿港元全额收购注册于开曼群岛的汇源果汁。这次收购拟由荷银融资亚洲有限公司代表可口可乐旗下的全资附属公司有条件现金收购汇源果汁股本中全部已发行股份及全部未行使可换股债券并注销汇源果汁全部未行使购股权。可口可乐提出每股现金作价12.2港元,较汇源果汁停牌前的收盘价4.14港元溢价1.95倍,涉及资金约179.2亿港元。此次收购采取的是要约收购的方式,要约收购设定的最后期限是2009年3月23日。汇源果汁的董事长朱新礼一夜间成了名人,他抛出"经营企业要像儿子养,像猪卖"的论调,并认为"品牌是无国界的,卖掉汇源与民族感情无关"。汇源果汁的三大股东汇源控股、达能及Gourmet Grace各自向Atlantic Industries作出不可撤回承诺,同意接纳可口可乐的收购建议。汇源控股、达能及Gourmet Grace这三方在汇源果汁的持股比例分别为38.45%、20.96%和6.37%,共计约为66%。三大股东如能成功出售汇源果汁的股份,将能分别获得大约75亿港元、41亿港元和12.5亿港元的股份出价款。

此时,可口可乐的首席执行官及总裁穆泰康表示:"汇源在中国是一个发展已久及成功的果汁品牌,对可口可乐在中国的业务有相辅相成的作用";"中国的果汁市场在蓬勃的快速的增长，这次并购将为我们的股东带来价值，并为可口可乐提供一个独特的机会以增强在中国的业务。此举进一步表明我们对中国市场的承诺：为中国消费者提供饮料选择以迎合他们的需求"。穆泰康同时强调："我们承诺在汇源品牌和现在业务模式的基础上继续发展，提升其固定资产的利用，为汇源的员工提供更佳的机会。"

但是，这个"你情我愿"的要约交易令双方都意想不到的是，消息一经宣布，便引起了轩然大波。不但引起了媒体的关注，网民们对这场收购案，也发出了铺天盖地的反对呼声。2008年9月18日，可口可乐向商务部提交了收购汇源果汁的经营者集中反垄断申报材料。其间，商务部认为可口可乐申报的材料不合格，从2008年9月25日至11月19日，可口可乐根据商务部要求先后四次对申报材料进行了补充。11月20日，商务部对此项集中予以立案审查。由于此项集中规模较大、影响广泛，初步阶段审查结束后，12月20日，商务部决定在初步审查基础上实施进一步审查。审查过程中，商务部与可口可乐就附加限制性条件进行了商谈，要求申报方提出可行性的解决方案。可口可乐对商务部提出的问题表达了自己的意见，并提出了初步解决方案及其修改方案。经过评估，商务部认为修改方案仍不能有效减少此项集中对竞争产生的不利影响。2009年3月18日，商务部依据《反垄断法》就"可口可乐收购汇源果汁案"的反垄断审查做出裁决：基于该项集中对竞争将产生不利影响，因此禁止此项集中。

3. 反垄断案裁决的思考

针对商务部做出的禁止可口可乐收购汇源果汁的裁决，不少人表达了赞同的意见，认为在维护市场公平、自由竞争方面，作为我国反垄断执法机构之一的商务部以其实际行动，切实履行了其职责。但是，迄今为止，商务部的这一裁决，遭遇更多的是质疑之声。这些质疑之声虽然表达方式不一，关注的侧重点也有所不同，但最为集中的质疑主要包括两个方面：其一，可口可乐收购汇源果汁真的如商务部宣称的那样将对饮料市场竞争的有效开展构成严重威胁，以至于到了非要发布禁止令吗？其二，商务部做出禁止可口可乐收购汇源果汁的裁决，究竟是不是借维护公平、自由之名而行贸易保护主义之实？这种做法能否有充足的理由来有效地回应国际社会对我国的指责？对上述两方面的疑问，笔者的基本态度是：商务部做出禁止可口可乐收购汇源果汁的裁决无可厚非；这一裁决既有反垄断法上的依据可依，也有禁止可口可乐收购汇源果汁的反垄断法理依据。

"可口可乐收购汇源果汁案"是我国《反垄断法》生效后第一个由商务部受理并做出裁决的案例。从反垄断法的角度看，商务部作出禁止此项经营者集中的决定具有合理性，因为这一决定既有利于保障市场竞争的有效开展，也有利于保护饮料消费者的利益,具体表现在以下几个方面。

3.1 可口可乐和汇源果汁向市场提供的饮料相互之间具有可替代性

在反垄断法上,反垄断执法机构在做出是否允许一项经营者集中申报的决定之前,首先要审查参与集中的企业向市场提供的产品是否在使用价值上存在同一性或相互替代性。应当承认,可口可乐生产的碳酸饮料和汇源果汁生产的果汁饮料之间存在差别,从一定意义上讲二者并非相同的产品,但是,这两种产品之间的差别,不像汽车和服装这两种产品那样在使用价值上的差别那么大。可以说,可口可乐生产的碳酸饮料与汇源果汁生产的果汁饮料相互之间在使用价值上是具有可替代性的两种产品;这也就是说,这两种产品可以满足消费者同样的需求——解渴,且单位价值相差不大,对于没有特殊偏好的普通消费者而言,享用碳酸饮料和享用果汁饮料均可接受。我们通过观察也不难发现:夏天人们在外郊游、旅游景点的饮料摊点一般既有碳酸饮料也有果汁饮料出售,人们究竟选择碳酸饮料还是果汁饮料,通常具有很大的随机性,当饮料摊点没有碳酸饮料出售时,人们常常便会毫不犹豫地购买碳酸饮料;当饮料摊点没有果汁饮料出售时,人们也常常会不加思考地购买果汁饮料。可见,碳酸饮料与果汁饮料的替代性非常明显;碳酸饮料和果汁饮料面向的是相同的相关产品市场。以上分析意味着:可口可乐和汇源果汁两家企业或者说它们所生产的两种产品,其实存在明显的竞争关系。既然如此,可口可乐与汇源果汁合并,实际上是一宗反垄断法上的横向合并。而相较于纵向合并和混合合并而言,横向合并是对市场竞争的消极影响最大的经济力集中,因此,在各国的反垄断法立法上和执法实践中,对它的规制一般来说是比较严格的。商务部做出禁止可口可乐与汇源果汁合并,这在一定程度上反映了它对横向合并所持的理性态度。

3.2 可口可乐收购汇源果汁涉嫌限制竞争的动机

可口可乐和汇源果汁在我国软饮料市场上都是大型企业,特别是可口可乐更是巨型公司。众所周知,"可口可乐"这个品牌是全球最有价值的饮料品牌,在全球的碳酸饮料市场上都是占市场支配地位的企业,在中国碳酸饮料市场上的地位也同样举足轻重。如此实力雄厚的一家企业去合并另外一家生产具有替代性产品的企业,这其中动机的纯正性令人生疑。另外,可口可乐事实上已经进入果汁饮料市场,它有自己的品牌——美汁源。

"汇源果汁"虽然也是一线果汁品牌,但若理性地审视,则不难感知可口可乐应不需要汇源的产品。同时,可口可乐是成熟的企业,有充足的资金,其欲扩大市场份额,完全可以通过自身资本的积累而无须通过资本的集中去实现;也就是说,通过积累资本扩大生产线,运用其先进的技术、良好的营销策略和售后服务等手段开展竞争,从而争取更大的市场份额。但是,可口可乐采取了一种从公正的角度看并不正常的策略——收购。另外一家与其具有竞争关系的企业——汇源果汁,言其不存在消灭竞争对手的动机,实在难以令人信服。故而,商务部禁止可口可乐收购汇源果汁,体现了反垄断执法机构审慎对待经济力集中的态度。

3.3 可口可乐收购汇源果汁成功将在果汁市场上产生消减竞争的结果

可以预料的是,从最终结果上看,可口可乐在收购汇源果汁之后,将不利于果汁市场的竞争。现实地考察我们不难发现,可口可乐饮料目前是软饮料市场上的批发商和零售商都经营的一种产品;稍具规模的饮料销售者不经营可口可乐的产品,这几乎是没有的现象。据统计,可口可乐在中国有超过 700 个销售点、9 000 个销售代表、3 万个分销商以及 130 万个零售商。此外,可口可乐还推行了"GKP 金钥匙伙伴计划",借此可以掌控到规模等于两三人的夫妻式小店。如此完善的营销网络意味着,如果可口可乐收购汇源果汁得以成功,那么,可口可乐完全就可以凭借其在整个碳酸饮料市场上的支配地位排挤竞争对手,甚至有实力通过低价竞销等方式将竞争对手尤其是中小饮料生产企业驱逐出饮料市场,进而产生限制、排斥竞争的效应。由此看来,商务部否决可口可乐收购汇源果汁是恰当的。

【思考题】
1. 简要说明可口可乐公司的收购遭到商务部审查的原因。
2. 简要评价此次收购案对我国饮料市场的影响。

【资料来源】
[1] 李丹. 可口可乐收购汇源果汁案之评析 [J]. 西南政法大学学报,2010 (3).
[2] 王一民. 浅析可口可乐收购汇源事件 [J]. 经营战略,2009 (1).
[3] 应品广. 可口可乐收购汇源案的反垄断法思考 [J]. 西南政法大学学报,2010 (12).
[4] 余孚. 汇源并购案的民间抵抗 [J]. 今日财富,2008 (9).
[5] 龙丽. 跨国投行:汇源并购案幕后的资本高手 [J]. 华人世界,2008 (10).
[6] 李春. 可口可乐和汇源公司高调宣布双方实施要约并购. http://news.xinhuanetcom/fortune/2009-03/18/content_11031338.htm.

惠而浦收购合肥荣事达三洋电器

【理论链接】

国际化战略

企业的国际化战略是公司在国际化经营过程中的发展规划,是跨国公司为了把公司的成长纳入有序轨道,不断增强企业的竞争实力和环境适应性而制定的一系列决策的总称。企业的国际化战略将在很大程度上影响企业国际化进程,决定企业国际化的未来发展态势。其主要目的是通过国际市场组合生产要素、实现产品销售,以获取最大利润。国际化战略是企业产品与服务在本土之外的发展战略。随着企业实力的不断壮大以及国内市场的逐渐饱和,有远见的企业家们开始把目光投向中国本土以外的全球海外市场。

摘要:2014年9月15日,全球家电巨头惠而浦宣布,其公司对于中国合肥荣事达公司的收购已经获中国证监会审核通过。惠而浦(中国)投资有限公司拟以股票协议转让和认购非公开股票发行方式,收购合肥荣事达三洋电器股份有限公司51%股权。惠而浦(中国)通过本次收购成为合肥三洋的控股股东,将其在家用电器领域的创新技术、卓越产品和优质服务,与合肥三洋丰富的本地市场运作和运营经验融合在一起,进一步促进合肥三洋的发展。惠而浦集团表示,中国即将成为全球最大的白色家电市场,是其未来在全球发展的重心。

关键词:惠而浦;合肥三洋;并购;白色家电

1. 交易双方

1.1 惠而浦公司

惠而浦(中国)投资有限公司(以下简称"收购人"或"惠而浦中国")为美国惠而浦公司(以下简称"惠而浦集团")在上海市浦东新区设立的外商独资举办的投资性公司。惠而浦集团是目前全球领先的白色家电制造和销售企业,惠而浦集团成立于 1955 年，其前身为于 1911 年成立的 Upton 机器公司（Upton Machine Company），其业务范围遍及全球 170 多个国家和地区，主要产品涉及洗衣机、干洗机、微波炉、冰箱、空调、灶具、抽油烟机、洗碗机及家庭厨房垃圾处理机等。惠而浦是一个具有近百年历史的全球家用电器领先品牌。

惠而浦于 1994 年正式进入中国市场。秉承扎根中国的长期承诺，致力于将家用电器领域的创新技术、卓越产品和优质服务带到中国市场。2005 年，惠而浦（中国）投资有限公司和惠而浦亚太总部在上海成立，集团在华业务进一步扩大；2009 年，惠而浦在华追加投资 9 亿元人民币，在浙江长兴建立了现代化的生产基地，再次对惠而浦品牌在中国的长期发展做出了坚实承诺。

1.2 荣事达集团

荣事达集团是中国知名的家电企业集团，创建于 1992 年，荣事达是"中国名牌"和"中国驰名商标"，2006 年经中国品牌研究院权威评估"荣事达"品牌价值超过 26 亿元，位居中国最具价值驰名商标排行榜第 54 位，名列中国白色家电行业的前茅。伴随着中国的改革开放，经历了 20 多年市场的风雨，"荣事达 - Royalstar"已经成为一代中国人美好生活的印记。目前，合肥荣事达三洋电器股份有限公司是"荣事达"品牌的管理权人，同时拥有冰箱、洗衣机、微波炉品牌的使用权。2014 年 3 月，成立"荣事达品冠之家"，打造集厨卫家装建材电器于一体的一站式综合购物平台。

荣事达集团采取超常规发展战略，在稳定主业发展的同时，重点投资发展汽配、新能源、新型家电等前景广阔的高新技术项目；同时充分发挥品牌的巨大驱动力，迅速将产品链延伸至太阳能、厨卫电器、建材等领域，拓展了品牌的覆盖面。目前已形成了主业持续稳健壮大，多元化产业快速崛起，超常规发展的新格局。在国家统计局公布的 1 000 家最大的中国工业企业名单中，荣事达列电器行业榜第 34 位。

2. 案例介绍

惠而浦是通过与三洋电机的股权转让和定向增发两种方式，最终以近 35 亿人民币的代价获得了合肥三洋 51% 的股份，成为公司第一大股东。合肥市国有资产控股有限公司将持股 23.34%，为第二大股东。通过本次投资，合肥三洋将使用惠而浦全球领先的旗舰品牌，以及在产品研发和以客户为导向的创新方面的优势和专长，加快合肥三洋产品线的持续扩张和发展，有助于合肥三洋国际化战略的实现。在业内人士看来，对合肥三洋来说，白电巨头的进入带来的是企业体量的迅速扩大，技术上的全面借势，家电业务板块的迅速扩张以及产业链的全面打通；同时，合肥三洋既有的渠道优势、营销体系以及变频技术等资源将为惠而浦在中国本土化战略带来更为可期的落地。

收购完成后，惠而浦将通过品牌和技术的注入为合肥三洋带来新的业务，提供综合性的生产平台，新业务内容将集中于空调、热水器、厨卫电器、环境电器。而以合肥三洋为平台的冰箱、洗衣机、微波炉等电器的体量将同步放大，这将主要来源于国内的销售及惠而浦在全球的采购。此外官方资料还表示，惠而浦未来将以合肥为中心，打造成集研发、采购、销售、生产等于一体的亚太区经营中心。因此，对于合肥市政府而言，引进惠而浦这家全球500强企业，除了获得对合肥三洋这家上市公司的投资以外，未来会在其他方面得到更多的收益。

3. 并购意义

3.1 有利于合肥三洋国际化品牌战略

合肥三洋表示，由于控股权易主，公司更名为"惠而浦荣事达（中国）股份有限公司"，合肥荣事达三洋电器股份有限公司退出历史舞台，并购完成后，有关管理层的任命由合肥三洋董事会在交易完成后决定。惠而浦董事长兼首席执行官杰夫·费蒂格表示，本次并购使惠而浦能够进一步建立、完善并扩展其在新兴中国市场的地位，并能够有助于其全球业务进一步优化。有了惠而浦这个国际化大后台，合肥三洋正摩拳擦掌，准备一展身手。

企业的国际化战略是公司在国际化经营过程中的发展规划，是跨国公司为了把公司的成长纳入有序轨道，不断增强企业的竞争实力和环境适应性而制定的一系列决策总称。合肥三洋董事长金友华透露，合肥三洋将成为惠而浦的中国总部，并且成为其除美国外的全球最大生产基地和研发中心。这将大大提升合肥三洋的产能规模、制造能力、成本优势及产品技术和质量水平。正因为如此，合肥三洋想做中国洗衣机业第一、冰箱前三的目标听起来并不缥缈。与此同时在2011年年底，伴随着新的发展形势和愈加激烈的竞争环境，合肥三洋提出全新的发展战略，即"532战略"：5年后，实现冰箱、洗衣机、生活电器及核心部件三大品类年销售收入200亿，将公司打造成一个横跨冰、洗及小家电等多领域的多元化、多品牌国际化家电巨头。"532战略"使合肥三洋的未来发展方向更加清晰，也对其自身的品牌运作能力和资源协调能力提出了更高的市场要求。而对于未来，合肥三洋的目标很明确，成为中国家电行业不是规模最大，而是能够引领行业技术发展、实现利润最大化的优质型企业，成为一个有社会责任感、有价值、有发展潜力的综合型世界家电企业。这也正是其宏伟的国际化战略。

3.2 有利于惠而浦拓展中国市场

对于惠而浦来说，合肥三洋已有的渠道优势、营销体系以及变频技术等资源，可以帮助惠而浦中国本土化战略更好落地。惠而浦北亚部总裁李彦表示，此次对合肥三洋的收购是惠而浦承诺长期发展中国市场的一个延续，"合肥三洋已经建立起全国性的分销平台，拥有充满增长机遇并具规模的制造基地，并恰恰位于合肥——著名的中国家电中心"。惠而浦未来将以合肥为中心，打造成集研发、采购、销售、生产等于一体的亚太区经营中心。

4. 发展前景

4.1 "强强联合"实现"共赢"

鉴于松下"去三洋化"品牌及资产整合理念，荣事达三洋的"品牌风险"存在已久。在合肥三洋的管理层看来，惠而浦和合肥三洋的"联姻"将是一次"强强联合"，也一举化解了"危机"。"在与三洋的多年合作中，荣事达三洋已经完全消化了先进的技术、管理经验，甚至已经有了超越，一旦三洋撤出，荣事达品牌将不足以支撑现有的产品。"金友华说，"因此，必须寻找国际一流的企业和品牌进行长远的合作。"显然，荣事达品牌的持有者，合肥市国资委也并不能解决这一品牌支撑问题，如果与其他国内企业合作，因为是同业竞争者，无论是从可能性还是效果上看都差强人意。而惠而浦作为世界一流的家电企业，不仅能够为荣事达提供强大的技术支持、品牌支撑，更能够为其未来的国际化步伐打下坚实的基础。

对于惠而浦来说，其优异的国际知名度与在中国市场的表现并不相符，产品种类少、品牌认可度低等原因使得惠而浦对大多数中国消费者来说，绝不算白色家电领域内的"强者"，与荣事达的合作等于让其一跃进入了"第一方阵"。合肥荣事达三洋已经有一套完整、成熟的生产线和相对稳定的市场销售体系，这比惠而浦自己打造新的完整生产、销售体系要省事很多。因此，控股荣事达三洋是一条捷径，能起到事半功倍的效果。

4.2 白色家电现有格局稳定

尽管白色家电的技术相对固化，市场相对成熟，竞争也已"白热化"，但其前景依旧被业界人士所普遍看好。"中国庞大的人口基数与日益加快的城镇化进程，给产品的消费升级提供了新的机会，市场依旧潜力巨大。此外，随着新的节能环保、新能源、互联网等技术与家电产业的深度融合，家电产业也在进行结构调整，没有理由对家电产业的前景感到悲观。"金友华说，惠而浦在控股后，不仅将向荣事达三洋注入先进的技术，其包括研发中心、国际采购等在内的亚太区总部也将落户合肥。

白色家电行业中很多国际品牌在中国市场的"水土不服"，有客观原因也有主观原因。客观原因是中国市场的特殊环境，包括消费者品质意识还没有完全形成，技术仿造现象还较为普遍，低价和不规范竞争机制依然存在。这些都令一些不了解中国竞争文化的国际化品牌有些无所适从。主观原因则包括：国际品牌对中国市场变化的反应不够灵敏，制定市场应对机制的流程较长，新产品开发因过分注重品质而显得速度较慢。

中国家电商业协会营销委员会执行会长洪仕斌认为"合肥三洋被惠而浦收购，肯定比其他家电巨头企业并购好。原因是，惠而浦在中国市场销售平平，而合肥三洋对于惠而浦在中国市场，其价值尚在，找个弱一点的企业嫁了，最起码会拥有一些地位。"不过，洪仕斌表示，这一收购对于中国市场甚至全球市场都不会有太多的影响。因为家电业的竞争已经到了产业链与区域环境的竞争，而在这种前提下，全球只有中韩家电企业具备上述优势。因此，此次并购不会改变稳定的白色家电现有格局。

【思考题】

1. 结合案例，请简要分析"惠而浦荣事达（中国）股份有限公司"的国际化战略。
2. 请简要分析本次收购对于并购双方各有哪些益处。
3. 请结合本案例谈一下你对中国白色家电行业的这种"联姻"的看法。

【资料来源】

[1] 破茧成蝶展翅翱翔 从稳健发展到创新求变 [J]. 决策刊中刊, 2014 (10).

[2] 惠而浦逆向收购合肥三洋 [N]. 经济参考报, 2013 - 8 - 20.

[3] 秦丽. 惠尔浦（中国）重装出发 [J]. 产经方略, 2014 (12).

[4] 惠而浦（中国）投资有限公司. 关于收购合肥荣事达三洋公司的公告. 2014.11.

[5] 秦丽. 开启未来发展新纪元——访合肥荣事达三洋电器股份有限公司董事长金友华. 高层专访, 2014.11.

苏格兰纽卡斯尔收购重庆啤酒

【理论链接】

实物资产与无形资产

实物资产和无形资产构成了跨国并购的客体。所谓实物资产（Real Assets）即具有实物形态的资产，其价值形态表现为动产和不动产。动产是指能够移动而不损害其经济用途和经济价值的物，一般指金钱、器物等；不动产是指依自然性质或法律规定不可移动的土地、土地定着物、与土地尚未脱离的土地生成物、因自然或者人力添附于土地并且不能分离的其他物。无形资产（Intangible Assets）指的是企业为进行生产经营活动而取得的，能给企业带来未来经济利益的，但不具有实物形态的资产。无形资产是人类脑力劳动创造出来的精神财富，因此又称智力成果。

摘要：2004年2月，重庆啤酒集团有限责任公司与苏格兰纽卡斯尔啤酒股份有限公司签订了协议，苏纽公司将以每股10.5元的价格收购重啤集团所持有的国有股5 000万股，转让价款合计5.25亿元。转让完成后，重啤集团持有公司8 854.75万股，占总股本的34.55%；苏纽公司持有总股本的19.51%。苏格兰纽卡斯尔成为重庆啤酒第二大股东。

关键词：苏纽公司；重庆啤酒；资本引进；横向并购

1. 交易双方

1.1 苏格兰纽卡斯尔啤酒股份有限公司

成立于1749年的英国苏格兰纽卡斯尔啤酒集团（以下简称S & N）是以爱丁堡为基地的酿酒业的佼佼者，为世界十大酿酒商之一，业务遍布全球超过55个国家。纽卡斯尔布朗淡啤是英国人最喜欢的淡啤，创始于1927年，用酿厂特制的发酵原料和一种独特的盐水混合物酿制而成。

作为世界上最大的棕色啤酒出口商，S&N 年产量超过 3.31 亿公升，拥有众多的品牌，包括：纽卡索棕色啤酒、Mc EWAN'S、COURAGE、BEAMISH IRISHSTOUT、JOHN SMITH'S、KRONENBOURG、THEAKSTON'S 等。在英国，S&N 还获权分销及酿造其他各种著名品牌的啤酒，如贝克、富士达以及美乐，此外，S&N 在英国还经营品牌连锁酒吧，共有 1 400 间连锁店。

目前在中国销售的品牌为 Newcastle Brown Ale（纽卡斯尔棕啤）、Beamish（比美鲜黑啤）、Strongbow（强弓苹果酒）。其中苏纽强弓苹果酒在苹果酒市场世界销量第一。

2006 年，S&N 全球产品销量达 600 万吨，销售收入高达 41.55 亿英镑，其中税前利润更是达到 4.52 亿英镑。S&N 在全世界有近 4 万名员工。

S&N 在中国的另一发展是与重庆啤酒集团建立了合作伙伴关系。重庆啤酒是中国最大的啤酒酿造商之一，1994 年，S&N 高层对重啤进行了首次访问，考虑到重庆啤酒在发展规模和中国啤酒市场上的优势，S&N 授权重庆啤酒在中国生产和销售麦克王棕啤酒。1996 年，重庆啤酒开始生产麦克王啤酒，S&N 为其提供先进的酿造工艺和技术方面的大力支持。1999 年 6 月，在首届重庆啤酒节上，麦克王棕色啤酒荣获最受欢迎啤酒奖，显示了麦克王啤酒在中国市场有着十分广阔的发展前景和潜力。

S&N 啤酒目前在全世界运营或投资了 50 多家啤酒厂，其啤酒出口到 60 多个国家，在英国、法国、俄罗斯和印度市场居第一位。如果纽卡斯尔啤酒把其资产及品牌收入囊中，在全球市场，特别是中国市场可谓如虎添翼。

1.2 重庆啤酒集团有限责任公司

重庆啤酒（集团）有限责任公司成立于 1958 年，拥有资产 43 亿元，是集啤酒、饮料、生物制药于一体的大型企业集团，公司拥有 28 家啤酒分、子公司，分布于重庆、四川、贵州、江苏、湖南、浙江、安徽、广西等地，啤酒年生产能力突破 280 万公升。

重啤集团位居"中国十大啤酒集团"前列，荣获"中国食品工业企业突出贡献企业"光荣称号，连续 14 年排名"重庆工业五十强"第 5 位，是重庆轻工系统"五朵金花"之首。

2004 年，重啤集团与苏格兰纽卡斯尔啤酒酿造公司成功结为战略合作伙伴关系，为重啤的快速稳定发展又插上腾飞的翅膀。2008 年，嘉士伯啤酒酿造集团收购苏格兰纽卡斯尔啤酒拥有的重啤股份，成为重啤的新股东之一。

公司生产的"山城"、"重庆"、"麦克王"、"国人"、"天目湖"以及"大梁山"等品牌啤酒系列产品，以其口味纯正、淡爽（醇厚）、包装美观大方、风味保鲜稳定、符合消费时尚等特点，在国内具有很高的知名度。1999 年，"重庆啤酒"荣登"庆祝建国 50 周年"和"澳门回归"国宴用酒；2001 年，"重庆啤酒"、"山城啤酒"和"麦克王"啤酒等六个品牌又荣获"中国优质新品啤酒"荣誉称号。公司是中国啤酒行业中仅有的四家上市公司之一，主要从事啤酒的生产和销售。主要产品山城啤酒、重庆啤酒等在国内具有很高的知名度。公司还与重庆大学、第三军医大学等科研机构联手研制开发具有自主知识产权的国家一类新药——乙肝治疗性多肽疫苗，开创啤酒企业进入高科技生物制药领域之先河，有望使该领域成为新的重要经济增长点。

2. 案例介绍

2.1 并购动因

（1）S&N 希望进入中国市场，在外资还未大规模进入之时抢占先机，看中了重庆啤酒拥有丰富的价值内涵及品牌影响力。

S&N 一贯的策略就是在一个新的市场找到一个当地的可靠合作伙伴，然后帮助合作伙伴提升品牌，再选择合适的时机，逐渐引进自己的品牌，在新的市场逐渐占有一席之地，而重庆啤酒恰恰是那个可靠的合作伙伴。重庆啤酒集团在创建中国驰名商标中，抓住机遇不断发展壮大，公司由建厂之初的 60 万元总资产发展成为现有资产 33.8 亿元，子公司 23 家，集啤酒、饮料、生物制药、养殖及肉类加工于一体的大型企业集团。其中啤酒业年生产能力突破 210 万吨，已跻身于"中国十大啤酒集团"前列。在喜获"山城"商标被评为"中国驰名商标"的同时，山城啤酒又荣登由世界品牌实验室（World Brand Laboratotry）及世界经济论坛（World Economic Forum）这两大顶级机构评选的"中国 500 最具价值品牌"，充分体现了重庆啤酒丰富的价值内涵和品牌影响力。

2004 年公司啤酒销量 62.45 万吨，销售收入 12.51 亿元，净利润 6 595.24 万元，分别比上年度增长了 36.6%、32.6% 和 18.77%，每股收益 0.26 元，净资产收益率 9.90%

（2）S&N 纽卡斯尔收购股权前半年，重庆啤酒发布一则公告称，乙肝疫苗研发取得重大进展，即国家食品药品监督管理局正式批复，同意乙肝疫苗进入一期临床试验。

1998 年，重庆啤酒以关联交易形式出资 1 435 万元从控股股东重啤集团手中接过重庆佳辰生物工程有限公司（简称佳辰生物）52% 股权，并于次年对佳辰生物大举增资扩股，使其对佳辰生物持股增至 93%。这次收购注资行动，让佳辰生物拟议中的与中国人民解放军第三军医大学（简称第三军医大）联合研发的国家一类新药——治疗用合成肽乙型肝炎疫苗得以顺利进行。该药系中国第一个真正意义上的治疗性乙肝疫苗，具有完整的自主知识产权，属于特异性治疗用生物制药，全球首创。其研究工作始于1985年，由第三军医大立项研究。

在S&N看来，适当增加收购股权的成本以兼顾乙肝疫苗的价值因素，似乎成为欲达到参股重啤集团这一战略目标不可回避的选择。以佳辰生物的乙肝疫苗目前的投资情况以及进展看，与国际上动辄1亿、2亿美元相比，佳辰生物不仅进展较快，而且投入极低。一旦实现参股第一步，极有可能最终将乙肝疫苗"据为己有"。从某种程度上讲，参股重庆啤酒战略意义是巨大的：如能在某个时候控股成功、进而拥有全球唯一的新药乙肝疫苗。

（3）重庆啤酒希望能够引入国际先进的啤酒企业管理经验、生产技术，加速重庆啤酒的经营规模化，重庆啤酒在市场上面临着外资企业和国内优势企业激烈竞争的压力因此获得巨额转让资金也是十分重要。

在重啤集团看来，与S&N合作能够引入国际先进的啤酒企业管理经验、生产技术以及经营理念，加速自身以及重庆啤酒的经营规模化、管理现代化、市场国际化，并且是以高于每股净资产4.2倍的价格减持国有股，既不会影响自身的控股地位，又可获得超额转让资本金。将一部分股权出让变现，既可保持控股地位，引入战略合作伙伴，进而集思广益，又可换取急需的资本资源。或许这是重啤集团减持股权的主要出发点。除此之外，本次重啤集团出让部分股权，对重庆啤酒旗下佳辰生物的乙肝疫苗加快临床试验进度亦相当有利，由于获得出让股权的巨额资金支持，乙肝疫苗的产业化进程有望加快。

2.2 并购过程

2004年，公司控股股东重庆啤酒集团有限责任公司与苏格兰纽卡斯尔啤酒股份有限公司就重啤集团向S&N公司转让公司部分国有股份事宜进行了进一步协商，就相关未尽事项达成了一致，并于2004年2月10日在重庆签订了《关于重庆啤酒股份有限公司股份转让及合作协议》。股权转让完成后，S&N公司将成为重庆啤酒第二大股东。根据协议书，S&N公司将以每股10.50元人民币的价格受让重啤集团所持有的国有股5 000万股，转让价款合计人民币5.25亿元。双方同意本次签署合作协议书取代双方先前达成的有关重啤集团向S&N公司转让公司股份事宜所达成的任何口头或书面协议。S&N公司承诺受让协议项下股份及与重啤集团进行战略合作，均不以控股重庆啤酒为目的；除非获得重啤集团董事会的书面同意，或由双方另行商定，在本次交易完成后，S&N公司及其关联方在任何时候以任何方式持有的重庆啤酒股份均不超过重庆啤酒总股本的25%。

此笔收购款将全部用现金支付，此前重啤股份的期望值是每股10元人民币，后来S&N方面主动增加了0.5元。值得注意的是，2003年4月16日，在S&N

收购重啤股份的相应股份前，重啤股份曾有送股行为，其原有的净资产为3.52元人民币，送股后的净资产为2.5元。如果按照溢价比例计算，本次收购的溢价为420%。溢价之高乃近几年来证券市场外资收购所罕见。

重啤集团与S&N的合作由来已久，从1993年就开始了，但双方的合作未涉及有形资产层面，只是停留在无形资产的技术和管理方面。其间主要合作方式是：授权许可重啤集团生产S&N的品牌麦克王啤酒，S&N提供生产技术并派技术人员来指导生产，双方高管互访、探讨啤酒产销以及包括酒吧文化经营等问题。

3. 案例分析

（1）中国啤酒市场被公认为全球最大，增长速度也远高于全球平均水平，1997~2002年，中国的啤酒消费增长了40%，而与此同时，欧美多数市场已经饱和甚至萎缩。尽管外资在中国啤酒市场上曾经受挫，但这个市场的巨大发展空间依然令外资垂涎。随着国有资产向外资的开放，这些境外啤酒巨头收购中国啤酒公司的股份之后，必将不断追加投资并深度介入经营管理，整合中国啤酒市场，最终将形成几大寡头垄断市场的格局。苏格兰纽卡斯尔啤酒对重庆啤酒的加盟对这种格局的最终形成起到了推动作用。

（2）重庆啤酒目前在长江沿线的处于优势地位的布局是S&N愿意出高价的主要原因之一。收购重啤股份的部分股权后，S&N可以享用现成的啤酒产业布局，与其他啤酒巨头展开竞争。而且重庆啤酒控股子公司重庆佳辰生物工程公司的治疗性乙肝疫苗项目目前正式激活了临床实验研究。在国家自然科学基金、"863"计划等15项科研基金以及中国第三军医大学的支持下，重庆佳辰研发出新型的治疗性乙肝疫苗——治疗用的乙型疫苗。该疫苗与现有治疗乙肝的药物相比，具有成本低、疗程短的优点，更重要的是，该疫苗将有望实现乙肝病毒的彻底消除和不复发。

目前我国乙肝患病人群和携带者数量众多，大致在1.6亿人，年治疗费用在300~500亿元之间。该药一旦投产，其利润贡献将远远超过现有啤酒产业，并将推动重庆啤酒跨越式发展。纽卡斯尔高价收购重庆啤酒部分国有股的玄机也许在此。

（3）巨额收购资金有利于重庆啤酒的下一步发展，重庆啤酒集团将会充分发掘驰名商标的潜在价值和山城啤酒的品牌价值，全面实施从2004年到2008年的"5年发展战略规划"，即实现啤酒产销量翻一番（300万吨），实现销售收入翻两番（106亿元），实现利税翻三番（38亿元）的"123工程"。公司已确立"做大啤酒主业、做强生物制药、做实相关配套产业、做活第三产业"的指导思想,坚持"市场是生命,质量和成本是基础"的宗旨,致力于打造"一业为主(啤酒产业)、两翼为辅(生物制药、高新养殖)"多元化发展的全国著名企业集团。

【思考题】
1. 简要分析苏格兰纽卡斯尔啤酒高价收购重庆啤酒的原因?
2. 结合案例说明重庆啤酒的品牌价值主要体现在哪些方面?

【资料来源】
[1] 广义. 纽卡斯尔 醉翁之意不在酒 [N]. 中国医药报,2003-12.
[2] 惠正一. 纽卡斯尔拟近10亿元增持重庆啤酒股份 [N]. 第一财经日报,2007.
[3] 徐殿龙. 驰名商标引来外商巨资 [N]. 经济参考报,2004.
[4] 重庆啤酒苏纽亚太收购两成股权 [N]. 证券日报,2004.

FAG 恶意并购西北轴承

【理论链接】

恶意收购

恶意收购（hostile takeover），又称敌意收购（hostile takeover），是指收购公司在未经目标公司董事会允许，不管对方是否同意的情况下，所进行的收购活动。在当事双方采用各种攻防策略情况下完成收购行为，收购方力求取得控制性股权，成为最大的股东。

摘要：引进外资、引进技术、做大做强企业，是我国企业选择与外资合资的真实初衷。然而，当中国企业原有的技术、品牌、市场最终全部被合资方控制之后，我们丧失的就不仅仅是这些了而是遭受了难以承受的合资之痛。我国最大的机械工业企业，轴承行业一档企业之一的西北轴承集团在本次合资中的惨痛教训，给我国长期以来盛行的"以市场换技术"的引进外资战略敲响了警钟。

关键词：西北轴承；FAG；外资并购；行业垄断

尽管 FAG 并购西北轴承案发生在 2001 年，而且在当时我国的《反垄断法》尚在讨论之中，但该案成为外资并购中国内地企业的典型，因为它反映了外资垄断性并购境内企业所采用的"合资—亏损—独资"的特别路线，而且本案例中反映出来外资明显有恶意并购的嫌疑。由本案例开始，外国投资者和跨国企业大肆进军我国内地市场，并购行业的龙头企业，充分体现了外资并购的双刃剑的作用。历数本案例的发展历程，其中反映出来的外资垄断性并购对于我国的经济安全造成的消极影响是显而易见的。

1. 并购双方

1.1 德国 FAG 集团

德国 FAG 集团成立于 1883 年，是全球第一家轴承制造商。自 2001 年起，

FAG 成为德国舍弗勒集团的一部分，并在集团的航天、汽车和工业领域起到了积极和重要的作用。与 INA 产品相结合，FAG 在滚动轴承行业拥有同行业最齐全的产品大纲。涵盖了生产机械、动力传输与铁路、重工业以及消费品行业中所有的应用范畴。

舍弗勒集团是全球范围内生产滚动轴承和直线运动产品的领导企业，也是汽车制造业中极富声誉的供货商之一。集团在全球大约有 65 000 名员工，在超过 50 个国家有超过 180 个分支机构，2009 年销售额约为 73 亿欧元。这使舍弗勒集团成为德国和欧洲最大的家族企业集团之一。舍弗勒集团旗下拥有三大品牌：INA、LuK 和 FAG，为汽车、工业和航空航天领域提供高质量的轴承和零部件产品。

FAG 轴承主要应用领域：航空工程、金属切削机床、钢铁加工设备、转炉、铸造设备、轧机、机械传动设备、造纸机械、水泥机械、磨机、矿山机械、工程机械及振动机械、环保设备、风力发电设备、船舶、天线及雷达、纺织机械、包装机械等。

1.2 西北轴承集团

西轴集团地处宁夏银川市，是大型国有骨干企业。产品中仅铁路轴承一项，合资前就占全国市场的 40%，利润占全公司的 40%，集团的"NXZ"商标是国家驰名商标，企业是宁夏回族自治区的利税大户。但由于大量产品滞留在流通环节，到 2000 年，企业资金沉淀达 6 亿元，每年欠银行利息 4 000 多万元，企业陷入困境。1998 年，西北轴承与德国 FAG 公司开始接触。FAG 是世界第三大轴承公司，德国最大的轴承企业。此时，西轴经过工厂搬迁和市场打击已精疲力竭，而 FAG 正在中国寻找合作伙伴，两家一拍即合。2001 年，西北轴承与 FAG 达成合作协议：德方以现金和技术投入，中方以原铁路轴承公司的设备、土地、厂房以及公司热处理分厂的精良设备和厂房投入，组建合资企业。

2. 并购过程

2001 年，本着"市场换技术"的想法，西北轴承与德国 FAG 公司合资。在合资公司中中方占 49% 股份，德方占 51%。但人们很快就发现，合资后的前两年，FAG 并没有对合资公司进行技术改造和有效管理，还架空了中方管理人员。第一年，合资公司亏损 980 万元，第二年，又亏损 1 300 万元。连续两年亏损后，中方没有资金继续增加投资。这时，德方立即出资买下中方剩下的 49% 股份，合资公司变成了德方独资公司。独资后，产品（其实就是原先西轴的产品）迅速通过了美国和英国认证，进入了国际市场，生产检验技术得到提升，原来的亏损也变成了盈利。但此时,中方已全部丧失了品牌、市场、生产资质等几十年打拼的成果。

总之,在 FAG 并购西北轴承案中,外资利用了中方在资金上的需求,而采取了垄断性并购的方式,取代了西北轴承在国内轴承行业的重要地位,而西北轴承在这次并购中却落得两手空空。这个结果,带给西轴的无疑是非常严重的不良负面影响。

3. 案例分析

3.1 失败原因

外资并购中国企业本无可厚非,但一些外资把中国企业看成"唐僧肉",从一开始就居心不良。据了解,像西北轴承这样的情况在全国并不罕见,已经成为外商吞并中资企业的一种模式。国内有学者把外资并购看成是引进先进管理经验,盘活国有资产,解决国有企业深层次矛盾,优化企业治理结构的灵丹妙药,称之为国企改制的一场"新洋务运动"。可这一"新洋务运动"究竟能否使我国国有企业从低效、亏损的阴影中走出来,使其做大做强,达到改制目的?随着跨国公司加快并购的步伐,外资并购带来的一系列负面效应也日渐扩大:财政税收缩水,不良资产处置暴利,行业垄断威胁国家产业安全。

3.1.1 缺乏行业自主性

西北轴承的相关人士认为,当初谈判时草率签约,盲目求成,埋下了今日的苦果。西北轴承与德国 FAG 公司签署协议时,由德方起草了数百页的协议,要求中方人员必须每一页都签字。中方人员怕麻烦,根本不看具体内容,只顾签。事后一遇到矛盾,德方便搬出协议,翻到某页的某项条款,西轴的人随即哑口无言,打掉牙往肚里咽。仔细分析西北轴承的合资就会发现,中方放弃了对技术的控制权。为了合资,西北轴承让出了控股权和品牌。不仅如此,在外方资金迟迟不到位的情况下,中方仍然退让,甚至在德方违反合资协议,单方面对合资企业大手笔裁员时依然忍气吞声。结果是毋庸置疑的,西北轴承失去了自己那块优良业务,以及在领域中的资产和竞争力。

有关部门负责人表示,管理层的政绩观也是不可忽视的重要原因。其实,在合资谈判中,中方更想控股,却不得不处处退让,主要原因就是地方政府要求企业"从招商大局出发,坚决把合资搞下去"。

开放的条件下必须坚持自主。开放是必要的,引资也是必要的。但国企改革攻坚战,再难也不能丢掉独立自主,转而向外资顶礼膜拜。跨国公司的研发基地一般都在本国,决不会把核心技术投入合资公司。他们把在华的合资公司作为一个加工厂，甚至仅仅是一个生产车间。企业在合资谈判过程中，应该保持与两家以上的对象进行谈判。在与外资合作中，民营企业自我保护的成功经验很值得国企借鉴。

3.1.2 政府监管不完善

西轴并购之痛让人们意识到监管的重要性，监管缺失的并购，难免让企业落入陷阱。政府要超脱。政府主导企业的合资重组，是一种错位。作为国有资产出资人的代表，政府职能主要表现在监管上。换句话说，政府扮演的角色是"裁判员"。"裁判员"一旦变成了"运动员"，企业一旦变成了政府的附属物，国企改革几十年的成果就全部付诸东流了。合资也好、重组、并购也罢，都是企业的经营行为，自然应该由企业来主导。政府主导企业的合资重组，中国的企业家们就像是在戴着锁链跳舞，个中滋味，苦不堪言。外资并购要受国家监管审查。目前，《反垄断法》难以在短期内出台，我们应该完善对跨国并购的法律规范，对跨国并购进行必要的评估、审查和干预。这主要涉及四个关键词：一是国家经济安全；二是重点行业；三是驰名商标；四是中华老字号。任何被并购的企业只要和这几条沾边，都需要经过审查。

3.1.3 并购程序审核不规范

中国缺少审核外资并购的程序和规则，缺少确定合理收购的价格体系与评估体系，没有把个别企业的并购案置于行业发展的战略视角下考虑。对于与外商合资，政策应该规范收购价格。如果不计成本地合资，显然不符合国家和企业利益。改变对本土民营企业的偏见。在国企并购中，我们鲜见民营企业有所作为，就是因为地方政府对民营企业抱有成见。

在国企改制收购中，跨国公司一般是首选，因为跨国公司的财力、技术、品牌更容易得到地方政府的青睐。同时，地方政府还可兼收引进外资的政绩。因此，尽管一些国有企业经营状况不差，但地方政府总把他们看作包袱，最好趁有效益时赶紧出手，免得将来出现难题，影响政绩。卖给外资风险小，而且你不让步，别人也会让步，于是，各地竞相出台优惠政策吸引外资，不惜一切代价，对外商搞"吃、住、行、玩"一条龙服务，尤其以引进"500强"，并购国企为荣，以此炫耀当地投资环境。

国家要履行工业管理职能。国家在重视国有资产管理，关注资产平衡表上财务数据的同时，还要重视企业的技术和结构等内容。我国制造企业承载了中国工业技术的能力和发展潜力，需要国家进行具体的指导和管理，如产业规划、配套、运行协调、技术攻关推广等，在中国企业还没有成长到能与国际企业竞争之前，政府绝不应放弃对工业的支持和管理职责。

3.2 相关负面影响

3.2.1 民族品牌和企业发展受到限制

民族工业作为我们国家在不断的探索和实践中发展壮大的产业，其在整个国家经济产业中占有重要的一席之地。但是,从20世纪90年代开始,外资大举进入我国国内市场,其在选择并购对象时,更加青睐那些已经在国内相关行业发展较为成熟的大品牌、龙头企业,从而可以借原有的产品效应轻而易举的扩大自身的市场份额。所以,在这几年发生的外资并购案件中,经常可以看到很多大公司大品牌的影子。

在外资对我国相关行业进行并购时尤为看重对品牌的控制。这种控制是为了避免东道国仍持有该品牌而影响到外资进入后的品牌规划,如果跨国投资者完全拥有该品牌,那么其可以实现自身对品牌的开发和控制的全部决定权。跨国投资者实现对东道国品牌的控制,主要是在并购国内企业的同时,全盘接手国内企业,进而取得国内品牌的使用权或者制约中方使用原有品牌。

中方原有的品牌不仅仅体现了企业的无形资产的重要性,更有意义的是,该品牌还体现了原有企业在行业市场上的占有率和口碑效应。但是在外资垄断性并购境内企业之后,原来的国内知名品牌往往会遭到抛弃。比如,原来在国内洗涤市场很有知名度的活力、熊猫等品牌,如今大多在市场上销声匿迹。

从本案的发展来看,外资对我国境内企业垄断性并购对我国民族企业的发展造成了比较显著的消极效应。资本的逐利性使得外资企业选择并购对象时更多地看重投资的低风险和高回报,于是外资并购的我国境内企业基本上都是我国在各个行业的龙头企业或标志性企业,接着通过逐渐获取对企业的所有权或绝对控股权,独占该企业,这样,将导致我国相关行业或产业的经济安全受到一定的威胁。从西轴被FAG并购后的发展进程来看,确实体现了外资垄断性并购对我国的民族企业所带来的恶劣后果。而且,从本案中,也体现了我国一些自主品牌和知名品牌的丧失。通常,跨国公司会采取两种手段来处理我国的自主品牌:一个是对于和外资自有品牌定位重合的产品品牌,将不再使用该国内品牌,使其逐渐在市场上销声匿迹,逐渐淡化出消费者的视野。另一种手段就是对于仍然有利用价值的国内品牌,跨国公司通过重新对该产品品牌进行塑造,为自己所用。本来,我们希望通过引进外资的方式,用本国国内的巨大市场发展潜力来吸引跨国企业的进入,从而实现我国相关产业的技术升级和换代更新,但是在多年的合资经营之后,跨国企业一边始终对我国相关行业的技术发展设置层层壁垒,一边又从中国企业那里学会了应该怎样去理解中国的市场发展和中国国情,那么到最后,跨国企业就可以抛开中资企业而自己发展了。从本案中,也可以看出,西北轴承被FAG并购后,自己原来的知名品牌已成为他人的品牌,完全是在为他人作嫁衣了,从而使得本来作为我国民族工业的代表企业被外企踢出局,导致我国相关的民族产业发展受到了来自跨国企业的压制。

3.2.2 加剧我国产业结构布局的不均衡性

外资垄断性并购我国境内企业给我国经济安全带来的第二个消极影响就是这

种垄断性并购会破坏我国产业结构的关联性和地域分布。因为一旦跨国公司垄断性并购了我国原有的完整产业链中的任一关键环节,那么自然而然就会给原来的产业链带来危险,甚至会导致原来的产业链在外资的逼迫下断裂,从而对我国该项产业的经济安全造成不小的压力和冲击;其次,由于跨国企业是一个独立经济实体,在全球范围内进行生产和经营,自然会有自己的全球性的经营策略。而这种经营策略只是从跨国企业自身的发展的角度来制定的,那么,当跨国企业对我国企业实施垄断性并购时,更多的是考虑其自身的投资和收益策略,这样,就会与我国原来的产业区域调整或者产业规划方面的政策产生一定的差距。可以从改革开放这三十年的发展情况看出,外资对我国企业的并购事件大量的集中在沿海、经济发展较为迅速、劳动力流动比较快的区域,而对于占我国地域面积比较大的中部和西部地区,则鲜有跨国公司青睐。这样,也从另一个角度加剧了我国的产业结构布局的不均衡性分布的情况。

3.2.3 阻碍我国企业的创新能力发展

从本案出发,联系跨国公司随后在我国进行的一系列并购来看,可以发现外资垄断性并购对我国企业的创新能力的消极影响是明显的。首先,一旦外资并购成功,跨国公司取得企业的经营权,就会采取重新独资设立企业研发部门的方式,严格控制产业核心技术,杜绝这些技术的外泄,从而使得合作企业对该技术的核心部分仍然不得而知,不能从与外资合作的过程中改进自己的生产技术,也就使得原来的企业仍然只能处于较为低端的产业链条之中。在本案例中,FAG的进入不仅没有给西北轴承带来新的研发技术,反而借此机会,一直对自己的技术保密,使得西北轴承内外交困,不得不退出该合资企业,被市场所淘汰。其次,跨国企业以其庞大的资金和技术优势,进一步对我国的核心人才和有关的知识产权进行集中式掠夺,从而在根源上就扼杀了我国相关行业的自主创新能力,这也将挤压我国在产业升级和知识产权保护进一步拓展的空间。最后,我国一些企业在奋斗多年后,才逐渐提高了一定的创新能力,逐步建立起了自己的知识产权体系,但是一旦企业被外资垄断性并购,那么原来的体系也就荡然无存,跨国企业不费吹灰之力就可以将原来企业的知识产权收入囊中。对此,有研究者指出,国家要担当核心技术研发的主导力量,调整科技发展战略,放弃以往"引进—吸收—创新"的路径,自主研发高端核心技术,改变我国技术结构,提升我国在国际分工中的地位。这也是我国企业在面对外资对其进行垄断性并购时的出路之一。

3.2.4 行业垄断的消极效应日益明显

在外资垄断性并购我国龙头企业之后,原来的国内企业在市场上的影响力有了充足的外资资本的支持,市场支配力愈发增强,进而在市场上占据大部分的市场份额,使得垄断及限制竞争的行为屡屡发生,最终导致该企业迅速处在垄断地位。事实上，在 FAG 并购西北轴承案发生之后，迅猛增长的外资并购事件使得某一些行业内频频发生限制竞争的行为，对我国经济安全的消极影响也越来越明显地表现出来，这不得不引起我们的重视。

【思考题】
1. 简要分析西轴集团在此次并购中存在的问题。
2. 西轴集团失去合资公司管理权的原因有哪些？
3. 根据案例，讨论中国企业在外资并购中应当注意的重点有哪些？

【资料来源】
[1] 张丽. 外资垄断性并购的经典案例评析 [N]. 宁波大学，2012.
[2] 田芬. 浅析外资并购的负面影响——从西北轴承外资并购案谈起 [J]. 综合管理，2008.
[3] 蔡亮. 西轴之痛再现外资并购陷阱 [J]. 资本市场，2007 (5).
[4] 朱一飞，陶丽琴. 外资品牌控制和技术控制及法律对策 [J]. 行政与法，2008 (10).
[5] 蒋志敏. 基于产业安全的外资并购分析 [J]. 生产力研究，2007 (24).
[6] 黄树辉，杨婷. 商务部鼓励外商通过并购方式直接投资 [N]. 第一财经日报，2008-5.

英国帝亚吉欧收购成都水井坊

【理论链接】

要约收购

要约收购是指收购人通过向目标公司的股东发出购买其所持该公司股份的书面意见表示,并按照依法公告的收购要约中所规定的收购条件、价格、期限以及其他规定事项,收购目标公司股份的收购方式。其最大的特点是在所有股东平等获取信息的基础上由股东自主作出选择,因此被视为完全市场化的规范的收购模式,有利于防止各种内幕交易,保障全体股东尤其是中小股东的利益。要约收购包含部分自愿要约与全面强制要约两种要约类型。部分自愿要约,是指收购者依据目标公司总股本确定预计收购的股份比例,在该比例范围内向目标公司所有股东发出收购要约,预受要约的数量超过收购人要约收购的数量时,收购人应当按照同等比例收购预受要约的股份。要约收购的主要内容包括:要约收购的价格,要约收购的支付方式,要约收购的期限,要约收购的变更和撤销。

摘要: 2006年12月到2013年7月,将近7年的漫长历程中,全球烈酒第一企业帝亚吉欧洋酒集团利用全兴集团间接控股水井坊,进而触发要约收购义务成功收购水井坊,成为水井坊的唯一股东,63亿元的收购金额使之成为中国白酒业并购案件中非常突出的案例之 ,为开拓中国市场迈出了巨大的一步。

关键词: 帝亚吉欧;水井坊;间接控股;国际化战略

1. 并购背景

帝亚吉欧是英文Diageo的中文译名,这家1997年成立于伦敦的洋酒集团,是现今全球最具规模的烈酒生产商,业务横跨蒸馏酒、葡萄酒和啤酒三大品类,目前占有全球30%左右的洋酒市场份额。其麾下汇集着一系列知名品牌,包括Johnnie Walker(尊尼获加)、Crown Royal(皇冠)、J&B(珍宝)、Windsor(温莎)、Smirnoff(斯米诺)、Baileys(百利)等,因此,帝亚吉欧可以称为世界洋酒版图的领跑者。另外，帝亚吉欧也是世界上首屈一指的洋酒公司，从地理范围上，它跨越了全球80多个国家和地区；从世界名品排名来看，在100个品牌中它拥有14个；从公司资产来看，它的市场价值达到了890亿美元，2013年的销售额就达到了187亿美元。帝亚吉欧的成功建立在一定的历史积淀之上的，其成立之初的两大品牌，大都会和健力士均是洋酒产业的领先品牌，对众多具有历史传奇的品牌的成功运营得益于其独特的品牌建设守则。另外，帝亚吉欧还以其独特的宣传理念闻名全球，它着力于开展社区项目以及推广"理性饮酒"，倡导人们随时随地享受生活，并且将企业社会责任置于公司经营理念中的重要地位。

帝亚吉欧于2002年成立大中华区，总部设在上海。2006年帝亚吉欧成为首家在华引入"理性饮酒"理念的跨国企业。中国区的发展为帝亚吉欧业务增长做出了巨大贡献，根据帝亚吉欧2012年财务报表显示，包括大中华区内的新兴市场的业务量占帝亚吉欧整体业务的40%，而大中华区的表现尤为抢眼。

水井坊作为传统酒业的代表，在中国白酒产业中占据着重要地位。水井坊全称"水井坊股份有限公司"，是四川省的一个地方公司。它的前身是四川制药股份有限公司和四川全兴股份有限公司。水井坊在1993年正式成立，是成都体制改革委员会批准成立的属于定向募集性质的股份有限公司。1996年，它先由中国证券监督管理委员会审核批准在上海证券交易所发行了2 660万股A型股票，并在当年年底正式在上海证券交易所挂牌交易。就水井坊的历史而言，水井坊是中国少有的古酒品牌。它被称为"中国白酒第一坊"，元朝时期就已经产生了，是最具历史年份与特色的白酒作坊，与兵马俑有着相同的史学价值。公司属饮用酒制造业，主营酒类产品生产和销售，是中国大型高品质白酒生产企业之一，企业规模及效益居行业前列。主要酒类产品有水井坊品牌系列、全兴品牌系列，都是国家工商总局认定的"中国驰名商标"。在历年发展中，水井坊以"中国白酒第一坊"为名，在中国白酒业打下了一片江山，并且长期保持着较高的产业增长趋势与名气，其下品牌嫦娥为与茅台、五粮液、剑南春同等档次的白酒品牌。根据2012年年报显示，水井坊高档白酒销售收入占据公司所有酒水收入85.48%，而2011年同期为57.92%，上涨幅度明显。

帝亚吉欧作为全球烈酒第一公司，在华多年，其市场业绩一直无法达到预期要求，且一直受到它在中国老对手保乐力加的压制。因此，要想超越对手、进一步拓宽中国市场，必须从增长速度快，收获利润高并且属于最具中国特色、十分稀有的传统酒业入手，以此获得对中国烈酒行业深入发展战略的成功。水井坊作为中国传统酒业的代表，在中国古典酒业中占有重要的地位，但是在国内的发展受到自身基础薄弱、产品生产销售线单调、营销力度有限等问题的限制，一直受到其他同档次品牌酒类的压制，业务受到老牌白酒和新兴白酒品牌的冲击，自身发展受到很大限制。此时，帝亚吉欧的援助之手显得十分格外难得和珍贵。另外，帝亚吉欧在收购报告书中承诺，未来将凭借其在全球烈酒行业丰富的运营经验，为水井坊提供更多支持并拓展国际市场，这对拯救水井坊在国内市场的困境是一条不错的突围之路。而"被外资"的水井坊也可算是中国白酒国际化的探路者，为推广中国传统白酒贡献了很大的力量。

2. 并购过程

帝亚吉欧对成都水井坊的收购历时将近7年，大体可以分为三大阶段：

收购的准备阶段：2006年，帝亚吉欧开始了对水井坊的收购。当年12月，帝亚吉欧从盈盛投资手中，以5.17亿元获得43%的全兴集团股权，成为水井坊第二大股东。4个月之后，帝亚吉欧调派其大中华区董事总经理柯明思任全兴副董事长，并在水井坊出任董事并调派其南亚市场总经理和韩国公司商业财务总监直接参与公司管理。2008年8月，帝亚吉欧再次以1.4亿元将水井坊公司工会所持6%的股权揽入怀中，持有股份升至49%。

收购的关键阶段：2010年3月，帝亚吉欧宣布收购水井坊大股东全兴集团4%股权，所持全兴集团股权比例增至53%，并间接持有水井坊39.71%股权，成为水井坊实际控制人，也由此触发要约收购义务。2011年6月，商务部批准了股权转让申请及反垄断审查申请；7月，证监会受理了要约收购申请。2012年3月，证监会批复。同时水井坊股份有限公司正式发布公告，水井坊的第一大股东即全兴集团的外方股东帝亚吉欧已经获得中国证监会的批准，可以正式履行他们发起的水井坊股份收购要约计划。也就是说帝亚吉欧成为水井坊——中国第四大白酒集团的最大股东。帝亚吉欧对水井坊的整个收购的价格高达6.24亿英镑，折合人民币60多亿元。

收购的完结阶段：2013年7月23日表示，四川省商务厅已经批准其以2.33亿英镑收购全兴集团47%股份，成为四川成都水井坊集团公司的全资股东。从此，"水井坊"集团由中外合资企业转变为纯外商独资企业。帝亚吉欧亚太区总裁顾斯霆在官网上表示："对于双方6年前就开始的合作旅程来说，这次收购具有里程碑的意义。作为'水井坊'的控股股东，帝亚吉欧将一如既往与'水井坊'的中方管理层一起，致力于将'水井坊'打造成一个领先的白酒国际品牌。我对白酒业务在中国的长远前景充满信心。"

帝亚吉欧对水井坊全资第二阶段中要约收购的触发及最终达成是整个收购过程的关键点和亮点。全兴集团为上市公司水井坊的控股股东，其两大控股方为盈盛投资（51%）和DHHBV（39.71%）。2011年7月4日成都工商行政管理局办理完毕与本次股权转让有关的工商变更登记手续，DHHBV受让盈盛投资4%股权，从此DHHBV在全兴集团的持股比例已由49%升至53%，进而成为全兴集团的控股股东，并通过全兴集团间接控制水井坊 39.71% 的股份。上市公司控股股东持股比例在 30% 以上，且收购方获得企业实际控制权，对上市公司的间接控制比例超过 30% 时，将会触发要约收购义务，此规定为帝亚吉欧全资控股水井坊打下了基础。

收购人公告《要约收购报告书摘要》的日期为 2010 年 3 月 2 日，由于涉及外资收购经过一系列的审批和调整，同时接受反垄断调查等，2012 年 3 月 19 日才获得证监会许可。因此，由初次公告到正式公告之间间隔时间很长，对投资人的风险压力相对较大。但是在此案例中帝亚吉欧作为公司实际控股者，是通过全兴集团间接控股水井坊，因此要约收购的结果对帝亚吉欧的地位未有大的影响，帝亚吉欧也在时隔两年后并未对要约价格进行调整。根据水井坊董事会提交证监会报告及最终公告确定要约收购为 2011 年 3 月 26 日到 2011 年 4 月 24 日共 30 个自然日。最终，帝亚吉欧以距离要约收购价格 3 分钱的收购价完成了要约收购，成为成都水井坊第一大股东。

3. 并购之后的水井坊与帝亚吉欧

3.1 水井坊

在 2008 年帝亚吉欧上升为水井坊第二大股东之后，水井坊对外业务表现出强劲的增长势头。2010 年，水井坊出口业务以 389% 的增长率达到顶峰；2011 年，水井坊依然保持着 51.78% 的较高增长率；2012 年，水井坊的出口额已达 7 350 万元；2013 年，水井坊已在全球 43 个机场的免税店销售，并于 9 月在洛杉矶上市了一款水井坊调配的鸡尾酒，使水井坊在国际化的道路上迈出了一大步。与强劲的销售额相比，水井坊的海外净利润则略显惨淡。2010～2012 年，水井坊海外销售净利润不增反降，2013 年中期净利润同比下滑高达 41.69%，盈利状况远不及同业水平。因此，水井坊对外发展道路并不平坦。与并购后所带来的经济效益有所不同，水井坊在品牌效益和广告效益上有着巨大的收获。借助帝亚吉欧的高端品牌知名度，水井坊很容易在国际市场上打开销路，同时，帝亚吉欧广布全球的稳定的销售和服务网络，为水井坊的未来发展提供了便利。

3.2 帝亚吉欧

帝亚吉欧并购水井坊之后，集团品牌在华实力得到很大提升。借助水井坊"中国白酒第一坊"的美誉，打开了中国市场。帝亚吉欧年报显示，2011 年销售额为 132.32 亿英镑，年利润总额 20.17 亿英镑。2012 年，帝亚吉欧实现销售额 145.94 亿英镑，年利润总额为 20.72 亿英镑。2013 上半年财报显示，帝亚吉欧上半财年净销售额达60.39亿英镑,在净销售额和营业利润实现了5%和9%的有机增长,其中美国市场和快速增长市场表现尤为突出,中国大陆和中国港澳台在内的大中华区依然保持两位数的强势增长。得益于品牌高档化战略及价格提升的影响,大中华区净销售额增长13%。自帝亚吉欧间接控股四川水井坊股份有限公司以来,其业绩也第一次并入帝亚吉欧财报。财报数据显示,水井坊上半财年净销售额达4 800万英镑,营业利润为500万英镑,持续其稳定增长的势头。

【思考题】
1. 结合案例,谈一下你对此次收购中要约收购的理解。
2. 分析收购水井坊对帝亚吉欧在华业务的影响。

【资料来源】
[1] 张玉华. 浅析帝亚吉欧收购水井坊案 [J]. 经济广角,2014 (2).
[2] 要约收购案例分析之帝亚吉欧收购水井坊. 百度文库,2012 (4).
[3] 帝亚吉欧收购水井坊获批能否树上开花?[N]. 北京商报,2012-4.
[4] 唐雨虹,袁晓星. MBO、企业并购与公司业绩——基于水井坊的案例研究. 财经理论与实践,2015 (3).

德国 DEG 收购南充市商业银行

【理论链接】

国际合作企业

国际合作经营企业是以确立和完成一个项目而签订契约进行合作生产经营的企业；是一种可以有股权，也可以无股权的合约式的经济组织。合作方的权利和义务，包括投资或者合作条件、收益或者产品分配、风险和亏损的分担、经营管理的方式和合作企业终止时财产的归属等事项，均由中外合作者共同协商，制定合作协议、合同，并在合作企业合同中加以约定。中外合作经营企业的主要特点有：一是合作经营企业可以组成具有法人资格的实体，实行有限责任公司；也可以以自己的法人身份进行合作，组成非法人式的合作经营企业。二是合作经营各方可以以自己所拥有的各种方式出资。三是允许外方从营业收入中或从设备折旧中收回投资。四是法人式企业设立董事会及经营管理机构进行管理，非法人式企业由合作各方派代表组成联合管理机构共同管理或委托合作一方或者合作者外的第三方进行管理。

摘要： 德国投资与开发有限公司（DEG）于 2005 年 7 月 7 日称，该公司与德国国际合作储蓄银行基金已同意斥资 400 万欧元购入南充市商业银行 13% 的股权。DEG 和 SIDT 分别认购南充市商业银行 300 万欧元、100 万欧元的股份，占南充市商业银行增资扩股后总股本的 10% 和 3%；同时，DEG 将对南充市商业银行提供技术援助。

关键词： 商业银行；德国 DEG；外资入股；管理改革

1. 并购双方

1.1 德国投资有限公司

德国投资有限公司，起源于欧洲古国源于列支敦士登的皇家银行是欧洲最古老的皇家银行之一，随着时间的推移，集团已发展成一家以证券投资及资金管理为基础，集项目开发、投资银行业务于一体的多元化国际金融公司，总部位于德国梅克伦堡州。公司与德国各大银行、基金财团及商会建立了良好的合作关系，拥有具备丰富的投资与管理经验及扎实的金融技术背景的专业化人才团队，为欧洲及全球客户提供优质专业的创新服务，对企业的各种资金需求及企业在发展的不同阶段所面临的问题可以提供直接的投资指导和服务。

1.2 南充市商业银行

南充市商业银行成立于 2001 年 12 月 27 日，自成立以来，积极探索中小银行改革发展之路，制定并实施了清晰的发展战略，通过"人才兴行—引进外资—打造国际标准有特色的现代精品银行—区域性发展—更名上市—联合与合作"的发展路径，实现"做强做大"的战略目标。

10 多年来，南充市商业银行通过分步实施"请进来，走出去"、"下乡进城"的战略步骤，2005 年成功引进德国战略投资者，成为中国第一家二级城市引进外资的城市商业银行；2007 年 3 月 1 日发起设立了中国第一家村镇银行、贷款公司——四川仪陇惠民村镇银行、四川仪陇惠民贷款公司；2007 年 10 月 27 日在成都开设分行，成为中国第一家二级城市跨区域在省会设立分行的城市商业银行。

截至 2015 年 6 月末，南充市商业银行资产总额达到 1 332 亿元，实现税后利润 12 亿元。各项存款余额（含同业）达到 1 021 亿元，其中基础性存款为 821 亿元；各项贷款 441 亿元；所有者权益总额 90 亿元。流动性比例 68.46%；不良贷款占比 1.39%，拨备覆盖率 181.23%；平均资产收益率 1.86%，平均资本收益率 28.47%。

2015 年 7 月，英国《银行家》杂志发布了 2014 年度"全球 1 000 强银行"排行榜，南充市商业银行上升至第 533 位，资本收益率排行中国地区银行业第三名。

2. 收购动因

（1）加快德国投资与开发有限公司进入中国金融领域的步伐。

外资银行投资国内银行的主要目的在于加快他们进入中国金融领域的步伐。这可使外国机构避免为获得分行许可证而长达 1 年的等待期，也不受中国在 2006 年年底以前禁止外国银行完全参与人民币业务的入市承诺的约束。

根据国内《银行家》杂志社的排名，南充市商业银行在全国小规模城市商业银行中综合竞争力排名第三，而在 112 家城市商业银行总排行榜中排名第 19，甚至高于西南部分省会城市的城市商业银行，具有投资的价值。

（2）德意志投资开发公司希望通过股本投资帮助发展中国家经济和转型经济

中的私营企业实现发展。

德国投资与开发有限公司（DEG）由德国联邦政府于1962年组建，主要为发展中国家及新兴金融市场提供融资服务，1990年与德国复兴信贷银行合并，成立德国复兴信贷银行集团。是欧洲最大的发展性金融机构。在"发展－合作"背景下，会将成功经验移植到发展中国家，为发展中国家在技术和管理方面提供帮助，促进其健康发展。

（3）被收购后，南充市商业银行会得到德国公司提供的技术支援，帮助其提高管理水平和风险控制能力。

经过这次并购合作，将提高南充市商业银行资本充足率水平，调整现有股东结构，增强抗风险能力。还有重要的一点就是，南充市商业银行由此成为国内第一家引入国际战略投资者的二级城市银行，自身形象将得到很大提升。这一跨国战略合作的成功，开创了中国二级城市银行引进国际战略投资者的先河，也意味着中国金融改革进程取得了一个新突破。德方将在经营管理、产品服务、风险控制以及人员培训等方面，为南充商行提供一系列技术援助。同时，南充市商业银行将在董事会中为DEG提供一个董事席位，从而保证技术援助的顺利进行。DEG将派一名专家在南充市商业银行工作二年，并由其担任董事会下的关联交易委员会主任。

3. 收购过程

2005年7月，中国第一家二级城市银行跨国融资案——南充市商业银行与德国复兴信贷银行集团德国投资与开发有限公司（DEG）、德国储蓄银行国际发展基金（SIDT）、德国储蓄银行国际合作基金（SBFIC）的战略合作，在北京正式签署协议。DEG和SIDT分别认购南充市商业银行300万欧元、100万欧元的股份，占南充市商业银行增资扩股后总股本的10%和3.3%；同时，DEG将对南充市商业银行提供技术援助。

实际上，南充市商业银行的增资扩股工作在2003年就已经启动，而且明确了要引入外资股东，外资持股比例限制在20%以内。2003年年底，该行便传出与欧洲最大的发展性金融机构－德国投资与开发有限公司（DEG）接触的消息。投资地方性金融机构是DEG的核心业务，DEG希望出资300万～400万欧元收购南充市商业银行大约12%的股份。德国投资与发展公司（DEG）北京代表处首席代表Markus tho Pesch称DEG希望双方能够在2004年达成协议。经过艰苦的谈判，DEG终于联合德国储蓄银行集团旗下的SIDT共同出资400万欧元，占有在南充市商业银行增资扩股后13.3%的股份。业内分析，这一比例与当时签订的20%尚有差距，因此不排除南充商行继续物色更多国际战略投资者的可能性。

在 DEG 决定购买这家四川商业银行的股份前，中国的银行监管部门曾于本月初规定，允许单一的外国投资者将其在当地银行中所持股份的上限从原来的 15% 增加到 20%。

中国银行业监督管理委员会 2005 年 12 月 1 日宣布，只要外商在其所投资的国内银行的总持股比例低于 25%，那么该行将继续被视为国内银行。

4. 收购影响

（1）成功吸引德国战略投资者，无疑是南充市商业银行发展史上光辉的一页，这是中国西部第一家引进国际资本的城市商业银行。它所具有的意义和影响已经远远超过投资本身。正如时任中国银监会副主席唐双宁所说："我并不是所有银行引进外资的签约仪式都会出席的。这不是南充市商业银行的问题，这个事件对中国中小银行引进境外战略投资者有面上的指导意义。"随着国内各大银行改革步伐的加快，以及外资银行的纷至沓来，城市商业银行必然面临重新洗牌的格局。对此，城商行都有着深刻的危机意识。在南充商行成立之初，就制定了争取用 5~10 年的时间，建成具有国际金融背景、跨区域精品银行的目标，通过聘请顾问、引进外资、联合与合作、区域性发展等途径，实现做大做强的战略目标。

（2）南充市商业银行核心竞争能力得到极大提升。银行引资后，按照"规范化、标准化、细节化、责任化"的要求，结合德方提供的技术援助，打造国际标准现代精品银行，全面提升了银行的经营管理水平，建立起了全覆盖的风险控制机制和管理体系，引进了风险执行官制度，建立起了现代银行信息管理系统，完成了现代银行业务流程再造，建立起了网上银行、电话银行，银行创新能力和核心竞争能力得到了极大提升。

【思考题】
1. 试分析 DEG 选择投资南充市商业银行的原因。
2. 如何评价中国银行业的国际融资行为。

【资料来源】
[1] 刘华. 400 万欧元德资向南飞 [J]. 财经新闻，2005.
[2] 李京晔. 德国开发性金融业务及其对我国的启示. 经济导刊，2010（8）.
[3] 齐柳明. 南充市商业银行与德国金融机构合作. 光明网，2005.
[4] 德国 DEG 拟收购中国内地商业银行 [N]. 华尔街日报，2002.
[5] 松涛. DEG 在中国的投资 [J]. 中国创业投资与高科技，2003.

加拿大汉博和汉博公司收购东方热电集团

【理论链接】

国企改制与利用外资

国有企业是我国国民经济的支柱。发展社会主义社会的生产力，实现国家的工业化和现代化，始终要依靠和发挥国有企业的重要作用。在经济全球化和科技进步不断加快的形势下，国有企业面临着日趋激烈的市场竞争。国企改制是整个经济体制改革的中心环节。建立和完善社会主义市场经济体制，实现公有制与市场经济的有效结合，最重要的是使国有企业形成适应市场经济要求的管理体制和经营机制。在国企改制的过程中，积极合理利用外资，有助于弥补资金缺口、有助于提高国企技术水平和技术创新能力，吸引外商投资、有助于促进企业转换经营机制、有利于增加税收、增强政府提供公共产品的能力。

摘要：石家庄市人民政府国有资产监督管理委员会于2005年1月12日与汉博和汉博有限公司（HARPER & HARPER LTD）签署了石家庄东方热电集团有限公司国有股权转让协议，出让石家庄东方热电集团有限公司75%的国有股权，由于石家庄东方热电集团有限公司持有石家庄东方热电股份有限公司20 002.50万股占总股本的58.19%的国家股，本次股权转让获得有关部门批准后，石家庄东方热电集团有限公司将由国有独资公司变更为中外合资经营企业。

关键词：东方热电；汉博；国企改制；产能扩张

1. 并购双方

1.1 加拿大汉博和汉博有限公司

汉博和汉博公司是一个家族企业，成立于1990年。公司名字的意思是：两个姓汉博的人的结合，夫妻各占50%的股份。汉博和汉博公司最初发迹于投资美国、尼日利亚、委内瑞拉和加拿大的石油气生产设备。公司随后多样化地对非洲的黄金开采和美国的煤矿开采业进行投资。随后，公司在美国和欧洲进一步多样化投资于房地产开发、豪华用品制造、运动及消费产品。公司还致力于对成长型公司进行投资，并通过其与美国投资银行的关系介绍那些公司在纳斯达克证券交易所、伦敦证券交易所、法兰克福证券交易所及纽约股票交易所上市。汉博和汉博公司虽然在投资的公司里是小股东，但却成功管理着其投资的在美国及欧洲的20多家公司的上市。值得一提的是，汉博和汉博公司效率很高，该公司全球员工只有40多人，在中国只有16名员工，却管理着若干个项目。

1.2 石家庄东方热电集团有限公司

石家庄东方热电股份有限公司成立于1998年9月14日，是由石家庄东方热电燃气集团有限公司作为主发起人，联合石家庄医药药材股份有限公司、石家庄天同拖拉机有限公司、河北鸣鹿服装集团公司和石家庄金刚内燃机零部件集团有限公司以发起设立方式设立的股份有限公司。

石家庄东方热电集团有限公司是以热电联产、集中供热为主的特大型公用基础设施企业集团。公司始建于1982年，现有职工3 800多人，下辖1个分公司，4个全资子企业，7个控股子公司，4个参股公司。现担负着石家庄市3 000多万平方米民用供热及制药、棉纺、印染、化工、饮食等500多家工商企事业单位的热力供应任务。现有职工3 600多人，下辖4个控股子公司：石家庄东方热电股份有限公司、辛集东方热电有限公司、邢台东方热电能源环保有限公司、石家庄兴汇建材有限公司。2个全资子企业：湾里庙热源厂、石家庄高新技术开发区热电煤气公司。2个参股公司：河北中科环保有限公司、山西盂县东方振兴煤业有限公司。其中由热电一、二、三、四厂和石家庄经济技术开发区东方热电有限公司组成的石家庄东方热电股份有限公司，是河北省公用基础设施行业唯一一家A股上市公司。

2. 收购动因

2.1 市场需求对电厂供电提出更高要求

石家庄东方热电股份有限公司是负担石家庄市集中供热的国有特大型公用基础设施企业。目前，负担着全市1 600万平方米民用集中供热和900多家工、商、企事业单位的热力供应任务。石家庄现有民用建筑2 723万平方米，城市热化率仅为47%，正处于发展期，预计未来几年城市规划将达到6 020万平方米。按现有比率，集中供热需求还有3倍的空间；如果城市热化率再提高一倍，则市场需求将达到现有市场的六倍，需求则代表着发展的机遇，然而目前的东方热电不足以抓住市场机遇满足市场需求，所以急需外部资产的注入。而在石家庄市，东方热电与华电集团的此消彼长，在城市供热、供电领域，公司在本地区已失去竞争先机。

2.2 市场拓展与企业经营业务相契合

作为以热电联产、集中供热为主的城市基础设施企业，东方热电在中国热电行业和电力行业排名均比较领先，具有明显的地域垄断性。从未来发展来看，东方热电将在很大程度上受益于石家庄市供热规划——截至2005年，石家庄市区的热化率预计将由19%年的不足30%提高到80%以上，其供热市场将处于供不应求状况。而从东方热电的资产质量来看，其资产负债率为46.07%，质量较好。

加拿大汉博公司的创始人汉博克里斯·汉博希望在中国境内找到一些比较好的公司，投资进去组成合资公司，给这家公司带来国外的财务经验、管理经验和人员经验，使这家公司更加壮大，更加成熟。然后拿到国外上市融资，反过来再扩大这个企业，显然东方热带符合汉博公司的投资路线。

2.3 国企效率改革与提升

改革解决的是所有权和组织效益问题，核心解决的是人的激励问题。国企引入民营资本或者使管理层拥有股权，国企效率肯定会提高。产品都是有生命周期的，只有创新才能保证经济的持续增长。经济增长旧有的引擎熄灭以后，需要新的引擎，新兴产业就是新鲜血液和新引擎。

3. 并购过程

2005年1月12日，石家庄市人民政府国有资产监督管理委员会与汉博和汉博公司、河北永和房地产开发有限公司、石家庄江山房地产开发有限公司签署《石家庄东方热电集团有限公司国有股权转让协议》，将石家庄东方热电集团有限公司75%的国有股股权分别转让给以上三方，股权转让总金额为27 931.56万元人民币。本次股权转让尚须国务院国有资产管理监督管理委员会、商务部、中国证监会批准。本次股权转让构成了本公司实际控制权的转移，有可能触发对本公司的要约收购行为。

2003年11月3日，东方热电发布公告称，加拿大投资公司汉博和汉博公司（Harper&Harper Ltd.）将以8 000万美元的价格，收购东方热电母公司石家庄东方热电集团公司75%的股份。根据协议，Harper & Harper 在收购这些股份后，持股时间至少必须达到5年。由于石家庄东方热电集团公司持有东方热电58.19%的股份，此次股权转让完成后，三家公司将分别间接持有东方热电16.29%、15.7%、11.63%的股权，其中，汉博公司将以16.29%的间接持股成为东方热电间接第一大股东。

参与东方热电集团改制的三家公司中，由于有两家中资民企存在关联关系，因此外资公司尽管单一持股量最大，却不是东方热电的实际控制人。由于没有MBO概念，尽管也引进了外资股东，但东方热电大股东东方热电集团的改制并未引起资本市场的广泛关注。

按照2004年年初相关消息，其余15%的股权由东方热电集团职工购买，10%的股权由市政府继续拥有。而最终落实的方案是，未被转让的25%国有股权不再单列出东方热电集团公司管理层与员工的持股数，而统称为国有股权。

4. 收购影响

（1）除了股权5年内不转让，双方还约定，企业管理层三年内保持相对稳定。而收购完成后，东方热电的发展战略将是抓热电主业，还投资于房地产和金融。东方热电集团的分支机构中已经有一个房地产公司，在深圳也有一个金融机构。收购完成后，汉博和汉博公司将在这两方面更具体地发展。

（2）从2003年开始，金属冶炼、化工、机械设备等重化工业成为主要的高增长领域，由此带来电力需求的快速增长，能源供需缺口迅速加大，国内相关领域的投资活动重新进入活跃期。跨国公司对电力领域的并购也随之展开。加拿大汉博收购东方热电股份是一个具有代表性的案例。

（3）2004年12月3日，东方热电公告，接石家庄市政府通知，热电四厂的改扩建项目不再进行建设，另由华电集团公司在原有厂址上投建石家庄南郊热电厂。与此同时，公司拟通过增发可转债融资10亿元，也不再安排融资。华电集团是石家庄市另一主要供热电厂家，市场份额与东方热电相差无几。东方热电改制后已实质为民营控股企业，将不可能再享有城市基础设施的垄断利润。热电四厂项目立项于2001年，经过多次调整，公司为此投入巨大精力。计划投资29亿元，投建2台1 025吨/时锅炉配2台300瓦供热机组，如项目上马将极大地提升公司的盈利能力和竞争力。但是，目前在石家庄市，东方热电与华电集团的此消彼长，在城市供热、供电领域，公司在本地区已失去竞争先机。

（4）然而，虽然有着大笔外资的注入，但是东方热电此后的业绩并未尽如人意，2007年，东方热电净资产为116 440.46万元，之后一路下滑，2008年为83 174.02万元，2009年三季度为-31 280.11万元。完成一系列高台跳水的"难度动作"后，目前，深、沪两市1 000多家上市公司中，东方热电净资产排名倒数 23，净资产排名倒数前 50 名，只有东方热电一家是非 ST 公司。公司面临主营收入亏损 1 亿多元，这在同类行业中并不多见。

【思考题】
1. 简要分析加拿大汉博和汉博有限公司收购东方热电集团的原因。
2. 结合案例谈谈如何才能成功利用外资实现国有企业改制。

【资料来源】
[1] 东方热电改制细节调查. 2007.
[2] 袁宏明. 送东方热电去纽约？[J]. 新财经，2003.
[3] 赵学毅. 找准投资方向重于找节奏 中长期看好四新兴产业 [N]. 证券日报，2014.
[4] 探寻外资收购的原动力. 第一文库网.

韩亚银行收购吉林银行

> 【理论链接】
>
> 东道国的经济环境
>
> 经济环境是指一国的经济发展状况（如国民收入水平、就业率、国际收支等）、经济发展前景以及进一步投资的各种基础设施状况等。在国际投资环境中，经济环境因素的影响是最重要的，也是最直接的、最基本的。经济环境一般包括经济体制、经济发展水平、基础设施、经济政策、贸易和国际收支等。

> **摘要**：早在2008年韩亚银行和吉林银行签署了股份认购协议，按照吉林银行的增资扩股方案和双方约定，韩亚银行将以境外战略投资者的身份，以每股1.8元人民币的价格收购中国吉林银行12亿股股份，并获得中国银监会批准。韩国第四大商业银行韩亚银行向中国吉林银行投资21.6亿元人民币（约合3.16亿美元），收购其18%的股份。这标志着吉林银行成为省内首家成功引进境外投资的金融机构。
>
> **关键词**：韩亚银行；吉林银行；股权收购；国际化经营

1. 并购双方

1.1 韩亚银行

韩亚银行是韩国第二大金融集团——韩亚金融集团的全资子公司，总部设在首尔，是韩国第三大商业银行。韩亚银行（中国）有限公司是韩亚银行的独资中国本地法人，于2007年12月14日正式成立。总部设在北京金融街，实缴资本约20亿元（2 600亿韩元）；目前拥有包括总行营业部在内的北京、上海、青岛、沈阳、烟台、长春、哈尔滨分行和青岛城阳、上海古北、沈阳西塔、烟台经济技术开发区、青岛经济技术开发区和北京望京支行等共14个营业网点。业务种类涵盖存贷款、银行卡、网上银行、理财业务、代理业务、资金业务等50多个产品，竭诚为中外资、大中小微型企业及海内外个人客户提供全面的金融服务。通过韩亚银行（中国）上下全体员工的不懈努力，韩亚银行（中国）在韩资银行中已经处于领先位置，多项业绩指标在韩资银行中名列第一。

1.2 吉林银行

吉林银行股份有限公司（简称"吉林银行"）是经中国银行业监督管理委员会于2007年10月10日批准，由长春市商业银行更名为吉林银行，吸收合并吉林市商业银行、辽源市城市信用社而设立的股份有限公司。2008年11月、12月和2009年4月，吉林银行通过吸收合并四个地区的城信社成立了白山、通化、四平、松原分行，新设立了延边分行、白城分行。总行设在长春市，在长春、吉林、辽源、白山、通化、四平、松原、延边、白城开展业务，有营业网点366个，在岗员工6 400多人。成立后的吉林银行围绕跨区域发展和上市经营的战略目标，组织开展了增资扩股和引进境外战略者工作。2008年，吉林银行通过增资扩股，增强了资本实力；吸收合并通化、四平、白山、松原等四个地区城市信用社，设立延边、白城分行等工作也在稳步推进，2009年4月完成了省内机构设置，初步形成在全省的跨区域经营。2008年6月18日吉林银行与国内9家企业签署了股权认购协议。8月13日，吉林银行与韩亚银行签署战略合作协议。截至2009年6月末，全行总资产达1 310.65亿元，较年初增加了458.95亿元，增长了53.89%；上半年，全行实现净利润4.39亿元。

2. 并购概述

2008年8月13日，吉林银行与韩国韩亚银行在长春举行股份认购签约仪式，这标志着吉林银行成为省内首家成功引进境外投资的金融机构。按照吉林银行的增资扩股方案和双方约定，韩亚银行将以境外战略投资者的身份，认购吉林银行股份12亿股。吉林银行围绕跨区域发展和上市经营的战略目标，组织开展了增资扩股和引进境外投资者工作。吉林银行已经与国内9家优秀企业签署了股份认购协议。签约后，双方将按中、韩两国的监管要求履行相关申报程序，并在国际业务、信用卡、风险管理、私人银行以及人员培训、交流等方面开展深层次合作。

进入中国之初，韩亚银行就已制订雄心勃勃的扩张计划。截至2010年6月底，韩亚银行已在7个城市布局分支机构。从韩亚银行进军中国市场的版图看，避开了其他外资银行，选择进入外资银行相对较少且与韩国交流密切的东北三省和山东省。在2010年与中国吉林银行正式建立战略合作伙伴关系。韩亚银行此前向吉林银行注资21.6亿元人民币，购买了吉林银行约18%的股份。韩亚银行向吉林银行的股份投资及战略合作伙伴关系的成立,意味着韩亚银行成为首家向中国金融机构进行股份投资的韩国金融机构。韩亚银行行长金正泰在韩国首尔举行的两行建立战略合作伙伴关系和参股纪念仪式上表示,此次股权转让可以帮助韩亚银行确立中国东北地区的战略合作伙伴。对此,北京工商大学金融系教授葛红玲在接受《证券日报》记者采访时认为:韩亚银行参股吉林银行是出于长期经营的战略考虑,城市商业银行属于地方性的金融机构,对当地市场比较熟悉,有其独特优势。另外,入股这些城市商业银行的代价相对较小。韩亚银行参股吉林银行不仅可以降低其自身在中国市场的交易成本,亦可利用吉林银行已有的广大银行网络,加大对零售市场的拓展。从近些年外资入股金融机构的动向来看,城市商业银行已成为其重点进军领域之一。

3. 并购动机

中国市场现在是全球最大的金融市场之一,众多外资银行都纷纷来此寻求新的机会。随着中国金融业的对外开放度的增强,外资银行进入中国的步伐越来越快,尤其韩资银行和实力强大的欧美商业银行共同抢夺中国市场。韩国是在亚洲地区,除了日本、新加坡及中国香港等国家和地区以外,既有竞争力、又有潜在发展优势的银行市场之一。从 20 世纪 80 年代末开始,韩国政府实施金融业开放政策,韩国银行也跟着政府的政策采取国际化经营战略,韩国银行业已经成熟,本国银行市场也几乎达到饱和状态,因此,为了在日益激烈的银行市场的竞争中取得一席之地,韩资银行进入中国以及亚洲其他国家开展业务是最好的决策。

业内人士分析其并购动机时表示,城市商业银行相对较小的规模、明朗的发展前景使其成为外资较为理想的收购对象,尤其是那些经营状况、资产质量相对较好,管理控制能力较强,规模相对较大,在当地银行业中排名靠前的城市商业银行。依据增资扩股筹备上市的数据可知,吉林银行注册资本金达 78 亿元人民币,拥有 367 家分行和 6 400 名员工。截至 2009 年年末,资产规模 1 081.38 亿元,不良贷款率 1.44%,资本充足率为 11%。业内人士表示,吉林银行各方面指标在城市商业银行内均属于上游水平。在当地政府支持下,从 2005 年起,吉林银行按照银监会的要求开展了综合治理和分类处置工作。政府的支持还体现在税费支持和风险处置的后续保障上。吉林省财政厅曾将所持有的东北证券 7 590 万股股份划归吉林银行,专项用于不良资产处置。2008 年 6 月,吉林银行增资扩股迈出重要一步,亚泰集团出资 3.6 亿元以每股 1.8 元认购吉林银行增资扩股的 2 亿股股权。随后该集团再次参与吉林银行增资扩股。曾有相关人士透露,待增资扩股、股权整合完成后,吉林银行将利用 3 年左右的时间实现上市目标。但受国际金融危机影响,韩亚银行入股推迟,上市计划搁浅。中央财经大学金融学院教授郭田勇认为:除了补充资本金,提高资本充足率外,城市商业银行引入外资更深层的意义在于外资银行具有完善的法人治理结构和先进的经营管理、风险管理水平,以及较强的市场开发能力,这些对于城市商业银行改善自身经营能力、筹备上市都具有积极意义。

4. 并购的影响和启示

在经济全球化的时代,企业要获得长久的生命力就必须面对并赢取全球市场的竞争,否则将不可避免地被时代淘汰。跨国公司凭借资源的全球整合能力,提升了资金、技术、管理、人力资源等诸多方面的优势,大大增强了整体竞争力。金融企业尤其如此,像花旗、摩根、高盛等跨国银行已经成为世界资本市场的重要参与者,对世界金融体系产生了重要影响。因此,银行业的跨国经营不但是提升自身实力的重要手段,也是保障国家金融安全的必要措施。对于我国来讲,凭借劳动力成本、土地价格等比较优势,我国的工业制成品已经在世界市场占有一席之地。但是,在国际金融舞台上还不能听到中国企业的声音,这对我国经济的持续高速增长,对我国的经济安全和货币稳定都是不利的。因此,我国急迫需要能够在国际金融市场站稳脚跟的跨国金融集团。由于我国和韩国在文化上、经济发展水平上的相似性,以及地域上的邻近性,韩国金融集团对我国的投资资策略、对我国金融企业的跨国经营具有重大的借鉴意义。

韩国政府在韩国金融企业跨国经营过程中起重要作用,这重点表现在韩国政府所推动的稳健的、有序的金融开放政策以及为使金融企业迅速在国际市场上站稳脚跟所采取的各种优惠政策。我国金融企业的跨国投资应充分借鉴韩亚集团的成功经验,韩亚集团在华投资策略给我国金融企业带来的启示:首先,从金融企业的角度看,企业应做到结合自身实力,合理确定跨国经营的目标市场;针对目标市场,创新银行业务品种,提供综合化服务;顺应国际市场变化,灵活运用定价、渠道和公共关系等策略;实行与跨国公司协同发展战略。其次,从政府政策的角度看,政府应推动金融开放,营造有利于金融业对外投资的外交环境;建立健全对外投资的法规体系,完善境外及对外投资管理体制,健全风险管理体系与监管;改进和完善我国金融业对外投资的支援制度;构建"协同发展"的经营环境。不论怎样,打造一批具有国际竞争力和影响力的跨国银行,是提升我国综合国力,实现民族伟大复兴的必由之路。因此,我们必须借鉴国外金融企业的成功经验,坚定不移地实施"走出去"战略,加强金融企业自身建设,在国际金融舞台上扮演应有的重要角色。

【思考题】
1. 简要分析韩亚银行入股吉林银行的原因。
2. 结合案例谈谈中国的经济环境对韩亚银行的进入起到了什么样的作用。

【资料来源】
[1] 吕东. 内外援联袂保驾吉林银行 IPO 高歌猛进 [N]. 证券日报, 2010 - 9.
[2] 于一丁. 韩国韩亚金融集团在华投资策略研究. 延边大学, 2013.
[3] 林华. 韩国银行深耕中国市场. 金融经济, 2009 (23).
[4] 尹仁燮. 韩国银行业结构重组与进入中国市场策略研究. 2006 (12).
[5] 吴婷婷. 韩亚银行入股获批吉林银行 IPO 再进一步 [N]. 证券日报, 2010 - 7.
[6] 杨晓艳. 韩亚银行投资入股吉林银行 [N]. 吉林日报, 2008 - 8.
[7] 张阿伦. 韩资银行进入中国市场的动机与现况, 2011 (6).
[8] 韩婷婷. 吉林银行引入境外战投有望年底收官 [N]. 第一财经日报, 2009 - 12.
[9] 霍侃. 吉林银行增资扩股将定韩亚银行或成第一大股东 [N]. 第一财经日报, 2008 - 6.
[10] CHOIYUKYUNG. 中国金融市场对外开放与在华韩国银行的发展. 2013.

美国 CVC 收购晨鸣纸业

【理论链接】
投资障碍分析法

投资障碍分析法是指根据潜在的阻碍国际投资运行因素的数量和程度来评价投资环境的一种方法。其主要方法是先列出投资环境中阻碍国际投资活动的主要因素,并进行对照比较,以投资环境中障碍因素的多少来断定其投资环境的优劣,投资障碍分析法将阻碍国际投资活动顺利进行的障碍因素分为以下十类:政治障碍、经济障碍、资金融通障碍、技术人员和熟练工人缺乏、实施国有化政策和没政策、对外国投资者实行歧视性政策、政府对企业干预过多、普遍实行进口限制、实行外汇管制和限制汇回、行政法律体制不完善。投资障碍分析法的优点在于能够迅速地、便捷地对投资环境作出判断,并减少评估过程中的工作量和费用。

摘要:2006年5月,美国CVC亚太企业投资管理有限公司(CVC Asia Pacific,简称"CVC亚太")同意以6.23亿美元收购在深圳上市的造纸商山东晨鸣纸业集团30%的股份,这是中国最大的私人股权投资交易之一。随后,山东晨鸣纸业却宣布,由于双方在未来政策及董事会组成上存在分歧,5月达成的交易已被取消,此次收购以失败告终。

关键词:美国CVC;山东晨鸣;私人股权;风险管控

1. 并购双方

1.1 美国CVC亚太企业投资管理有限公司

美国CVC亚太企业投资管理有限公司是全球领先的私募股权和投资咨询公司之一。CVC Asia Pacific 是1999年由Citigroup与CVC Capital Partners共同于中国香港成立的专注于亚太区的投资基金管理顾问公司。CVC Asia Pacific 现在管理的私募基金为CVC Capital Partners Asia Ⅰ所管理的基金和CVC Capital Partners

Asia Ⅱ所管理的基金 Asia Pacific。CVC Asia Pacific Ⅰ是一家于1999年设立的泛亚私募基金，截至2000年4月，该基金共募集资金7.5亿美元，主要投资人包括但不限于 Citigroup，还有一些养老基金。CVC Asia Pacific Ⅱ是一家于2005年设立的私募基金，截至2005年5月，该基金共募集资金19.75亿美元，主要投资人同样包括但不限于 Citigroup，还有一些养老基金。CVC Asia Pacific Ⅱ是亚太地区迄今为止最大的基金。CVC Asia Pacific 现管理的私募基金的总额超过27亿美元，已在亚洲地区并购领域确立了领先的地位。公司创建于1981年，目前共有员工240多名，业务遍布欧洲、亚洲和美国。CVC团队拥有丰富的本地知识和广泛的关系网络，这也是30年来公司能够不断取得成功的基础。CVC的基本方针是释放多元化投资组合中每一个企业、每一名员工的内在潜力，以实现长期可持续的价值增长，使其在行业竞争中保持优势。

CVC代表全球400多家企业、政府机构和私人投资者进行资本投资。多年来，CVC募集金额高达420亿美元，投资总额逾280亿美元。在欧洲和北美，CVC迄今共完成了逾250个公司收购项目，累计交易额高达1 450亿美元。在亚太地区，其中包括大中华区、东南亚区、韩国、日本和澳大利亚，CVC至今共完成了逾30个公司收购项目，累计交易额达210亿美元。今天，CVC的基金在全球拥有54家公司，这些公司共雇用逾40万人，合计年销售额高达1 100亿美元。CVC投资团队分布在三大洲的20个城市当中，他们负责寻找和发展其所在地区内的各种投资机会。尽管他们有着不同的国籍，然而他们都秉持同一投资理念。

1.2　晨鸣纸业集团

晨鸣集团位于美丽的山东半岛中部、渤海莱州湾以南，是一家以造林、制浆、造纸为主业、多元化发展的大型企业集团。作为全国唯一一家A、B、H三种股票上市公司，目前在山东、广东、湖北、江西、吉林等地建有生产基地，集团目前总资产近600亿元，年浆纸产能800万吨，产品销往海外50多个国家和地区。企业经济效益主要指标连续19年在全国同行业保持领先地位，不仅是中国企业500强，还被评为中国上市公司百强企业和中国最具竞争力的50家蓝筹公司之一，被誉为中国造纸业引领企业。

目前，集团拥有国家级技术中心、博士后科研工作站及多条国际一流水平的造纸生产线，主导产品为高档铜版纸、白卡纸、轻涂纸、新闻纸、双胶纸、电话号簿纸、静电复印纸、箱板纸、书写纸、高密度纤维板、强化木地板等，其中12个产品被评为"国家级新产品"，23个产品填补国内空白，4种产品列入"国家免检产品"，产品远销英国、日本、美国、澳大利亚等50多个国家和地区。企业经济效益主要指标连续12年保持全国同行业首位，在全国同行业率先通过 ISO9001 质量体系认证和 ISO14001 环保体系认证，先后荣获全国五一劳动奖状、轻工业全国十佳企业、中国企业管理杰出贡献奖、全国精神文明建设先进单位等省级以上荣誉称号150余项。面对全球经济一体化的机遇和挑战，晨鸣集团以发展为主题，以创新为动力，大力实施国际化战略，致力于建设成为全球最具影响力的造纸企业。

2. 案例介绍

2006年5月，CVC认购上市公司晨鸣纸业非公开发行不超过10亿A股股票，募集资金总额将达50亿元。但随后不久私人股本基金CVC Asia Pacific却表示，公司逾6亿美元投资中国最大造纸企业之一的计划作废，并不是政府反对，也不是监管方面的障碍造成的结果。在中国深圳上市的山东晨鸣纸业也宣布，由于双方在未来政策及董事会组成上存在分歧，5月达成的交易已被取消。

这一计划流产之际，中国国内出现了反对外资控制中国经济的民族主义情绪，威胁到了另外多起备受关注的投资。然而，CVC Asia Pacific的一位发言人强调，取消投资的决定是因为"某些问题没有达成一致"。这位发言人说："我们觉得没有遇到任何政府批准方面的问题，无论怎样讲，此事都与政府方面的反对没有丝毫关系。"根据CVC Asia Pacific与晨鸣纸业5月最初签订的意向书，这项投资要视该基金尽职调查的结果而定。CVC Asia Pacific拒绝说明导致交易流产的双方分歧细节，仅表示这一决定得到了双方同意，整个沟通过程是"友好的"。这起交易如果实施，这将成为私人股本基金在中国进行的最大交易。

3. 案例分析

3.1 并购背景

CVC选择晨鸣纸业首先看中的是其行业龙头的地位和优势。山东晨鸣纸业集团股份有限公司是集制浆、造纸、能源生产、纸机制造于一体的大型企业集团，是国内造纸行业唯一拥有A、B两种股票和可转债的上市公司。集团在全国各地设有13家子公司，拥有7条国际一流的造纸生产线和15条国内领先的造纸生产线，晨鸣纸业目前属于中国企业500强和世界造纸企业前50强。作为国内造纸行业的龙头企业，无论从规模还是效益上来说，晨鸣纸业均属于海外基金窥视的对象。作为寿光市国资局直属上市公司，晨鸣纸业的股权结构简单，寿光市国资局是其唯一的发起法人股东，没有其他法人股东。同时寿光国资局控股比例比较低，仅为30%，通过向海外基金定向增发，很容易让外资实现控股地位。

CVC入资晨鸣纸业也恰逢四个时机。一是2005年12月31日六部委发布

《外国投资者对上市公司战略投资管理办法》,此办法为海外资本进入中国开拓了新途径。由于不牵涉国有股权的定价,而不需要向国务院国资委报批,所以向海外投资者定向增发无论从审批程序上还是实际操作上均比较简单。唯一的限定条件是海外投资者需要将自己的股份锁定三年后,才可以协议转让或者在二级市场上流通。相比于海外基金收购上市公司的股权,定向增发成为海外基金进入中国的"绿色通道"。二是 2006 年 3 月 29 日,晨鸣纸业顺利完成股权分置改革,根据证监会的政策,只有完成股权分置改革的公司才可以优先再融资。三是晨鸣纸业最新项目湛江木浆项目及原料林基地的建设需要大笔资金,再融资需求比较强烈。四是管理层股权激励的需求。一方面,根据证监会的政策,管理层借此次定向海外增发,加大实施股权激励,实现管理层的持股,进一步将管理层的利益和晨鸣纸业的发展绑在一起;另一方面,管理层借助海外基金的外力,使晨鸣纸业的公司结构得到改善,实现国资、外资和管理层三个方面的相互牵制,更有利于晨鸣纸业更快、更稳的发展。天时、地利、人和,海外基金 CVC 选择晨鸣纸业是偶然的,也是必然的。

3.2 失败的原因

我们来结合投资障碍分析法简要分析一下这次并购的失败。我们知道投资障碍分析法是指根据潜在的阻碍国际投资运行因素的数量和程度来评价投资环境的一种方法,其主要方法是先列出投资环境中阻碍国际投资活动的主要因素,并进行对照比较,以投资环境中障碍因素的多少来断定其投资环境的优劣。

本案例中,从纸业市场经济方面分析:可知纸业市场正从自由竞争阶段向垄断竞争阶段过渡。垄断竞争的杀伤力已经在中国纸业市场释放出来,表现为两极分化加速,强者更强,而弱者随时被市场淘汰。就全国来看,江苏、浙江、山东、广东是造纸业四强地区,一些大型企业基本上在高利润的纸种(如新闻纸、铜版纸)领域占据垄断地位。如晨鸣纸业,2003 年就实现利润 9.5 亿元,跨入中国企业 500 强和世界造纸企业 50 强行列。但即便这样一旦原料成本加大,就无利润可言,面临破产的危险就会加大。除此之外,2004 年以来,全球的纸浆和废纸价格都在上涨,涨幅基本都在 10% 以上。我国造纸原材料大部分依靠进口,这对于原材料大量依靠进口的国内企业来说是十分不利的。同时,对造纸企业生产成本影响较大的还有电力能源、运输费用等因素。近两年半的时间里,我国许多地区都电力短缺、煤炭涨价,提高了公司的动作成本。

再来看公司经营方面,晨鸣纸业引进战略投资者的初衷就是解决资金问题,毕竟这是个近百亿元的大项目,CVC 是一家战略投资公司,并不做产业,它肯定会派驻董事,但不会参与公司的管理。从结果来看这有些一厢情愿,CVC 准备掏出 50 亿元现金购买晨鸣 10 亿股股票,由此将超过寿光市国有资产管理局成为第一大股东，要想让这样的投资者缄口不言绝非易事。晨鸣最后发布的公告中将双方分道扬镳的原因归结为"双方就相关定向增发项目的具体事务进行了多次充分的谈判沟通，但在公司未来经营理念和思路以及董事会人员组成等问题上未能达成一致意见"。

【思考题】

1. 美国 CVC 公司对晨鸣纸业的收购属于哪种类型？请简要分析。
2. 请用投资障碍分析法谈一谈美国 CVC 收购晨鸣纸业失败的原因。

【资料来源】

[1] 刘喜红. 美国对华反补贴. 可得事实规则研究 [J]. 西南政法大学学报，2011 (3).

[2] 刘春. 引资狂潮中告别 CVC 晨鸣纸业逆向而动 [N]. 经济观察报，2006 - 8.

[3] 于杰. CVC 浸入晨鸣纸业 [J]. 投资与合作，2007 (7).

[4] 彭政. 试论外资并购. 北京理工大学，2012.

[5] 孙艳华. 非常时期的纸业竞争 [J]. 印刷质量与标准化，2006 (7).

百胜餐饮"叼走"小肥羊

> 【理论链接】
>
> 东道国的法律环境
>
> 法律环境因素是指东道国政府为调整投资关系而制定并实施的各项与国际直接投资相关的法律、法规、条例以及有关政策和措施等。东道国的法律环境是跨国投资者合法权益能否获得有效保障的根本依据，直接关系到国际投资的安全性，在国际投资环境中处于至关重要的地位。在范围上，它既包括东道国国内的法律建设问题，也涉及国际法规问题。在内容上，首先，它要充分体现东道国的外资政策以及对土地租用、税收、产品销售、资本和利润汇出或再投资等的规定；再者，要明确对外资的管理程序，主要包括对外商投资的管理体制、审批程序和机构设置等。

> **摘要**：2009 年 3 月 25 日，百胜集团通过旗下的投资公司购买了小肥羊 20% 的股份，收购金额达到 4.93 亿元港币。同年 10 月 21 日，百胜再次增加投资量，持股数量由 20% 增加到 27.3%。这与数值小肥羊的第一大股东 Possible Way 的股权仅相差 2.7%。2012 年 2 月 2 日，小肥羊最终被百胜收购，成为百胜餐饮集团旗下的一员。小肥羊在卖给百胜之前，2010 年营业额为 19.25 亿元，仅是在净利润方面出现同比减少迹象。然而百胜餐饮接手后，百胜管理层原本希望通过百胜餐饮强大的供应链管理能力和品牌运营经验，实现小肥羊门店盈利能力和开店规模数量大增的雄伟转型计划，却在一年之后发生意想不到的"利润"和"客流"双下滑困局，这无疑对百胜管理层产生不小的打击与考验。
>
> **关键词**：百胜餐饮；小肥羊；并购整合；后续管理

1. 并购双方

1.1 百胜餐饮集团

百胜公司的前身泰康全球餐饮公司为美国百事集团公司的一个业务部，于

1997年10月7日从百事可乐公司分离，成为独立的公众公司。它被授权在全球范围内使用肯德基、必胜客、塔可钟等品牌。1998年，在纽约证券交易所独立上市，这意味着世界上最大的餐饮集团——百胜全球餐饮集团正式成立了。仅仅两年的发展，百胜全球餐饮企业就在全球的发展上取得了很大的成功。2007年，中国百胜营业额达到215亿元人民币，2009年中国百胜的营业额为288亿元人民币。而如今，百胜餐饮集团更是作为世界上最大的餐饮集团在全球100多个国家和地区有着超过3.3万家的连锁店和84万名员工。大卫·C·诺瓦克分别于2000年1月1日和2001年1月1日开始担任百胜董事会主席和首席执行官。1993年，百胜餐饮集团在中国设立中国事业部作为中国总部，2007年，百胜中国总营业额达到215亿元人民币，营业利润实现了30%的增长。现如今，百胜餐饮集团已经做大限度地实现了本土化。同时，百胜餐饮集团在自身发展的同时还不忘投身于公益事业，20多年来，百胜直接和间接用于公益方面的捐款已超过1.4亿元人民币。

1.2 小肥羊

小肥羊餐饮连锁有限公司是中国最大的涮羊肉连锁店企业，1999年由张钢及陈洪凯在内蒙古创办。自1999年8月起，以经营特色火锅及特许经营为主业，兼营调味品研发及销售。2006年营业额为57.5亿元人民币，跻身中国最有价值品牌500强。2010年，小肥羊在中国的销售额将近18亿元人民币，成为中国餐饮百强的排行榜上中餐第一品牌。截至2011年12月底，小肥羊已在国大陆30个省级行政区设有分店，在中国拥有469家连锁餐厅。2008年在香港上市，被誉为"中华火锅第一股"。小肥羊火锅之所以能得到这么好的发展，取决于它在传统火锅上的大胆创新，采用了"不蘸小料吃羊肉"的吃法，便捷、科学、创新。同时小肥羊火锅在羊肉的选材上也很有讲究，选用纯天然无污染的内蒙古草原上平均年龄为6个月大小的驰名肉羊品种，例如"乌珠穆沁羊"、"苏尼特羊"、"乌拉特滩羊"等。肉质鲜嫩、不腥不膻，使得小肥羊火锅在原料上更胜一筹。独具一格的创新、公道便宜的价格、令人放心的品质保证使得小肥羊的名声不胫而走，得到了市场和消费者的广泛认可。

2. 案例介绍

2.1 并购细节

（1）2009年3月25日，百胜集团通过旗下的投资公司购买了小肥羊20%的股份，收购金额达到4.93亿元港币。

(2) 2009年10月21日，百胜再次增加投资量，持股数量由20%增加到27.3%。这与数值小肥羊的第一大股东Possible Way的股权仅相差2.7%。

(3) 2011年11月获准中国商务部反垄断审查通过，同意小肥羊被百胜收购。

(4) 2012年1月11日，百胜收购小肥羊一案最终以98.81%的高票通过，获得独立股东的批准。

(5) 2012年2月2日起正式在香港联交所除牌，成为百胜餐饮集团旗下的一员。

2.2 并购动机

营销专家李志起认为："火锅业竞争太激烈，利润压力比较大，虽然全国性品牌就小肥羊、呷哺呷哺等几家，但区域性品牌众多，而餐饮行业发展还不规范，还不到并购洗牌的阶段，且小肥羊在店面管理能力和连锁经营能力上也面临很大的压力，下游做下去未必有非常大的胜算，在竞争激烈的行业，创始人有抽身而退的想法也很正常。"从小肥羊方面来看，除了利润上的压力，还有一些原因是其同意并购的动机：首先，小肥羊集团不仅仅发展了火锅行业，还涉及肉业和调味品等行业。随着火锅行业的饱和，利润压力越来越大，在原材料和其他辅料上有很强的独特性的小肥羊集团寻求到了新的商机。与百胜集团进行并购，也可以使小肥羊集团放开手来做原料生产加工的业务。其次，小肥羊集团可以借助百胜自身的优势和管理经验加速自身的发展，学习其先进的经营管理理念，完善自身的服务理念，增加自身的优势，给消费者提供高品质的服务和就餐体验，促进本公司的发展。在并购之后，小肥羊集团可以凭借百胜集团的声望拓展全球的市场，实现自身的快速发展，这对小肥羊的发展是非常有利的。而且，由于小肥羊集团在产业链方面并不完善，通过与百胜集团的并购，可以学习到先进的经验，弥补自身的不足。

从百盛方面来看，中国的餐饮行业是一个巨大的消费市场，这是一个有目共睹的事实，百胜集团也不意外的看好了中国这个极具优势的市场。百胜集团进军中国后，需要一个很好的平台来扩张这个领域。而小肥羊火锅在经营和原材料选择方面都具有独特的品牌影响力、业务模式和行业地位，这对百胜集团实现规模经济会起到很强的促进作用。所以百胜集团这个中国第一大餐饮集团并购了中国本土的第二大餐饮集团，以便扩张自身在市场的影响力、销售份额和市场知名度。同时，作为中国第二大餐饮集团，小肥羊集团在其经营模式上有很强的独特性，百胜集团并购小肥羊集团，不仅能给予小肥羊先进的国外快餐式经营理念，也能从小肥羊传统的经营方式上学到经验，弥补自身的不足。

3. 案例分析

3.1 并购后的效益

通过并购整合,实现快速发展、实现多元化发展、完善产业链是大多数企业实施并购计划的主要原因。通过并购,企业不仅可以节约重复投入与人力、物力、财力的精力,还可以实现快速发展其空白企业的市场占有率。但是小肥羊被百胜并购后并没有得到预想之中的增值,这大大出乎了百胜餐饮集团的预料。据报道显示,在2010年也就是小肥羊被并入百胜之前,其营业额为19.25亿元,这仅仅是在净利润上照比前几年有一点点减少的迹象。百胜并购小肥羊之后,是希望凭借其强大的供应链管理能力和品牌运营经验,增强小肥羊的盈利能力,扩大小肥羊的规模数量,但是却在并购后的一年内出现了让百胜餐饮集团意想不到的境况——"利润"和"困难"双下滑的困境。这不得不说是对百胜管理层的一个不小的打击和一个严峻的考验。不得不说,如今的小肥羊火锅能否按照原来的计划实现转型还是一个未知数。

截至2011年6月30日,小肥羊公司自营餐厅和特许经营餐厅总数分别达192家及277家,百胜餐饮集团于2012年并购小肥羊是企图通过小肥羊本身的特点创造出中西餐、快餐为一体的整合经营状态,如果形成了这种连锁机制,那么百胜集团对餐饮市场客户群的锁定率就会增大,经营业绩和市场份额也会随之上升,超越其他对手,真正形成行业内的龙头的格局。但是百胜并购小肥羊之后并没有取得预期的效果,这可以说是让百胜以及小肥羊的管理层大跌眼镜。百盛集团的出发点和企业发展战略是没有问题的,问题出现在对并购市场和消费群体的定位上。百胜集团过分高估了企业合并后的市场竞争能力。即使从并购规模上看,百胜集团确实是获得了国内第二大的餐饮企业,但是并购之后,小肥羊集团能不能按照其计划实现有效的利润回报还要看消费者采取什么样的态度来面对合并后的企业。并不是每一次的强强联合都会获得绝对的收益,马失前蹄的现象还是屡有发生的。

3.2 经验与启示

3.2.1 选择正确的并购对象,减少并购风险

企业在并购时,首先要注意的就是对并购对象的选择,要考虑并购的集团是否符合企业发展的需要;确定其规模、经营方式是否可以促进本公司的发展,对即将并购的公司做一个准确的定位,判断其是否可以完善公司的形象等。选择一个正确的并购对象可以使企业得到更好的发展,减少在合并过程中的磨合时间,

防止负面情绪的发生，减少并购的成本。

3.2.2 准确定位，适时转型

每一次并购都有一定的磨合期，在磨合期中不应快速地对原有产业进行强制的转型，这样不仅会对已有的市场份额和经营状况产生极大的波动，同时也会对企业整体的发展产生负面影响。并购时应当尊重原有的市场和消费群体，稳定老客户之后再发展新客户，要通过有序的调整提升顾客群体的消费能力和适应能力，潜移默化的让消费群体接受被并购后的企业。如果进行盲目的快速转型很有可能得不偿失。

3.2.3 以做大做强为目的

企业之间之所以要并购，最主要的原因就是要做大做强，所以在并购完成后，所有的经营活动也都是以这个为基础的。尤其是在并购之后，会出现许多并购之前没有的问题，如何有效并且合理的解决这些麻烦，就需要管理层根据本公司和并购公司的能力进行模拟和考虑，适应市场的发展，满足顾客的需求。不可以高估自己的能力，使公司陷入僵局，要结合自身和并购对象的优势，发挥出超过预期的能量，减少并购的损失。

【思考题】
1. 小肥羊和百胜在各自行业领域里取得不菲成绩的关键是什么？
2. 为什么百胜并购小肥羊后没有取得预期效果？

【资料来源】

[1] 小肥羊或成美国羊？[J]. 中国市场, 2011 (21).

[2] 周政"肯德基之父"叼走"小肥羊"——商务部或出面干预 [J]. 农经, 2011 (5).

[3] 马文瑞. 连锁整合警惕"心肌梗塞"[J]. 现代企业文化（上旬），Modern Enterprise Culture. 2013 (11).

[4] 杨汉明，刘盈，刘金伟. 小肥羊大股东减持的不归之路 [J]. 财务与会计（理财版），2012 (6).

[5] 胡笑红，张钢. 百胜获批牵走民族品牌"小肥羊"[J]. 中国品牌与防伪, 2011 (12).

瑞士奈科明收购天普药业

【理论链接】
　　政府干预与制裁
　　政府干预与制裁一般比国有化、没收和征用的损失要小。政府干预分为无区别性政府干预和区别性政府干预两种形式。前者干预的程度较为温和，无针对性，对外商独资企业、国内外合资企业、国内外合作企业和国内企业等实行同样的干预，主要内容有：制定有利于本国税收的转移价格政策、要求企业的管理人员由本国居民担任、要求出口企业在本国市场低价出售其产品、要求企业使用一定比例的当地原材料和零部件、暂时停止本国货币的可兑换性等；区别性干预的程度较为严厉，并有针对性，仅对外商投资企业进行干预，主要内容有：只允许外国投资者以合资的形式进行投资，且外商所占的股权比例较小、要求外商投资企业支付一些额外费用、制定某些歧视外国投资企业的法律、鼓励本国国民抵制外资企业所生产的产品、鼓励外资企业的工人罢工等。

　　摘要：2010年11月2日，广东天普生化医药股份有限公司宣布，瑞士医药企业集团奈科明收购了其51.34%的股份，成为公司控股股东，交易金额2.1亿美元。中国作为全球发展最快的市场之一，中国的医药市场成为国际医药巨头关注的主要对象，并购盛宴已然开席。
　　关键词：奈科明；天普药业；风险；控股

1. 交易双方

1.1 瑞士制药商奈科明

　　奈科明公司成立于1874年，距今已有130年历史，其总部现设于丹麦的罗斯基尔德。奈科明公司致力于研究、开发、生产和销售治疗性药品及大众保健药品，已在40多个国家设有办事处并开展业务。在欧洲和日本，奈科明的产品处于相关领域的领先地位。目前，奈科明公司在全球大约有 3 000 名员工，生产厂主要设在挪威、丹麦、奥地利、比利时和爱沙尼亚。奈科明公司的产品几乎包括所有重要的治疗领域。公司的产品优良，并已建立起品牌的信誉。奈科明镇痛药系列产品覆盖了所有疼痛领域，是公司第二大产品系列，现已有 25 种以上的镇痛药物在欧洲市场（包括挪威、丹麦）注册上市。奈科明公司镇痛药物的生产可追溯到 20 世纪初。奈科明是首家将乙酰水杨酸（阿司匹林）进行工业化生产的公司。大规模生产乙酰水杨酸的工厂建于 1913 年，之后公司开发了许多不同的镇痛产品，可覆盖 WHO 疼痛治疗三阶梯中所有阶梯的药物。最新的镇痛药物是可塞风伪（氯诺昔康），该产品已在全球 30 多个国家上市，在中国的上市标志产品覆盖面的进一步扩大。

奈科明公司的市场主要集中在欧洲，其市场销售额约占公司总销售额的四分之三，其余四分之一则来自欧洲以外的市场。公司产品主要集中在处方药，占 64%，OTC 药占 29%，其他保健产品占 7%；专利产品占所有产品的近 1/4（24%）。1994 年，奈科明（中国）在中国设立了第一个办事处，现已在北京、上海、广州都设有办事处，并在全国其他各重要城市都直接或间接开展了业务，拥有较完善的市场覆盖面。奈科明公司计划在不久的将来把更多的优良产品引进中国，借此提高医疗卫生水平，改善患者的生活质量。

1.2 广东天普医药股份有限公司

广东天普生化医药股份有限公司成立于 1993 年，总部设于广州市天河高唐科技产业园内，是一家集生物医药研发、生产、营销于一体的中外合资高新技术企业，是天然来源药品开发和生产的行业领先者。1997 年被国家科委认定为"国家重点高新技术企业"，1999 年通过了国家科技部和中国科学院的"高新技术企业"认证，2002 年入选由德勤会计师行主办，以嘉奖世界各地发展速度最快且最具动力的科技公司的首届"亚太地区高科技高成长 500 强"。广东天普是目前国内生产人尿蛋白制品最多的厂家之一，现有主要产品包括一类新药凯力康、二类新药乌司他丁以及部分外销原料药等。截至 2006 年 11 月 30 日，广东天普注册资本 5 320 万元，总资产 24 569 万元，净资产 10 693 万元。广东天普近三年的发展整体稳健，年度增长率保持在两位数的水平。随着其国家一类新药"凯力康"的上市销售工作的稳步推进，估计广东天普未来几年的发展将维持较快的增长水平。

作为全球最大的人尿蛋白质生物制药企业，天普公司紧紧围绕"崇尚阳光，尊重生命"的核心经营理念，坚持以市场为先导，以研发为后盾，凭借着自主研究的分离纯化核心专利技术，实现了"仿制"—"仿创结合"—"创新"的"三级火箭"式药品研发和生产模式，先后承担了 6 项国家科技攻关及产业化项目和数十项省、市级科技项目，申请了 34 项国家发明专利，获得 16 项专利授权，其中 1 项为美国专利授权。形成了以凯力康（注射用尤瑞克林）、天普洛安（注射用乌司他丁）、洛欣（高纯度注射用尿激酶）为龙头的产品链。并引进了多条按照欧洲 EMEA 和美国 FDA 认证标准设计管理的冻干粉针、水针制剂生产线和原料药生产线。在致力于新型生化药品的研发和产业化的同时，公司推行以学术推广为方式、树立品牌为目标的营销战略，建立起覆盖全国的营销网络和遍及全球的国际业务商圈，实现了国内市场的快速发展和国际市场的稳步增长，产品畅销全国各地，远销欧洲、美国、日本、韩国、印度、巴基斯坦等国家和地区。

2. 案例介绍

2010 年 11 月 1 日，瑞士制药商奈科明对外证实，中国作为全球发展最快的市场之一，为了拓展公司在中国市场的业务范围，现决定收购广东天普生化医药股份有限公司的大部分股份以进一步增强公司在中国市场的实力。奈科明商业运营执行副总裁 Guido Oelkers 在采访中表示，通过这次收购，奈科明在华的总收入将增加 1 倍以上。

奈科明是一家总部位于瑞士苏黎世的制药企业，现以 2.1 亿欧元（约合 2.9 亿美元）从天普医药的管理层以及美国投资公司 Starr International Finance 手上收购天普医药 51.34% 的股份。作为前天普医药的第一大股东，中国的制药业巨头上海医药集团将继续持有天普医药 40.8% 的股份。奈科明的股权所有人是几家私募股权公司，包括 Nordic Capital（持股 42.7%）、DLJ Merchant Banking（持股 25.9%）、Coller International Partners（持股 9.7%）和 Avista（持股 6.6%）。

早在 2013 年 9 月，奈科明的 CEO Hakan Björklund 就曾表示，可能会在年底之前收购一家中国企业，而广东的天普医药主要生产天然来源的生物制品和蛋白制品，其主要产品包括尿胰蛋白酶抑制剂乌司他丁（用于治疗败血症和多器官功能障碍）以及丝氨酸蛋白酶血管舒缓素（作为神经保护剂用于卒中的治疗）。天普医药的营销网络覆盖了中国各地，并且其产品也远销日本、韩国、印度和巴基斯坦。Oelkers 称，奈科明和天普医药的产品组合互补性很高。而且，天普医药还具有一定的研发实力，这将使奈科明更早地介入产品价值链。Oelkers 认为：如今只靠进口药品来发展在华业务并不是一个很好的策略。

奈科明中国公司和天普医药将继续各自独立运作。但将围绕 5 个核心产品在这两家企业之间建立起一系列的合作关系，包括天普医药的乌司他丁和血管舒缓素以及奈科明的泮托拉唑、乌拉地尔和乳牛血清制剂。Oelkers 指出，天普医药的乌司他丁和血管舒缓素具有在其他新兴市场国家热销的潜力，我们双方合作的主要目标之一就是将这些产品推向全球市场。Oelkers 补充道，为了这些合作，奈科明也将贡献出自己的生物资产。此外，也将与合作方共同探讨奈科明最近开发的 COPD 治疗药物罗氟司特的潜在机遇。Oelkers 表示："显然，我们的目标是占据新兴市场的主导地位。"过去只有少数几家跨国企业在重点发展新兴市场，虽然奈科明起步较早，但如今奈科明发现其正在与几乎所有的全球制药业巨头争夺新兴市场。"在俄罗斯和巴西，我们已经跻身前 10 大企业，目前在中国市场的占有率也不容小视，此外我们在土耳其和墨西哥也占有很大的市场份额。"

3. 案例分析

3.1 并购动机

瑞士制药公司奈科明收购广东制天普药公司的控股权凸显出，对西方制药公司来说，中国市场越来越重要，同时中国正日益成为制药和海外产品研发之地。本次交易的宗旨是在全球开拓销售中国开发的药品。奈科明借此控制了这家中国本土具有国际市场开发潜力的蛋白质生物制药企业，同时也为自有重要产品如潘妥洛克、压宁定和爱维治等提供了营销渠道和商业平台。天普生化的长项是利用尿液提取纯化开发创新型蛋白质药物，该公司 2009 年营业收入为 4.5 亿元人民币。此项收购完成后，预计奈科明中国与天普于 2011 年合计营业收入可达 15 亿元人民币。

本次交易还将使奈科明在华年销售额增长 1 倍，至 1.1 亿欧元（合 1.53 亿美元），同时为未来几年推动中国医疗产品出口至其他新兴市场和西方市场提供了途径。天普医药拥有 17 项专利，包括其主要药物乌司他丁。乌司他丁是从人的尿液中提取的一种蛋白质药物，用于治疗脓毒症和多脏器功能不全，目前出口到日本和韩国。天普也已申请了新应用专利，包括用于治疗"非典型肺炎"。奈科明首席执行官毕悦伦表示，乌司他丁要获得国际许可，还需要进行更深入的临床研究，但他又说："新兴市场有巨大的潜力，但我不会排除在发达国家销售。"第二种用于防治中风的药物血管舒缓素也可能出口。天普医药在 2026 年前拥有乌司他丁有效成分的专有权。为了生产乌司他丁，该公司从华北地区的学校和军营收集了大量的人尿，冰冻之后进行提纯。奈科明去年报告称，不包括利息、税收和折旧的盈利为 11 亿欧元，销售额为 32 亿欧元，其中 30% 来自于新兴市场，该公司预计 2011 年这一比例将升至 45%。该公司计划在中国与天普医药共同推广的自有药物包括用于治疗胃灼热的潘妥洛克（Pantoloc）。

3.2 风险和启示

（1）医药行业本身被称为高风险、高收益的行业，高风险中的一个重要因素就是来自政策的严格监管、多样化。比如：医药行业的相关政策变动、医改政策调整、医药流通秩序调整、医药监管改革等，政策的不确定难以预测。还有与资本市场相关的政策也影响医药并购的进程。面对政策风险，企业只能去预测、去适应，而不能改变。

（2）我国医药企业数量很多，而其中大多数为非上市企业。在这些并购活动中，信息不对称、评估方法选择不当及政府干预比较多是引发价值评估风险的主要原因。并购企业在对目标企业进行价值评估时缺乏对目标企业整体价值的合理评价，往往导致价格偏差，引发价值评估风险。

（3）国内医药行业实际的并购案中，多以现金支付为主，采取非现金支付方式的案例屈指可数。并购中的支付方式与融资风险有很大的关系，是决定并购成功与否的关键因素之一。在行业并购中现金支付手段的缺陷是很明显的：首先，是在支付能力上的限制，在并购中可供用来的支付现金能力弱；其次，即使并购发生，大量地支付现金也会造成并购方资金周转困难的可能性，从而造成流动性风险；虽然资本已开始进入市场，但在支付手段上仍以现金为主，杠杆收购等手段运用得很少。而支付方式的单一性，必然会导致企业无法选择最优的并购支付方式，势必造成不必要的融资风险。

（4）企业间的并购整合，面临着并购的双方会存在企业文化、人力资源、业务资源等各方面的矛盾与冲突，同时也面临着诸如政策风险、道德风险等，只有解决这些冲突，化解矛盾，规避了风险，理顺了其中的问题，才可能实现并购的投资回报。所以，并购交易的完成只是完成了"万里长征的第一步"，随后的业务整合才是关键。

随着我国医药市场政策的放开，国外与国内市场竞争的加剧，我国制药企业之间的并购重组是我国制药企业发展的必然。不具备技术、质量、价格优势的中小企业将被逐步淘汰，市场和效益将集中于行业龙头企业。因此，调整国内制药产业结构，实施企业并购是国内制药企业迎接挑战、寻求生存及发展的需要，是制药业的大势所趋，也是客观经济规律的要求。并购重组是中国制药企业发展的必然。经过多年的发展和并购重组，医药行业集中度得到提高，医药优势发展步伐明显加快。中国制药企业应在引进外资、加强技术合作、集体化发展的基础上，在国家相关政策支持下，走向国际市场，并购具有研发实力强、具有较完善全球营销网络的跨国制药企业，以便更快走向国际化市场。

【思考题】

1. 请简要分析天普制药被并购后可能遇到的经营风险。
2. 查找资料谈一谈国家对医院行业的外资利用是否存在政府干预。
3. 为什么中国的医药市场成为国际医药巨头关注的主要对象？

【资料来源】

[1] 瑞士制药商奈科明控股广东天普医药. 爱思唯尔医学网, 2010 (11).
[2] 国际医药巨头在中国掀起并购热潮. 中国医药123网, 2010 (12).
[3] 何黎. 瑞士制药商奈科明控股广东天普医药. FT中文网, 2010 (11).
[4] 李康. 中国制药业的全球机会. 2010.
[5] 胡莹. 新形势下我国医药企业困境及对策研究. 2014 (1).

雀巢公司收购银鹭食品产业

> 【理论链接】
>
> 本土化战略
>
> 本土化战略，即全球适应主张，是指跨国公司在海外从事生产经营活动的过程中，为了尽快适应当地的政治、经济、文化环境，积极淡化企业的母国色彩，在人员、资金、产品原材料的来源、技术开发等方面全部实行当地化策略，使子公司成为地地道道的当地企业。本土化包括生产、营销、研发、管理、人事等各个方面的本土化，既是跨国公司全方位融入东道国经济发展的过程，也是积极履行企业的社会责任，将企业文化真正植根于当地文化模式的过程。

> **摘要**：2011年11月17日，银鹭、雀巢通过合资改组原银鹭食品集团公司，但继续由银鹭原经营团队管理，并沿用"银鹭"品牌。雀巢公司与厦门银鹭集团共同为银鹭集团下属的银鹭食品公司增资25亿元人民币，其中雀巢公司出资15亿元，银鹭集团出资10亿元，雀巢公司通过收购厦门银鹭60%的股权，进而确立了在国内复合蛋白饮料和八宝粥市场中的龙头地位。
>
> **关键词**：银鹭；雀巢；本土化战略

1. 交易双方

1.1 雀巢公司

1867年由亨利·内斯特莱创建，总部设在瑞士日内瓦湖畔的沃韦，在全球拥有500多家工厂。雀巢公司2010年销售额达到1 097亿瑞士法郎，纯利润达到342亿瑞士法郎。其中大约95%来自食品销售，因此雀巢可谓是世界上最大的食品制造商，也是最大的跨国公司之一。

公司以生产巧克力棒和速溶咖啡闻名遐迩，目前拥有适合当地市场与文化的丰富的产品系列。雀巢在五大洲的 81 个国家中共建有 443 家工厂，所有产品的生产和销售由总部领导下的 200 多个部门完成。雀巢销售额的 98% 来自国外，因此被称为"最国际化的跨国集团"。

1.2　银鹭食品有限公司

银鹭事业始创于 1985 年，而厦门银鹭食品有限公司成立于 2006 年 6 月，位于海滨开放城市——中国厦门，是福建省乃至全国最大的罐头、饮料生产基地之一、福建省重点扶持成长型企业、中国罐头工业十强、中国食品工业突出贡献企业、农业产业化国家重点龙头企业。公司以"人才、科技、名牌"的发展战略为基石，以绿色科技、人文关怀为努力方向，内强管理、外拓市场，实现银鹭处处相伴、关爱时时相随的"银鹭所在，关怀至爱"的愿景。

集团以食品饮料生产为支柱，涉及果蔬保鲜、进出口贸易、包装材料制造、农产品深加工科研开发、电子科技、房地产开发、实业投资等多种产业领域。银鹭集团目前的业务横跨农产品、食品、锅炉、电子、酒店、房地产等众多领域。

2.　案例介绍

2011 年 4 月 18 日，雀巢与银鹭签署了战略合作意向协议。同年 5 月 24 日，商务部对此并购交易正式立案。在 3 个月的等待后，8 月 26 日，商务部正式给予通过。（雀巢收购仅限于银鹭的食品业务）。2011 年 9 月 8 日，雀巢公司大中华地区总裁狄可为与厦门银鹭集团董事长陈清渊在第 15 届中国国际投资贸易洽谈会上正式签约。

雀巢公司与厦门银鹭集团共同为银鹭集团下属的银鹭食品公司增资 25 亿元人民币，其中雀巢公司出资 15 亿元，银鹭集团出资 10 亿元。雀巢收购银鹭食品 60% 的股权。此次合作仅限于银鹭集团的食品产业，银鹭集团的其他产业如锅炉等将不受影响。银鹭食品公司的管理团队将继续领导新的合资公司，"银鹭"和"雀巢"这两个品牌将共同续存于市场上，并将独立发展。在陈清渊看来，"前两次引资是缺乏资金，而与雀巢合资则主要是因为两个企业的文化雷同。"

3.　案例分析

3.1　公司角度看并购

雀巢在五大洲的 60 多个国家中共建有 400 多家工厂，主打产品包括雀巢咖啡、奶制品、瓶装水、烹饪食品等。由于缺乏对中国市场的了解，特别是对中国的流通体系、市场结构以及中小城市的分校渠道与方式、地域结构、消费心理、风俗习惯和口味的不了解，需要得到中国本土企业的支持。雀巢公司的产品是以咖啡为主，但现在中国整个咖啡市场处于初期阶段，市场已形成一定的饱和，需要更多地去寻找其他利润增长点。

银鹭食品是国内八宝粥和蛋白饮料市场的领头羊，而雀巢在咖啡、奶粉、瓶装水等市场保持领先。一旦雀巢完成对银鹭的收购，将极大地丰富其产品线，有助于雀巢公司扩大对中国速食食品市场的供应服务。

在雀巢并购银鹭之前，雀巢和银鹭就已经建立了成功的合作伙伴关系。银鹭是雀巢 Nescafe 咖啡的合作生产商，代工生产"雀巢咖啡"即饮咖啡。雀巢公司表示：银鹭产品更适合中国消费者的口味。"雀巢咖啡"即饮咖啡的市场反响很好，说明了银鹭的品质和管理能力。在中国国内乳饮料市场频频出现质量问题的背景下，银鹭几乎没出现过负面新闻，品牌声誉极佳，商品的品质也受到了消费者的认可，这些都与雀巢的公司文化十分契合。

雀巢产品线横跨 9 个品类，拥有 20 多个国际知名品牌，其中超过一半的知名品牌通过兼并与收购获得，使用雀巢品牌的食品、饮料和医药用品产品近万种，这就是雀巢，全球最大的食品制造商。雀巢能提供有力的产品研发技术支持与强化人才培训支持。银鹭将引进雀巢食品加工从田间到最终产品的产前、产中、产后全过程食品安全管理控制和食品安全检测预警体系，进一步增强银鹭食品安全管理水平与产品市场竞争力。

利用雀巢雄厚的资本有利于加快银鹭各生产基地产能扩张与国内生产基地建设布局。借助雀巢品牌的世界性影响力、雄厚的产品科研开发与质量管理资源以及全球性市场网络，实现银鹭自主创新能力质的飞跃、银鹭品牌的国际化和银鹭产品国际市场的开拓。"强强联合"有利于本土企业做大做强。

3.2　顾客角度看并购

雀巢作为世界最大的食品企业之一，知名度高，在国际市场食品行业中占一定份额，但目标人群主要针对城市白领。银鹭以"中餐式饮料"为主，其市场深入中国二、三线城市，并且银鹭在中国的广大农村地区有很广泛的分销体系。

3.3　竞争对手角度看并购

雀巢尽管进入中国市场历史悠久，但在国内罐头和蛋白质饮料市场还是一片空白，由于其在新兴市场的份额落后于对手，新兴市场对于该公司总体营业收入的贡献率计划在 2020 年之前要达到 45%，当前约为 33%。面对玛氏、卡夫等竞争对手，收购新兴市场优秀品牌对其来说无疑是一条捷径。

3.4 机遇与挑战

交易对银鹭与雀巢意味着"双赢":对于雀巢而言,雀巢从中得到了进军细分市场和中国二三线城市的机会;对于银鹭而言,银鹭不仅得了想要的资金和受益于雀巢带来的技术,还有望通过携手雀巢品牌,增加银鹭产品在中国一线城市的曝光度,进一步由此打通国际市场。

在产品生产方面,雀巢集团总部只负责提供配方和核心技术,而原材料的采购、产品的生产、包装、运输等一系列程序都在当地完成,这就为成千上万的当地居民解决了就业问题,带动了地区经济及社会的共同发展。这也是雀巢注重本土化策略的表现,即根据不同国家、不同地区民众的饮食习惯和消费需求生产出差异化的产品,这也为并购后的公司发展带来了广阔前景。例如,雀巢在中国市场上销售的速溶咖啡就是在保留原有配方的基础上,针对中国消费者的喜好做出的改良,味道绝对不同于在美国或者欧洲市场上的销售的咖啡。在并购了中国的多家冰激凌生产企业之后,雀巢推出的新产品中随之加入了红豆、芝麻、栗子等带有中国特色的食品原料。除此之外,雀巢还专门针对中国人的饮茶习惯量身打造了一款新型产品——雀巢冰爽茶,在推出后深受广大消费者的喜爱。

在产品营销方面,为了让自己的品牌形象更容易被接受,雀巢在食品包装的设计上既保留了雀巢的特点,同时又能体现中国的传统文化。例如,在对于中国人来说最为重要的传统节日——春节期间,雀巢的产品包装都以红色为主,并在礼盒上印着代表欢乐、祥和的福字、剪纸、生肖、中国结等图案来迎合节日主题,以吸引大众的目光,刺激他们的购买欲望。这些都为雀巢在中国的发展赢来了巨大的机会。

交易完成后雀巢将会面临三大挑战:

(1) 雀巢和银鹭要面临外资和民营企业管理团队的融合问题。银鹭目前年销售额接近20亿元,在其所处的花生牛奶品类上进一步增长的空间已经不大。而且这一品类的竞争对手也逐渐增加,雀巢入主后如何通过产品和品牌创新进一步获取投资回报也面临挑战。

(2) 银鹭和雀巢两个品牌如何产生协同效应。如果不能利用雀巢品牌提升银鹭产品的市场份额,从而增加雀巢在蛋白饮料和八宝粥行业的占有率,这一收购很有可能成为一块"鸡肋"。

(3) 并购案中最难的部分不是此前的方案设计和谈判,而是并购成功之后的企业整合。10起案子中能有3起成功,失败的大部分都是企业整合出现了问题,导致发挥不了"1+1>2"的作用,效益下滑。所以,此次企业整合问题才是雀巢和银鹭未来努力的地方。

【思考题】

1. 请分析雀巢收购银鹭后将面临什么样的机遇与挑战。
2. 结合雀巢收购银鹭案例谈一下你对本土化战略的理解。

【资料来源】

[1] 程伟. 国外跨国食品公司并购中国本土企业研究——以雀巢收购银鹭案为例 [D]. 中国地质大学（武汉），2012 (6).

[2] 金晓岩. 雀巢中国市场业务增长放缓 [J]. 中国外资，2015 (3).

[3] 企业并购案例——雀巢公司收购厦门银鹭食品有限公司. 百度文库，2012 (2).

[4] MBA 案例分析：揭秘雀巢银鹭并购案. 中国 MBA 网校，2012 (1).

[5] 李思. 雀巢跨国并购经验分析及对我国企业的启示 [D]. 首都经济贸易大学，2014 (5).

雀巢公司并购辉瑞旗下的惠氏公司

【理论链接】

经营协同效应理论

由于经济的互补性及规模经济，两个或两个以上的公司合并后可提高其生产经营活动的效率，这就是所谓的经营协同效应。经营协同效应主要指的是并购给企业生产经营活动在效率方面带来的变化及效率的提高所产生的效益，其含义为：并购改善了公司的经营，从而提高了公司效益，包括并购产生的规模经济、优势互补、成本降低、市场份额扩大、更全面的服务等。经营协同效应理论认为，并购之前，由于单个企业在资金、技术、人员等方面的限制，企业的生产经营活动很难实现规模经济效应，通过并购，强强联合，则可以实现这一效应，从而在更大的范围内降低生产成本，增加利润收入。企业通过横向、纵向和混合并购都可以实现经营协同效应。

摘要：瑞典食品巨头雀巢公司2012年4月23日宣布，公司将斥资118.5亿美元，以现金形式收购知名制药商辉瑞公司旗下的辉瑞营养品中国公司，扩大公司在全球婴幼儿食品市场特别是新兴市场的份额。同日，辉瑞发布公告称，已与雀巢就出售营养品公司达成协议。此宗交易成为2012年全球规模第二大的资产收购案，仅次于同年2月份嘉能可国际宣布以153.1亿美元收购瑞士矿业巨头斯特拉塔。同时，这也是过去几年来全球营养品领域的最大规模收购案。

关键词：雀巢；惠氏；协同效应；跨国并购

1. 交易双方

1.1 雀巢公司

由亨利·内斯特莱创建，现在的总部设在瑞士日内瓦湖畔的沃韦，是一家食品公司、跨国企业。雀巢公司是当今世界最大的食品跨国公司，拥有16万多名雇员，年营业额约400亿瑞士法郎。它在世界五大洲50多个国家经营着360多个生产企业，这些企业的产品都尽量适应所在国家消费者的需求。雀巢的企业无论是在哪里都遵循一条指导原则，即产品的绝对高质量水平，这是公司享有信誉的基础。并购前雀巢在中国市场销售的十大婴幼儿奶粉品牌中排名最末，占比3.8%，惠氏占8.0%，排名第五位，两家合并后，达到11.8%，在我国外资乳企中的地位已上升至第二位，比排名第一的美赞臣占比13.6%略有差距。

1.2 惠氏公司

惠氏公司是全球500强企业之一，也是全球最大的以研发为基础的制药和保健品公司之一。惠氏在研究、开发、制造和销售药品、疫苗、生物制品、营养品和非处方药品等方面处于全球领先地位。惠氏的产品改善了全球各地人们的生活质量。惠氏的主要业务部门有惠氏药物部、惠氏健康药物部和Fort Dodge动物保健品部等。自20世纪80年代中期惠氏营养品进入中国市场以来，惠氏在中国的业务已经取得了长足的发展。到目前为止，惠氏在华业务已包括了营养品、处方药和非处方药等领域。惠氏的婴幼儿配方奶粉帮助中国的广大父母哺育了一批又一批健康的宝宝；惠氏的药品使得众多的患者摆脱了病痛；惠氏的消费健康产品帮助广大消费者保持健康的体魄；惠氏的品牌深得广大消费者的认同和喜爱。

2. 案例介绍

2008年后，欧美经济日渐颓势，而中国印度等新兴经济却保持快速增长。其中，中国内地婴幼儿食品市场更是前景光明，婴幼儿奶粉的年消费平均增速高达20%左右。在此背景下，2011年成为雀巢的丰收年，其中国内地销售额比2010年增长78%。雀巢此次下血本收购惠氏是因为雀巢正谋划着重要的亚太战略，雀巢的亚太战略伴随着本次收购也随之启动。而60%业务聚集在亚太的惠氏与雀巢也因此不谋而合。

2009年1月，辉瑞与惠氏达成并购协议，辉瑞并购惠氏所有股份，涉及金额达680亿美元。同年7月，辉瑞发布消息称，将剥离动物保健和营养品业务，惠氏奶粉作为辉瑞旗下营养品业务的主要组成部分，自然不可幸免地面临被出售的命运。此次准备剥离的动物保健和营养品业务的年销售额达55亿美元，占总营业收入的8%。纵观近几年来，惠氏60%业绩都聚集在亚太地区。

3. 案例分析

3.1 并购的动因

企业并购产生的动力主要源于追求资本最大增值的目的，以及迫于竞争的压力，不同企业根据自己的发展战略确定并购的目的，并以此为向导寻找并购目标。企业并购的动因具体有以下几个方面：
（1）获得规模效益，获取战略机会。
（2）降低进入新行业和新市场的障碍，减少投资和经营风险。
（3）实现多角度化经营，发挥协同效应，提高管理效率。
（4）获得科学技术上的竞争优势。
（5）降低交易费用，从中谋利。
（6）实现合理避税，取得上市资格。
（7）政府意图。

就雀巢而言，其收购惠氏的主要动因是获得规模效益，在中国市场扩展业务。结合经营协同效应理论进行分析，可知经营协同效应主要指的就是并购给企业生产经营活动在效率方面带来的变化及效率的提高所产生的效益，其含义具体为：并购改善了公司的经营，从而提高了公司效益，包括并购产生的规模经济、优势互补、成本降低、市场份额扩大、更全面的服务等。雀巢整合了惠氏的奶粉市场，将使其在中国市场甩开美赞臣、雅培两大竞争对手，并在婴幼儿配方奶粉市场份额上直逼领头羊多美滋。收购惠氏后，雀巢将直接控制惠氏在亚太地区的市场份额，将极大提高雀巢对亚太地区奶粉市场的控制，近几年，美欧等婴幼儿食品市场趋于饱和，而亚太地区的发展前景和空间很大，特别是亚太地区婴幼儿数量很大，其市场增长前景看好。

企业通过横向、纵向和混合并购都可以实现经营协同效应。而就雀巢并购惠氏而言，从行业隶属关系看，两者同属于乳制品行业，属于横向并购，两公司以此实现并购后的总体效益大于并购前两个企业效益之和，即"1+1>2"的经营协同效应。

3.2 效益分析

3.2.1 并购后的雀巢

（1）解决了雀巢在婴幼儿配方奶粉领域自身实力不足的问题：在中国消费者对婴幼儿配方奶粉的认可度上，惠氏品牌较主要从事成人品牌的雀巢认可度要高，雀巢的成功并购将超越美赞臣和雅培两大对手，仅次于多美滋。目前，在珠三角和长三角一些地区，惠氏的占有率超过10%，尤其是广东，某些地区甚至超过20%，和雀巢强强联手之后市场占有率至少达到25%，形成市场垄断，将竞争对手远远甩开。实现并购后公司的总体效益大于并购前两个企业的效益之和，"1+1>2"的经营协同效应。

（2）雀巢的业务得到大规模扩展：2012年4月，雀巢以118.5亿美元的高价拿下了包括惠氏在内的辉瑞制药旗下所有婴儿食品业务，从而占据了国内婴幼儿奶粉市场份额的首位。并购惠氏后，雀巢将直接控制惠氏在亚太地区的市场份额，将极大提高雀巢对亚太地区奶粉市场的控制。可以预见的是，未来亚太地区将成为雀巢营业收入和利润增长最快和发展前景最好的地区。

（3）对雀巢婴儿营养业务的战略补充：辉瑞公司的营养品业务对雀巢是一个出色的战略补充，其强劲的品牌和产品线，保障业务成功的优秀团队以及市场覆盖对雀巢现有的婴儿营养业务是一个极好的补充。雀巢方面预计，此次收购的惠氏业务在2012年的销售额将达24亿美元。

3.2.2 中国奶粉领域格局的变化

（1）雀巢对惠氏的并购，使其市场占有率大大提高：雀巢收购惠氏后，中国的婴幼儿奶粉市场也发生了变化，"雀巢+惠氏"的构成，将占到洋品牌婴幼儿奶粉在华市场规模的30%左右，会对国产奶粉产生更大的压力。

（2）话语权将导致奶粉价格整体上涨：两年不到，洋奶粉涨价4次，洋奶粉在中国市场集中地大幅提高，更大的话语权或将导致今后洋奶粉的提价更加肆无忌惮。有统计数据显示，自2008年"三聚氰胺"事件以来，洋奶粉已多次涨价，部分洋品牌涨价50%以上。

（3）两大品牌的整合有利于提升婴幼儿奶粉的整体品质：在洋奶粉的市场占有率进一步提高和价格不断上升的双重压力下，国内奶粉企业为了求生存只得被动改变此前不重视产品生产质量的短视生产模式，来迎合消费者更加苛刻的选择。"优胜劣汰"是企业最高的生存法则，国内奶粉企业的整体质量将会在巨大的压力下有所提高。

【思考题】
1. 分析雀巢公司是在怎么样的国际经济背景下收购辉瑞惠氏奶粉的。
2. 请运用经营协同效应理论分析雀巢收购辉瑞惠氏奶粉的经济效应。

【资料来源】
[1] 刘玉玺. 雀巢收购辉瑞惠氏案例分析. 2013（6）.
[2] 崔丽芳，范超，徐冰洁. 雀巢收购辉瑞惠氏奶粉案例分析. 2013（9）.
[3] 雀巢将收购辉瑞营养品公司［N］. 中国证券报，2012-4.
[4] 雀巢斥资119亿美元收购辉瑞旗下惠氏奶粉业务. 网易财经网，2012（4）.
[5] 李思. 雀巢跨国并购经验分析及对我国企业的启示［D］. 首都经济贸易大学，2014（5）.

摩根士丹利控股南孚公司

【理论链接】

商誉

商誉是指能在未来期间为企业经营带来超额利润的潜在经济价值，或一家企业预期的获利能力超过可辨认资产正常获利能力（如社会平均投资回报率）的资本化价值。商誉是企业整体价值的组成部分。在企业合并时，它是购买企业投资成本超过被合并企业净资产公允价值的差额。并购后对原有品牌往往采取以下处理方式：直接雪藏，即要断本土品牌的使用权，或直接禁止使用；间接雪藏：先利用本土品牌长期建立起来的销售网络和售后服务体系，一旦本土品牌的销售渠道完全由外资品牌控制后，就将本土品牌弃置；继续完善，即完成收购后，不断推陈出新使其焕发出新的活力；随时激活，即完成收购后，先搁置对原品牌的使用，市场需要时再重启原来有影响力的本土品牌。

摘要： 中国加入世贸组织后，出现了外国企业大肆收购中国企业和中国民族品牌的现象。2002年以摩根士丹利为首的国际基金对中国第一位、世界第五位的电池生产商南孚实现控股，从此中方失去对南孚股权的控制，最终未能避免被竞争对手收购的悲剧。

关键词： 南孚；摩根士丹利；海外控股；品牌流失

1. 交易双方

1.1 摩根士丹利

摩根士丹利是一家全球领先的国际性金融服务公司，业务范围涵盖投资银行、证券、投资管理以及财富管理等。公司在全球37个国家设有超过1 200家办事处，公司员工竭诚为各地企业、政府机关、事业机构和个人投资者提供服务。摩根士丹利是最早进入中国发展的国际投资银行之一，多年来业绩卓越。在2012

年财富世界500强排行榜中排名第261位。

摩根士丹利总公司下设9个部门，包括：股票研究部、投资银行部、私人财富管理部、外汇/债券部、商品交易部、固定收益研究部、投资管理部、直接投资部和机构股票部。摩根士丹利涉足的金融领域包括股票、债券、外汇、基金、期货、投资银行、证券包销、企业金融咨询、机构性企业营销、房地产、私人财富管理、直接投资、机构投资管理等。

摩根士丹利早在20世纪80年代中期就已进入中国，并于1993年开始在中国进行长期直接投资业务。迄今，公司已在中国对多家成功的企业进行了投资，并为它们的发展提供了多方面的协助。在国内的投资企业包括南孚电池、平安保险、蒙牛乳业、恒安国际、永乐家电、山水水泥、百丽国际等多家行业龙头企业。这些企业都是在国内乃至全球同行业中的佼佼者。通过投资，不仅能使这些企业获得充裕的资金，更重要的是充分利用摩根士丹利的全球资源为这些企业的长远发展献力献策，帮助它们快速、全方位与国际接轨，并争取通过在海内外资本市场上市融资，利用全球资本谋求在发展上更上一层楼，成为真正具有国际水平的一流企业。

1.2 福建南平南孚电池有限公司

世界五大碱性电池生产商之一的南孚公司，是中国国家级高新技术企业、商务部重点扶持的出口企业、中国电池行业龙头企业、福建省重点企业。

现有资产总额18多亿元，园林化的厂区面积18万平方米。南孚公司是中国电池行业中拥有现代化装备最多、科技力量最雄厚的企业。在中国市场，南孚牌电池连续18年创"质量、经济效益、劳动生产率"同行业第一位、亚洲第二位；厂房、生产线及配套装备均居国际名牌电池企业先进水平，其中600只/分等无汞碱锰电池生产线达国际一流，产品质量与国际名牌同步发展；有职工1 800多人，是国家引进国外智力示范单位；拥有国家级技术中心和博士后科研工作站，并与全国多所重点大学、中科院的研究所合作成立多个新型能源研究中心，形成了厂学研技术创新机制；有10项技术成果填补国内空白、达国际先进水平，其中一项获国家科技进步二等奖，一项全国职工技术创新成果二等奖。

1988年，南平电池厂与福建兴业银行、中国出口商品基地建设福建分公司、香港华润集团百孚有限公司基地福建公司的子公司合资组建福建南平南孚电池有限公司。其中，百孚公司当时持有南孚电池25%股份，基地福建公司持股20%，南平电池厂以280万元左右的固定资产投入，占40%股份，兴业银行投了90万元人民币，占15%股份。南孚电池的成立被称为当时电池行业第一家合资企业。然而太过分散的股权为日后南孚对股权的失控埋下了隐患。

2003年8月11日，生产"Mach3"剃须刀和金霸王电池等消费产品的美国吉列公司宣布，已经买下中国电池生产商南孚电池的多数股权——南孚正式成为美国吉列的子公司。

2005年7月12日，宝洁正式收购吉列公司，交易金额570亿美元，作为吉列公司子公司的南孚电池被正式并入宝洁。

2. 案例介绍

1999年9月8日，在中国厦门举办的第三届投资贸易洽谈会上，南平市政府找来了中国国际金融有限公司，此后，中金公司与南孚签约，南孚原来的数家股东以企业存量资产评估后的69%出资，与摩根士丹利、荷兰国家投资银行、新加坡政府投资公司合资组建控股公司——中国电池有限公司，总股本1万股，其股东结构为中方各股东占51%、外方投资机构占49%。由于中国电池拥有南孚的绝对控制权，外方股东如果增加2%股份，就可通过中国电池间接控股南孚电池。事实正是如此，中方逐渐失去对南孚股权的控制，最终未能避免被竞争对手收购的悲剧。

股份公司的成立从此改变了南孚电池的命运。2000年，百孚公司在香港炒金亏损了几千万美元，为了偿还债务，将其持有的中国电池20%的股份转让给基地总公司的另外一个子公司，并将余下的股份卖给摩根士丹利，这8.25%的股份出让，意味着中方已经失去中国电池的控股权。

2001年，基地总公司的子公司将其持有的20%中国电池股份，以7800万元的价格转让给了富邦控股集团，之后，摩根士丹利以1500万美元的价格从富邦控股手中买回了这些股份。据了解，本来摩根士丹利希望中国电池有限公司能够在海外上市，从而给它带来巨额的股票收益，但是由于股权变动频繁，中国电池没有取得在香港上市的资格。上市搁浅后，南平地方政府也将其持有的中国电池股权以1000万美元的价格转让给外资股东。

2003年8月，生产剃须刀和金霸王电池等消费产品的美国吉列公司，从摩根士丹利、鼎晖投资、新加坡政府投资等公司手中买走了香港（中国）电池公司的全部股权，进而控股南孚电池。经过数次的转让，中国电池的股份已经完全转移到了外资股东手中。中国电池公司大约拥有南孚72%的股份。另外28%的股份分别由南平国投、中国出口商品基地总公司、大丰电器公司持有。

2005年，宝洁公司以570亿美元的价格并购吉列，南孚又成了宝洁公司的子公司。

3. 案例分析

3.1 收购动因

(1) 1999年，我国开始出现大规模引进外资热潮，在福建南平市政府吸引外资的要求下，南孚引入摩根士丹利等国外战略机构。

1999年，南孚作为福建省南平市的重点国有企业，被贯彻"国有资产从非竞争性领域退出"的市政府列入了国资退出的第一批企业名单中。国资退出给拥有丰富人脉资源的中金公司平添了几分胜算。他们与摩根一起找到当时南平市委某主要领导进行游说，承诺要为南孚拉到5亿元的投资，而这一巨额数字背后的另一个标签无疑是显赫的政绩，因此着实让该领导动了心。高频率强轰炸的政府公关很快征服了该领导，他开始积极往返于南孚和福建省政府之间，极力敦促南孚进行合资。

南孚电池是南平市乃至福建省的重点企业，多年来和地方政府接触密切，长期以来已经习惯了省市各级领导的发号施令，在福建省招商引资政策的部署下，在南平地方政府"做大做强"的冲动下，南孚和它的领导人能做的只有服从。

（2）摩根士丹利看中南孚潜在的市场价值。

1990年7月15日，南孚以6 000多万元代价引进的第一条日本富士碱性锌锰电池生产线并正式投产。1993年南孚再次引进了国内第一条碱性高能锌锰电池生产线，此后，南孚电池进入高速发展期。到1998年，南孚电池固定资产已经达到4亿元，2003年，南孚电池以近8亿元人民币的销售收入占据中国电池市场半壁江山，位列世界第五大碱性电池生产商。而南孚的竞争对手美国吉列公司面对南孚的强劲竞争，进入中国10年，始终无法在中国打开局面，市场份额不及南孚的10%。1999年，正值南孚的黄金时期，南孚电池销售全线飘红，多家银行争相给南孚贷款，南孚该年的资产负债率为62%，摩根士丹利看中南孚潜在的市场价值，希望中国电池有限公司能够在海外上市，时机一到便将其所持股份抛售，从股票升值中赚取巨额利润。

（3）中国加入了世贸组织后，外国资本可以顺利进入中国。

过去中国是一个封闭的国家，当然中国的人民币也是封闭的，完全由国家控制。加入WTO以后，虽然国家还实行外汇控制，但外资可以通过合资、合作、兼并、控股等形式进入中国，使外资购买中国企业，形成了良好的气候环境。

3.2 收购影响

（1）短短几年，南孚由中国电池生产业的巨头变成了其竞争对手的子公司，而且这个竞争对手曾是它的手下败将。于吉列而言，最大的竞争对手消失了，而且还得到了一家年利润8 000万美元、拥有300多万个销售点的电池生产企业，更重要的是获得了大半个中国市场。

据了解，本来南孚的优质碱性电池已打入国际市场，可是为了避免和母公司旗下的金霸王电池在海外市场正面冲突，只好放弃海外发展战略和母公司争夺市场份额。现在南孚有一半的生产能力被闲置着。南孚正渐渐地失去活力。南孚被并购,不仅对其发展产生了重大的影响,也对其员工产生了巨大的心理冲击。南孚被收购后不久,原总经理陈来茂便黯然辞职。南孚的员工们心里都感到了极大的落差——南孚已经不属于他们了、南孚已经不是中国的了。

(2) 在1999年的股权转让中,南孚电池没有能够很好地规避风险,对资本运作的风险严重估计不足,地方政府和当时的国有企业缺乏资本运作的经验。事实上,我们看到摩根士丹利仅持有中国电池股权3年多时间,之后就受让给吉列一家企业。事后有学者提出,如果当时在股权设置上设定一些风险控制的条款,比如股权转让的期限、受让方的限制、优先回购权甚至一票否决权等,南孚也许会把握住企业的控制权。

(3) 对于南孚来说,失去公司控制权对其影响显而易见,南孚作为中国电池行业的龙头老大,本可以成为一个国际大公司,在世界立足,但是在金融资本转手产业资本后,就被其他产业集团吞下了,丧失了控制权的南孚,完全被动让步于竞争对手。

对于中国而言,失去了一个民族品牌,南孚作为中国电池行业的领头羊,无论是技术还是管理对中国的电池行业都有很大的示范作用,被外资控股意味着在电池行业,中国失去了国际竞争力。

【思考题】
1. 简要分析案例中摩根士丹利是怎样使用被收购后的本土品牌"南孚"的。
2. 商誉是否属于无形资产?如何评价并购后南孚公司的商誉?

【资料来源】
[1] 被摩根士丹利被迫合资 南孚电池:中国民族力量的悲哀. 中国财富网, 2011.
[2] 林毅夫. 南孚电池股权变更. 2007.
[3] 石伟, 何振红, 秦海波. 南孚的能量 [N]. 经济日报, 2003.
[4] 石莲英. 谁是跨国巨头瞄准的下一个目标 [N]. 中国经营报, 2002.

米塔尔收购华菱管线

> 【理论链接】
>
> 国际合资经营企业
>
> 合资企业,亦称合资经营企业或股权式合营企业,是指由两个或两个以上属于不同国家的公司、企业或其他经济组织依照东道国的法律,并经东道国政府批准,在东道国境内设立的,以合资方式组成的经济实体。合资经营企业由投资者共同经营、共同管理、共担风险、共负盈亏。

> **摘要**:就在业界揣测全球最大钢铁公司米塔尔钢铁公司怎么会入股湖南华菱钢铁集团的子公司华菱管线时,2005年1月14日上午,这两个钢铁巨头却闪电般地在位于长沙市芙蓉中路的华菱大厦举行了股权转让签约仪式,根据股权转让协议,华菱集团将转让华菱管线37.17%的股权给米塔尔钢铁公司共计转让股份65 625亿股,转让价为每股人民币3.96元,总金额达到25.99亿元人民币。股权转让完成之后米塔尔钢铁公司将与华菱集团并列成为华菱管线的第一大股东。我国钢铁行业最大外资购并案终于正式落定。
>
> **关键词**:米塔尔;华菱管线;钢铁;要约并购

2005年7月13日,国家发改委发布文件同意华菱管线的股权转让,标志米塔尔收购华菱管线成功。该案收购总金额超过25亿元人民币,是中国国内A股市场向外资开放以来最大的一宗股权收购案,也是外国钢铁公司参股中国国有钢铁公司的首次尝试。

1. 并购双方

1.1 米塔尔钢铁公司

米塔尔钢铁公司(以下简称"米塔尔")是当今世界最大的钢铁企业,由拉克希米·米塔尔于 1975 年在印度创建的一家钢铁生产作坊发展而来，其现用名为著名的 LNM 控股集团和伊斯帕特钢铁集团在 2004 年 10 月完成合并后重新命名而来。20 多年来，通过一系列并购，该企业已由当初一家小工厂摇身变成了总部设在伦敦、注册地在荷兰，并在美国纽约证券交易所及荷兰阿姆斯特丹泛欧期货交易所上市的全球钢铁业巨擘，拥有资产超过 25 亿美元。低价收购兼并、采用最先进技术建设新钢铁厂和改造老厂、直接还原铁生产领域继续保持领先地位，是米塔尔迅速崛起的三种方式。这个通过不断吞并快速壮大的企业，横跨四大洲的钢铁帝国，被称为世界全球化程度最高的公司。

1.2 华菱管线

湖南华菱钢铁集团有限责任公司（以下简称"华菱集团"）是 1997 年年底由湖南省的钢铁"三强"——湘钢、涟钢、衡钢联合组建的大型国有企业集团，年钢材生产能力 850 万吨，是湖南省最大的国有企业、全国十大钢铁企业之一。在集团内部，"娄底板、湘潭线、衡阳钢"的专业化分工格局已经形成，而在线材、板材、管材三大领域，华菱的全国市场占有率均在前三位。1999 年 7 月，华菱集团控股子公司湖南华菱管线股份有限公司（以下简称华菱管线）17 540 万股 A 股上市，市值达 80 亿元人民币，2000 年 3 月增发 A 股 2 亿股，2004 年 7 月又发行了 20 亿元可转债。几年来，华菱管线不断收购华菱集团的公司资产，进行一系列的资产收购和重组。2000 年 3 月，华菱管线先以 9 000 万元购买了华菱集团下属的湘钢集团持有的华光线材 75% 的股份，而后又于 2004 年 11 月 15 日控股衡阳钢管，收购涟钢集团炼铁厂，并在 2005 年上半年对湖南娄底的涟钢相关资产进行收购。这样，华菱管线已拥有一套完整的工艺流程，创造性地开创了企业渐进式整体上市的新模式，集团主要钢铁产业已基本进入上市公司华菱管线，实现了主体资产一体化运作。自实施资本运作战略之后，华菱集团实现了跨越式发展，公司主营业务收入和净利润以年均 30%，40% 以上速度增长。2004 年华菱集团共出口钢材 83 万吨，排名列鞍钢、宝钢之后，为全国第三大钢铁出口厂家。2002 年，华菱管线亦被美国《财富》杂志评为中国境内外上市公司百强，排名第 29 名。2004 年前 9 个月的业绩显示，华菱管线生产超过 500 万吨钢产品，销售额达 161.35 亿元，净利润达 7.01 亿元。

2. 并购过程

华菱集团 2003 年 6 月即着手引进战略投资者的准备，新日铁、阿塞洛、韩国浦项钢铁、澳钢联等世界知名钢铁企业纷纷入眼，最终花落米塔尔。而华菱管线与米塔尔的"闪电式"谈判始于2004年9月初，其时至10月中旬，谈判主要集中在交易结构方面。米塔尔的进入方式有两个选择方案：一是由双方共同注册新公司；二是收购上市公司，最终后一方案占了上风。

10月到11月上旬开始尽职调查，华菱集团专门成立了直接还原铁组、板材深加工组、线材深加工组和综合组等四个小组考察了米塔尔，米塔尔也聘请专业的律师、会计师事务所和投资银行，派出20余人的工作组进驻华菱管线，持续考察了四五十天。

2005年1月14日，米塔尔钢铁公司董事长拉克锡米·米塔尔与湖南华菱钢铁集团董事长李效伟签订了《股权转让协议》。根据该协议，华菱集团将持有的华菱管线743 500国有法人股中的37.175%转让给米塔尔钢铁公司，基本转让价为3.96元/股，转让总金额为25.99亿元人民币。此次转让完成后，米塔尔钢铁公司将与华菱集团成为华菱管线的并列第一大股东，双方各持有华菱管线总股本的37.175%，另外25.65%为流通股。根据相关规定，《股权转让协议》需经湖南省国资委、中国证监会和国家发改委批准。而且，由于本次股份转让的比例超过华菱管线发行股份的30%，引发了强制要约收购义务，米塔尔钢铁公司遂向中国证监会申请豁免要约收购义务。

2005年6月9日，华菱集团与米塔尔修订了此前双方签订的股权转让协议。修订后，华菱集团将持有华菱管线37.673%的股权，以比米塔尔多出1%的比例，再度成为公司的最大股东。根据新协议，华菱集团将原持有的36.673%股权转让给米塔尔，每股转让价格维持不变，由基本价加净资产调整价组成，最终实际转让价格为4.31元/股。协议规定双方持股比例两年内不允许变动。在股权转让协议修改完毕之后，2005年7月13日，国家发改委才明确发文同意华菱管线的股权转让。华菱集团和米塔尔于2005年10月17日在湖南长沙联合举行新闻发布会，宣布米塔尔以3.38亿美元完成对湖南华菱管线股份有限公司股权的正式收购，华菱管线自始成为中外合资股份有限公司。

在与米塔尔公司签署的协议中，原材料供应是一个主要内容。原先华菱集团的矿石采购中，进口占到了700万，有200万至300万吨铁矿原料需要从社会上采购，价格随市场波动，往往较高。并购完成后，米塔尔公司将把华菱管线纳入其全球采购系统，每年向华菱管线提供300万吨以上直供矿，此举可为华菱管线节省采购成本几千万美元。

10月17日，华菱管线召开第二届董事会，选举产生了新的董事会成员。15名董事中，除5名独立董事外，华菱集团和米塔尔钢铁公司各占5席。根据有关协议，米塔尔钢铁公司还将派出高层管理人员参与华菱管线的管理。此外，米塔尔钢铁公司还宣布向湖南长沙中南大学捐款500万美元，其中400万美元将用于建立米塔尔金属工业研究院。

3. 并购动因

一方面，在中国建立较大型的生产基地，寻找可以带来长期收益的机会，进行全球定位具有重要的战略意义；另一方面，中国制造商开始增加产能也有可能使更多的钢铁从中国流入全球市场，从而导致价格下降并使整个行业的利润降低。

根据中国钢铁协会数据，2005年，中国钢铁进口量约2 500万吨。这些产品附加值高，是一个不小的市场空间。国内很多企业吸引外资，提高技术水平，增加产能，目的就是要顶替这个市场。同时，发达国家的大型钢铁企业，也有将生产线转移到发展中国家的需求。发达国家的环境、人力成本较高，没有比较优势，对高能耗产品的战略转移是大势所趋。但未来几年，中国对于资源、环保的要求将越来越严格，中国的比较优势会逐渐消失。中国钢铁行业处于调整期，外资实现对中国市场渗透的方式就是低成本扩张即并购，而此时展开并购时机最佳，并购成本将大大降低。

本案例中，米塔尔一方面自身具有相当的优势：各项业务均与覆盖广泛的全球供应网络和营销相连，在美国和法国还设有研发中心，均整合到其全球信息管理体系中，从而获得了宝贵的基准数据，共享钢铁管理专业技能。米塔尔早已有意愿进入中国这个全球最大钢铁市场。于是，通过购买华菱管线的股权，建立在中国的第一个生产基地，希望借此丰富产品组合，扩大客户群及市场份额，并且表示"当然愿意扩大在中国的投资"；另一方面，米塔尔要更深地进入中国，选择的余地并不大，至少现阶段没有可能染指宝钢、武钢、首钢和攀钢一类特大型国有钢铁公司。而在第二梯队钢铁公司中，上市企业并不多，像华菱这样已经逐步完成了整体上市的更是凤毛麟角。同时，对于中国二线钢铁企业来说，如果不希望被其他大型国企吞并，就不得不竭尽所能寻找资金和技术后盾。而地方政府出于自身政治经济业绩的考虑，往往成为外资并购的大力推动者。如本案例中，华菱管线就得到湖南省政府和中央政府的有力支持，为米塔尔提供了通过战略投资的形式进入中国市场的良机。

4. 并购影响

无论米塔尔还是阿塞洛，在与中国的钢铁公司接触之初，都明确提出控股要求。由于我国对钢铁行业国有资产的控制，它们都没有接触位于第一梯队的几家大型钢铁企业，而是将目光投向了在中国钢铁市场上属于第二军团的企业，因为这些企业多由地方政府控制，外资进入相对容易。对它们来说，这样的考虑无疑是对的。米塔尔收购华菱管线的一年多，正是《钢铁产业发展政策》孕育之时，米塔尔并购事件也一直备受关注，被业内看作是中国对钢铁行业跨国并购监管的指向标。

2005年7月20日正式公布的《钢铁产业发展政策》由国家发改委历时两年制定，是近10年来中国制定的首部钢铁产业发展政策，其将中国钢铁行业重新纳入政府严格管制的轨道：国家将严格地控制钢铁行业的市场准入，原则上不再批准新建钢铁联合企业和炼钢厂；对于投资中国的钢铁企业的外资企业，在产权、产量、资金实力等方面提出了相应的资质要求，原则上不允许外商控股钢铁企业；新增生产能力要和淘汰落后生产能力相结合，原则上不再大幅度扩大钢铁生产能力；境外钢铁企业欲进入中国必须具备钢铁自主知识产权技术、年产量必须达到1 000万吨以上，这意味着仅有约15家外资企业可进入中国市场。

5. 并购中的价格要素

5.1 转让价格的确定

转让价格和股权转让比例是收购协议的两大要素。华菱集团将持有的华菱管线65 625万股国有法人股股份转让给米塔尔钢铁公司，转让价格由基本价加净资产调整价组成。基本价部分最终以每股人民币3.96元转让，总价款达人民币25.9875亿元，净资产调整价根据付款日当月的前一个月底（2004年12月31日）较2004年6月30日的净资产增加值进行调整。换句话说，米塔尔的购买价格是以净资产为基础的净资产溢价。

对外资并购的转让价格如何确定，我国的规定比较含糊，导致一些个案中交易价格难以确定。《关于向外商转让上市公司国有股和法人股有关问题的通知》中笼统规定：向外商转让上市公司国有股和法人股原则上采取公开竞价方式。

此外一个敏感的问题就是可能涉及国有资产流失。根据以往国有股转让的规定，每股净资产应是定价的底线。而在外资并购国有企业过程中，普遍被认为存在资产评估不实和国有资产流失的现象，并认为可能的原因有评估方法的不科学、地方政府引资心切而一味降低并购条件，以及法律方面的缺失。我国现行的法律、法规很少涉及对无形资产的评估问题，国有企业在进行资产评估时也经常性忽略品牌、商誉等无形资产的价值，确有造成国有资产的流失之虞。

5.2 支付形式的选择

我国当前对于外资并购支付方式的规定主要见于《关于向外商转让上市公司国有股和法人股有关问题的通知》，其第七条规定："外商应当以自由兑换货币支付转让价款。"对此,普遍的理解为外商并购只能用现金支付的形式,而且现金支付只能采用自由兑换货币,即对并购方式做了较严格的限制,之所以如此,可以说我国资本市场的不成熟是重要原因。我国另外还规定外商控股收购国企设立外商投资企业,在没有付清全部购买金之前,不能取得企业的决策权,不得将其在企业中的收益、资产以合并报表的方式纳入该投资者的财务报表。如此一来,当需要支付转让价款时要以自由兑换货币支付,那么就不排除允许无须支付转让价款的情形出现,如国际上通行的换股并购和资产置换方式。《上市公司收购管理办法》明确表示可以进行换股并购,而资产置换的方式在国内公司并购重组中也被大量采用过。若是将来予以施行,也会面临一系列法律、政策上的障碍。就换股并购而言,目前在我国,大股东为国有股东时,其对外投资行为也受到诸多限制,要持有外国公司的股权也不易。资产置换可能相对简单,外商可以用境内的资产与上市公司的资产进行交换,后者交换给准备转让股份的国有股或法人股股东,但也要受到国家产业政策和竞争政策的限制。

【思考题】
1. 依据本案例评析此次外资并购是否存在国有资产安全隐患。
2. 分析米塔尔选择华菱管线作为并购对象的原因。

【资料来源】
[1] 康理诚,袁江. 中国是成为国际钢铁公司关键一站——专访米塔尔钢铁公司高层 [J]. 财经,2005 (5).
[2] 桑百川,太平. 机遇与挑战——外资并购冲击中国 [J]. 世界知识,2005 (12).
[3] 朱静秋. 米塔尔收购华菱管线——外资并购我国国有上市公司的宏观分析. 2005年中国证券市场最具影响力的七大案例评析. 2005.
[4] 夏玉娴. 中国企业境内国际化方式研究——以华菱管线联姻米塔尔为例 [J]. 安徽师范大学学报(自然科学版),2010 (3).
[5] 赵碧君. 米塔尔25亿收购华菱管线股权 [N]. 上海证券报,2005-1.

第二部分　中国对外投资

光明食品并购英国维他麦

【理论链接】

并购融资

并购是兼并和收购的简称，兼并又称吸收合并，即两种不同事物，因故合并成一体，指两家或者更多的独立企业合并组成一家企业，通常由一家占优势的企业吸收一家或者多家企业。收购指一家企业用现金或者有价证券购买另一家企业的股票或者资产，以获得对该企业的全部资产或者某项资产的所有权，或对该企业的控制权。并购融资根据资金来源渠道可分为内部融资和外部融资。内部融资是指从企业内部开辟资金来源，筹措所需资金；外部融资是指企业吸收其他经济主体的储蓄，使之转化为自己投资的过程，主要包括银行贷款、股权融资、租赁融资、商业信用、开发银行贷款和非正规金融机构六种来源。

摘要：2012年11月，上海光明食品（集团）有限公司宣布完成对英国第二大谷物食品生产商维他麦的并购，以1.8亿英镑现金收购其60%的股权，还帮助维他麦置换了9亿英镑的债务。维他麦公司及其管理层持有剩余40%股份。两家公司强强联合，互相学习，共同进步，完善产品，拓展双方在中国及海外的业务。该交易是继澳大利亚食品生产及分销商Manassen、法国红酒经销商Diva及新西兰乳品生产商Synlait后，光明食品又一次成功的海外并购。

关键词：光明食品；维他麦；跨国并购；外部融资

2012年11月2日，上海光明食品（集团）有限公司在伦敦宣布完成对英国谷物食品生产商维他麦（Weetabix Food Company）60%股权收购的交割。以1.8亿英镑现金收购后者60%的股权，光明食品还帮助维他麦置换了9亿英镑的债务。根据协议上的规定，维他麦公司的原股东——狮王资本，以及其管理层持有剩余40%股份。该交易是继澳大利亚食品生产及分销商Manassen、法国红酒经销商Diva及新西兰乳品生产商Synlait后，光明食品又一次成功的海外并购。

1. 并购概述

截至 2013 年年末，上海光明食品（集团）有限公司并购英国维他麦公司是中国食品业发生的最大海外并购案。双方协议规定以 1.8 亿英镑交割维他麦公司 60% 的股份，剩余股份继续由狮王资本及其管理层所有，这是对本想全部退出维他麦公司的狮王资本的肯定。在面对管理观念上的摩擦时，上海光明食品（集团）有限公司选择专门成立了联席会议，下设一个办公室处理日常沟通，这样的机制得到董事会和总裁机构的授权。在承认双方管理能力，能够进行高效合作的基础上，双方互惠互利，上海光明（集团）有限公司拓展英国甚至全球的市场，维他麦公司也可以凭借光明公司这个良好的渠道进入中国市场，中国前五百强企业和英国第二大谷物类食品公司强强联合，共谋发展，实现共赢。

2. 收购过程

2.1 交易双方

上海光明食品（集团）有限公司成立于 2006 年 8 月 8 日。由上海益民食品一厂、上海农工商集团等公司的相关资产集中组建而成，该公司坚持"民以食为天，食以安为先"的经营理念，以"光明食品，美好生活"为宣传主题，旨在为大众提供营养安全健康美味的食品。上海光明食品（集团）有限公司拥有 4 家上市公司：上海第一食品股份有限公司、上海海博股份有限公司、上海梅林正广和股份有限公司、光明乳业股份有限公司以及光明、大白兔、冠生园、梅林、正广和等知名品牌。是以食品产业链为核心，重点发展以种源、生态、装备和标准农业为核心的现代都市农业和以食品、农产品深加工为核心的现代都市工业。上海光明食品（集团）有限公司致力于打造一、二、三产业为一体的完整的食品产业链，形成了一体化的大格局。该集团在 2010 年度《中国品牌 500 强》排行榜中排名第 23 位，品牌价值已达 455.12 亿元。2011 年规模销售突破 1 200 亿元，位列 2011 年中国企业 500 强第 77 位。2013 年在"中国制造企业 500 强"排序发布活动中，荣获"中国制造企业 500 强"大奖。成为在国内名列前茅、具有强大市场竞争力、行业影响力和国际竞争力的大型食品产业集团。

维他麦公司（Weetabix Food Company）是英国第二大谷物类食品公司，位于英国乡村的中心地带，自 1932 年起生产优质的谷物早餐产品。该公司拥有一系列著名的谷物早餐品牌，包括维他麦 Weetabix、欧宝 Alpen、Oatibix、乐迪 Ready Brek 以及维多滋等。在此次光明食品收购前，全资属于一家位于英国伦敦，专注于杠杆收购的私募股权、基金 Lion Capital。该公司的主打品牌维他麦是当今英国家喻户晓的早餐产品，占整个谷物早餐市场份额的 8%，每年的销售额超过 1.78 亿美元。维他麦食品公司的产品现在已经销往全世界 80 多个国家。2010 年，维他麦的销售收入近 4.5 亿英镑，税前利润 2 040 万英镑。2011 年维他麦实现毛利润 1.29 亿英镑，净利润 8 174 万英镑。

2.2 目标选择

一方面，维他麦公司拥有雄厚的资本和良好的口碑。在狮王资本控制维他麦的 8 年时间里，曾经营困难的维他麦公司销售额和利润均有提升并陆续有分红。并且在 2011 年维他麦公司实现毛利润 1.29 亿英镑，净利润 8 174 万英镑，产品出口到全球逾 90 多个国家，旗下众多领先品牌享有很高的客户忠诚度，光明公司可以借助维他麦这个品牌进入英国乃至全球市场，拓展光明公司在海外市场的占有率。这成为光明公司选择维他麦作为并购对象的动机之一。

另一方面，维他麦公司拥有很好的研发团队和职业管理团队。在欧洲经济低迷的情况下，维他麦的经营业绩始终能保持 5%～6% 的增长。这不仅要归功于维他麦公司的研发团队每年开发新产品开拓新市场，还取决于维他麦公司职业管理团队的贡献。维他麦管理团队的管理经验也为光明其他子公司提供了借鉴。该团队就战略和财务预算管理、流程再造、科技创新等方面的经验，在集团内部进行了分享，让其他公司也获益良多。

2.3 收购始末

光明食品 2011 年营业收入 769 亿元人民币，净利润 26.5 亿元人民币。业内普遍认为，光明食品的自有资金并不足够充裕。因此，光明食品在对维他麦的收购中，先后应用了杠杆收购、过桥贷款和俱乐部融资等诸多先进的高级金融手段，以规避和降低收购的风险和不确定性。

在 2012 年 5 月 3 日宣布的收购维他麦交易中，光明食品须为维他麦约 3 亿英镑股权的 60% 支付约 1.8 亿英镑，同时须为维他麦约 9 亿英镑债务中的 4 亿英镑无追索权的贷款进行再融资安排。同时，光明食品从多家银行处筹集了 1 年期的 10 亿美元过桥贷款，用于完成维他麦权益的交割。

2012 年 6 月，光明食品向全球金融机构发出了 3 年期 5.5 亿～8.5 亿美元贷款的条款书，30 多家中外资银行纷纷表示合作的意愿。但最终只有 10 多家银行留下。留下来的银行，也试图进行交涉，要求适度修改条件，但光明食品明确表示"不变了"，并宣布采取成本更低的"俱乐部融资"方式，不设领衔的主办行，所有参与银行被一视同仁，利率低于平常的融资渠道。把融资成本控制在了 3% 至 3.2% 之间。

2012年10月,国际三大著名信用评级机构穆迪、惠誉和标普对光明集团进行了国际信用评级,评级机构综合考虑光明集团的财务状况、业务营运状况以及未来的发展前景,分别给予了Baa3、BBB-和BBB--的评级,均达到了投资级的评级级别。这为光明集团在国际市场的融资提供了良好的前提。11月2日,光明食品集团对英国维他麦公司(Weetabix Food Company)完成收购交割,以1.8亿英镑现金收购后者60%的股权,光明食品还帮助维他麦置换了9亿英镑的债务。

上海光明食品(集团)有限公司2013年度实现税后利润4.29亿元,相比控股维他麦前有了显著的提高。上海光明食品(集团)有限公司并购维他麦后,维他麦上半年净收入为26亿元,同比增长5%;实现净利润1.41亿元,增长130%。维他麦公司在中国的总经销商即将转为光明食品旗下的南浦食品,早餐麦片等将通过中国国内10万家终端门店销售。并且,维他麦公司通过上海光明集团进入了中国市场,强强联合,共同盈利。

3. 案例分析

3.1 光明的收购优势

(1) 稳定的市场地位:光明作为中国前五百强企业有着稳固的市场地位,在中国有良好的口碑,是国内的食品龙头企业之一。这为能与维他麦公司进行成功的并购提供了先决条件。

(2) 多种融资手段:为完成此次并购,上海光明食品集团采用了多种融资方式,如过桥贷款、俱乐部融资等。并对这些融资进行了"杠杆设计",由低到高,通过融资弥补了不足,使得自己在各方都不看好的情况下完成并购。

(3) 国内广大的市场:中国是作为一个广大的消费市场,有很多的外国企业想要进入并占有一席之地。而且中国人越来越注重养生和食品质量安全,这就让注重安全、健康、美味的光明集团有了极大的优势。

3.2 维他麦的发展潜力

(1) 良好的口碑,稳定的顾客源:作为英国第二大谷物类食品生产公司,维他麦公司在英国的地位是不可撼动的。凭借狮王资本在控股维他麦八年的努力,维他麦公司拥有了稳定的顾客源和市场上良好的口碑。

(2) 优秀的创新团队:维他麦公司拥有一个良好的创新团队,他们每年都研发出不同的新产品,这为维他麦公司提供了极大的优势。

3.3 并购动机

收购英国维他麦公司是光明集团开展"国际化战略"的重要步骤，作为我国较大的食品企业之一，未来国际化发展是必然趋势，通过此次对维他麦食品的收购，光明集团的国际信用度提高了，有利于光明集团发行国际债券。上海光明食品（集团）有限公司想要进入英国市场，通过英国市场将业务拓展至海外。维他麦公司想要进入中国市场，在中国市场中谋取更大的发展。两家公司都拥有稳固的市场地位、良好的口碑和固定的客源，而且双方的经营理念都有着健康、养生、安全优先的意识。拓展业务、成功的经验、在各自地区稳固的地位都使得双方在并购目标选择上是一拍即合。

3.4 独特的融资方式

光明食品在收购维他麦的过程中，资金并不充裕，为了规避和降低收购的风险和不确定性，光明食品在收购中先后应用了杠杆收购、过桥贷款及俱乐部融资等诸多先进的高级金融手段。

杠杆收购（Leveraged Buy-out，LBO）是指公司或个体利用收购目标的资产作为债务抵押，收购另一家公司的策略。交易过程中，收购方的现金开支降低到最低程度。杠杆收购的突出特点是：收购方为了进行收购，大规模融资借贷支付大部分的交易费用。同时，收购方以目标公司资产及未来收益作为借贷抵押。借贷利息将通过被收购公司的未来现金流来支付。

过桥贷款是一种短期贷款，是一种过渡性的贷款。过桥贷款是使购买时机直接资本化的一种有效工具，回收速度快是过桥贷款的最大优点。过桥贷款的期限较短，最长不超过一年，利率相对较高，以一些抵押品诸如房地产或存货来作抵押。因此，过桥贷款也称为"过桥融资"、"过渡期融资"、"缺口融资"或"回转贷款"。

4. 并购的影响

维他麦公司在谷物类产品上具有多元化发展和管理层特殊的管理体制，上海光明食品（集团）有限公司从中学习了大量的生产经验和管理经验。最后，因为维他麦公司在英国多年的发展，上海光明食品（集团）有限公司可以借助维他麦公司进入英国市场甚至是全球市场。同时维他麦公司通过财务整合，负债结构和财务成本得到了优化和改善，为其可持续发展提供有力支持。维他麦在现有债务被清偿的同时获得了新控股股东所带来的国内成熟且庞大的销售渠道和网络，在中国广阔的消费市场中取得竞争优势，维他麦的国际竞争力和品牌价值将进一步提升。

此次收购,光明集团可以借助维他麦这个国际品牌进入英国市场乃至全球市场,未来在技术、渠道上的努力,光明的国内、国际市场竞争力将有所提高。

【思考题】

1. "杠杆融资"在光明公司并购维他麦的案例中是怎样实现的?对企业收购有什么借鉴意义?

2. 谈谈此次并购对光明集团的意义,收购后的光明集团应走什么样的企业发展之路?

【资料来源】

[1] 刘晓翠. 光明并购维他麦交出首份成绩单 [J]. 上海国资,2013 (5).

[2] 宋淑琴,刘淑莲. 融资约束、债务融资与海外并购绩效——光明集团并购英国维他麦案例分析 [J]. 辽宁大学学报(哲学社会科学版),2014 (2).

[3] 路易丝·卢卡斯报道,倪卫国译. 光明食品收购维他麦. 英国《金融时报》,2012-05-04.

[4] 何加晋. 光明收购维他麦始末 [J]. 财经,2012 (11).

[5] 光明食品集团2013年年报.

双汇国际并购美国史密斯菲尔德

> 【理论链接】
> 文化整合
> 　　所谓文化整合,是指不同文化相互吸收、融化、调和而趋于一体化的过程。特别是当有不同文化的族群杂居在一起时,他们的文化必然相互吸收、融合、涵化,发生内容和形式上的变化,逐渐整合为一种新的文化体系(司马云杰,2001)。文化整合受环境因素、社会因素、人口与民族迁移因素、文化自身因素及时间因素的影响。

> **摘要:** 2013年9月26日双汇国际和史密斯菲尔德公司完成了最终签约,双汇国际通过并购史密斯菲尔德改善自身形象,完善产业链,进军海外市场。史密斯菲尔德公司借助双汇国际这个平台进入中国市场,让中国人也能吃上美国的猪肉。这标志着中国对美国进行的最大一笔收购的完成。
> **关键词:** 双汇;史密斯菲尔德;文化整合;海外扩张

1. 并购概述

2013年5月29日,河南双汇集团和美国史密斯菲尔德发布公告称,双方已经达成最终并购协议,双汇国际将以71亿美元收购史密斯菲尔德已发行的全部股份,于2013年9月26日完成最终签约。这是迄今为止公布的中国公司对美国公司进行的最大一笔收购。双汇集团董事长万隆称,史密斯菲尔德具有优质的资产、健全的管理制度、专业的管理团队和完善的食品安全控制体系,而这正是双汇最看重的。

双汇国际控股的双汇发展是中国最大的肉类加工企业。目前,双汇国际由双汇管理层控制,包括鼎晖、高盛、新天域和淡马锡在内的知名财务投资者为其股东。收购史密斯菲尔德的顺利实现,意味着双汇不仅走出了瘦肉精事件的阴霾,还一跃成为世界最大的肉制品企业。

2. 双汇并购史密斯菲尔德

2.1 公司简介

双汇集团是以肉类加工为主的大型食品集团，在全国 18 个省市建设了加工基地，总资产 200 多亿元，员工 65 000 人，是中国最大的肉类加工基地。2010 年中国企业 500 强排序中列 160 位，在 2010 年中国最有价值品牌评价中，双汇品牌价值 196.52 亿元。2013 年 5 月双汇以 71 亿美元收购世界最大生猪养殖企业美国史密斯菲尔德食品公司的全部股份。使双汇集团成为世界最大的肉类加工企业。双汇集团凭着"优质、高效、拼搏、创新、诚信、敬业"的企业精神，以"产品质量无小事，食品安全大如天"，"消费者的安全与健康高于一切，双汇品牌形象和信誉高于一切"为质量方针，是国家农业产业化重点龙头企业。

史密斯菲尔德食品公司于 1936 年成立于美国弗吉尼亚州，20 世纪 80 年代获得较快发展，到 1998 年成为美国排名第一的猪肉生产商，是全球规模最大的生猪生产商及供应商。2008 年史密斯菲尔德在财富 500 强中排名第 218 位。该公司此前公布的 2012 年财报显示，净利润达到 3.613 亿美元。2013 年 5 月史密斯菲尔德和双汇国际达成战略性合并。史密斯菲尔德公司退市后成为双汇食品的子公司。

2.2 收购背景

双汇方面：目前，在市场方面，中国是世界上最大的猪肉消费市场，年均消费量达到 5 000 吨左右，占全球销量总数的一半。因此，中国是一个非常有潜力的市场。在生产方面，由于生猪的养殖周期为 6 个月而且不能中途退出，所以一般养殖户都是由当年的供求量来决定下一年的养殖量。这就造成了养殖数量的周期性波动，从而造成了价格的周期性波动，而且由于养殖户分散，这就大大增加了双汇在养殖方面的成本。并且由于 2001 年的"瘦肉精"事件，双汇公司损失近 200 亿元，并且面临着严重的信用危机，双汇公司急需引进优良的生猪品种恢复市场信誉以及完善产业链。

史密斯菲尔德方面：史密斯菲尔德公司成立于 1936 年，相比双汇公司在市场上具有更高的地位及口碑。与中国市场不同的是美国市场已经饱和，美国的生猪消费在近几年持续萎缩，史密斯菲尔德公司的增长态势停滞不前。面对中国这个庞大的生猪消费市场，史密斯菲尔德公司非常希望能够进入中国市场并在其中占有一席之地。

2.3 收购过程

（1）2013年5月29日，双汇国际控股有限公司和美国史密斯菲尔德食品公司联合发布公告称，双汇国际将以总价71亿美元收购史密斯菲尔德。

（2）2013年6月，双汇国际和史密斯菲尔德向美国外国投资委员会提交了收购案。

（3）2013年7月10日，美国参议院农业委员会听证会对双汇国际收购史密斯菲尔德交易进行评估，并研究任何未来交易对美国国内食品供应产生的影响。

（4）2013年9月6日，美国食品公司史密斯菲尔德宣布，中国双汇集团以71亿美元收购史密斯菲尔德的交易获得美国联邦政府批准。

（5）2013年9月24日举行股东大会对此进行投票，并获得史密斯菲尔德的股东的批准。

（6）2013年9月26日最终完成交易，史密斯菲尔德公司交易所退市后将成为双汇国际的全资子公司。

3. 案例分析

3.1 并购成功的决定因素

（1）发展战略的重新整合：由于两家企业分属中国和美国，所以企业在经营战略和发展策略上有很大的不同。并且受到经济、文化、环境等多种因素的影响，如何在并购成功后及时调整企业的发展战略成为并购成功的关键因素。

（2）文化整合：文化作为"软环境"是决定跨国并购成败的重要因素。据有关资料统计，全球范围内失败的跨国并购案例中，有80%是由于文化整合不利导致的。东西方企业文化和管理差异、上下产业链的改变等都有可能导致国内企业海外扩张受阻。

双汇与史密斯菲尔德之间在企业文化方面也存在较大差异，双汇在文化整合中采取妥协的整合方式，求同存异，协调发展。具体做法是：企业合并之后，双汇国际承诺保持史密斯菲尔德的运营不变、管理层不变、品牌不变、总部不变、承诺不裁减员工、不关闭工厂；还将与美国的生产商、供应商、农场继续合作。但国外企业待遇较高，双汇控股后很可能为降低成本等而从国内派人赴美参与管理，把中企管理方法运用到美企上，可能会遭遇水土不服。另一方面，美国对环保要求很高，会严格控制生猪养殖场位置、规模，会考虑是否影响周边居民生活，高标准同样可能会成为扩张过程中的阻碍。由此可见，跨国并购中的文化整合对于整个跨国并购的成功具有十分重要的意义。

(3) 保留管理层：双汇对于史密斯菲尔德高层及资深员工的留任设置了近 4 800 万美元的奖金，无疑给史密斯菲尔德高层吃了定心丸。对海外并购而言，被并购企业的管理层保留与否，直接关系到并购后的整合是否可以顺利进行。核心管理层关系着核心技术，大量的核心管理人员的流失将会造成企业核心技术的流失。

3.2 并购后影响

（1）对双汇集团的影响：双汇并购史密斯菲尔德不仅扩大了海外市场、扭转了因"瘦肉精"事件严重受损的信誉，还补齐了自身的产业链。"美国不会把处于产业核心的种猪公司卖给中国"，民族证券农林渔牧分析师刘晓峰指出，SFD 最擅长的肉猪养殖及加工环节，在美国的发展已十分成熟，企业之间角力生产效率，不存在超额利润，而双汇在中国拥有的完整分销渠道，正如沃尔玛的渠道之于中国，令海外资本垂涎，却欲购无门。因此，并购案的中美双方正是将可以互补的产业环节进行了嫁接，同时又未伤及核心竞争力。

（2）对史密斯菲尔德的影响：对于日渐饱和的美国市场，史密斯菲尔德公司非常希望进入中国这个有潜力的中国市场。并且史密斯菲尔德公司最擅长的是肉猪养殖和加工环节，这就与拥有完整分销渠道的双汇公司形成了互补。史密斯菲尔德公司借助双汇国际这大平台让中国人吃上美国的猪肉。

（3）对国内肉制品市场的影响：中国的农业和食品企业往往存在基础薄弱、起点较低的问题，双汇收购之后，必定会有一波扩张潮，一些小企业定会在行业兼并潮中面临更加激烈的竞争。不过，卓创资讯分析师姬光欣则认为，国内的生猪养殖产业和产品供应链已经形成了成熟的固定模式，此次收购案暂时不会改变大的格局。

目前，国内的肉制品市场依旧处于双汇、金锣、雨润"三雄鼎立"的局面，双汇在国内并非占据绝对市场，因此这次收购案也不会导致国内肉制品价格的变化。从长远来看，双汇收购史密斯菲尔德会兴起一股国内食品巨头海外扩张的浪潮。

【思考题】
1. 试分析双汇并购史密斯菲尔德后获得的协同效应。
2. 简述双汇并购史密斯菲尔德后的文化整合策略以及面临的挑战。
3. 分析双汇并购史密斯菲尔德后在经营战略上可以做怎样的调整。

【资料来源】
[1] 谢丹凤. 海外并购之旅——浅析双汇并购史密斯菲尔德案 [J]. 中外企

业文化，2014（1）.

[2] 赵晓悦. 双汇：跨国并购背后的资本局 [J]. 中国品牌（China Brand），2013（12）.

[3] 新华社. 双汇并购史密斯菲尔德让中美两全其美 [J]. 对外传播（International Communications），2013（8）.

[4] 刘钊. 我国企业跨国并购中的文化整合策略研究——以双汇并购史密斯菲尔德为例 [J]. 河北企业，2014（2）.

兖州煤业收购澳大利亚菲利克斯资源公司

【理论链接】

纵向并购

纵向并购是指生产过程或经营环节相互衔接、密切联系的企业之间，或者具有纵向协作关系的专业化企业之间的并购。纵向并购实质上是处于同一产品的不同生产阶段的企业间的并购，并购双方往往是原材料供应者和产成品购买者。纵向并购通过内部化避免外部市场不完全对企业利益的影响，把中间产品的外部市场交易变成企业内部的关系，使产品生产的全部过程都在企业内部完成，就能使企业的垄断优势发挥最大的效用。

摘要： 随着经济全球化的发展，我国越来越多的企业开始了海外并购之路。2009年2月起，兖州煤业与菲利克斯公司开始了有关收购的沟通和谈判，同年12月23日，兖州煤业发布公告，菲利克斯公司的全部股份已经过户至兖州煤业在澳大利亚设立的全资子公司——奥斯达公司。兖州煤业成功地将澳大利亚菲利克斯公司收入囊中。通过对兖州煤业收购澳洲菲利克斯资源公司的案例进行分析，从而总结出一些我国企业海外并购及后期整合的建议。

关键词： 兖州煤业；菲利克斯；纵向并购；金融危机；文化整合

煤炭价格会因为需求和供给的影响而呈现周期性波动，作为不可再生资源，煤炭资源价值的长期上涨趋势无法改变。当前我国煤炭企业实施资源保护性开采和储备战略、国际化延伸战略，是符合科学的资源观和发展观的，并已具备较好的投资时机。我国矿产资源企业积极贯彻实施国家走出去发展战略，掀起一波海外扩张、参与国际竞争的投资潮，取得了显著成果，而澳大利亚则成为主要的投资目标国。兖矿集团、五矿集团、神华集团等大型能源企业相继完成了在澳大利亚的矿产资源并购。继2004年12月成功收购澳大利亚澳思达煤矿并成为第一家成功收购并运营境外煤矿的中国企业之后,兖州煤业股份有限公司(以下简称"兖州煤业")于2009年12月成功收购澳大利亚菲利克斯资源有限公司(以下简称"菲利克斯公司"),完成了迄今为止中国在澳大利亚规模最大的并购交易。

1. 并购概述

1.1 兖州煤业

兖州煤业股份有限公司总部位于山东省邹城市,由兖矿集团有限公司于1997年独家发起设立,是一家以煤炭经营为基础,煤炭深加工和综合利用一体化的国际化能源企业。主要生产半硬焦煤、半软焦煤、喷吹煤和动力煤。客户主要分布在中国的华东、华南和华北等地区以及日本、韩国和澳大利亚等国家。兖州煤业是中国安全水平最好的煤炭生产商之一,是中国唯一一家拥有境内外四地上市平台的煤炭公司,是中国国际化程度最高的煤炭公司。自1998年7月1日以来,兖州煤业始终坚持以产业运营为基础、以资本运作促发展,借力资本市场积极推进产业结构优化升级和布局调整,先后成功发行五次股票、两次债券,实施了十余次战略性并购,成为中国资本市场利用效率最高的上市公司之一,实现了规模壮大、产业延伸、区域拓展、品牌提升。截至2013年,兖州煤业资产总额达到1 213亿元,营业收入597亿元,利润总额56亿元,在境内外拥有21座生产矿井、10座在建和勘探煤矿项目,权益煤炭资源量151亿吨。

1.2 菲利克斯

澳大利亚菲利克斯资源公司是一家以煤炭资源为主的经营、勘探、收购以及发展资源相关项目的企业,成立于1970年的公司,是一家较为成熟的煤矿企业,其产品主要包括动力煤、高炉喷吹煤和半软焦煤,主要客户为亚洲、欧洲、美洲和澳大利亚本土的钢铁制造商、发电企业。根据菲利克斯公司截至2009年6月30日的披露资料:按照澳大利亚矿产储量联合委员会(JORC)标准,菲利克斯公司共拥有煤炭总资源量20.06亿吨,探明及推定储量5.10亿吨,按持股权益拥有煤炭总资源量13.75亿吨,探明及推定储量3.86亿吨。菲利克斯公司实现营业收入7.31亿澳元、净利润2.68亿澳元,销售商品煤725万吨,有良好的成长性,主要销往韩国和日本。2009年8月,被兖州煤业以约198亿元人民币的价格收购。

2. 并购背景

兖州煤业收购澳大利亚菲利克斯公司的源头,要追溯到成功并购日的10年之前，也就是说早在 1999 年，兖矿集团（兖州煤业母公司）就一直致力于在澳大利亚收购煤矿项目，由于当时澳大利亚煤矿产业亏损严重，煤炭资源较我国便宜很多，所以兖州煤业很想利用这一时期并购澳大利亚菲利克斯公司。但是由于种种原因，并购未能成功完成，在之后的十年里兖州煤业一直与澳大利亚方面保持密切的联系，联合进行技术攻关，共同进步。

2003 年 12 月，澳大利亚新南威尔士州南田煤矿由于出现事故而进入破产管理程序，使得兖州煤业并购菲利克斯一案终于出现转机。2008 年，受全球经济危机的影响，国际矿业也不可避免地出现了业绩在一定程度上的下滑，菲利克斯公司也不例外，受到宏观环境的影响，从 2008 年 5 月 30 日的最高 21.82 澳元/股一路下跌至 2008 年 12 月 2 日的最低 4.61 澳元/股，跌幅达 78.9%，而且在此后的数月内一直维持在低位。加之菲利克斯公司主要股东的年龄结构较大，受金融危机的影响各大股东都有出售股权变现的需求，菲利克斯公司这时更需要有新鲜的血液注入。所以，2008 年 9 月，菲利克斯公司决定将其整体出售。截至 2009 年 6 月 30 日，兖州煤业拥有现金 117.7 亿元人民币，人民币的升值预期和澳元的大幅贬值都为兖州煤业提供了良好的时机。在排除众多困难后，兖州煤业成功地将澳大利亚菲利克斯公司收入囊中。

3. 并购过程

（1）2009 年 2 月起，兖州煤业与菲利克斯公司开始了有关收购的沟通和谈判。

（2）2009 年 6 月 13 日，双方签署交易合同，开始申购报告。

（3）2009 年 8 月 13 日，兖州煤业向澳大利亚外国投资审查委员会提交申请。

（4）2009 年 9 月 12 日，第二次向澳大利亚外国投资审查委员会递交收购申请，调整了融资方案，收购所需资金全部由兖煤澳洲从中国银行悉尼分行和由其牵头的银团贷款融资，融资额相当于 200 亿元人民币。

（5）2009 年 10 月 13 日第三次向外国投资审查委员会递交了收购交易审查申请。

（6）2009 年 10 月 23 日，兖州煤业以 33.33 亿澳元（约人民币 189.5 亿元）并购澳大利亚菲利克斯资源公司的第三次申请，获得澳大利亚政府有条件批准。

（7）2009 年 12 月 23 日，菲利克斯资源公司向澳大利亚证券交易所提交退市申请。同日，兖州煤业发布公告，收购澳大利亚菲利克斯资源公司的交易对价已经支付给菲利克斯的全部股东，菲利克斯公司的全部股份已经过户至兖州煤业在澳大利亚设立的全资子公司——奥斯达公司。这标志着兖州煤业收购菲利克斯交易全部完成。

4. 案例分析

4.1 并购之前

兖州煤业最终选择安排交易的收购方式，主要是考虑以下三个方面：

（1）为将来上市融资预留充足空间。

由于外币贷款融资成本较低，兖州煤业本次收购资金全部采用境外贷款融资。虽然要约方式可以实现控股收购，但相对全资控制而言，收购后的整合难度较大，后续增发融资还贷的空间有限，而采用安排交易实现100%收购，与原有资产重组整合后，在澳洲实现再次上市，这样可以较灵活地控制发行比例，完成融资还贷运作。

（2）降低收购成本。

要约收购通常导致上市公司股价上扬，存在收购方为达到有效股权收购比例而提高报价的较大可能，而安排交易实际是锁定了交易价格，平均每股收购成本低。

（3）提高交易成功概率。

在要约收购方式下，各股东是否出售所持股权完全自主决定，有可能因收购方无法买到有效比例的股权而导致收购失败，而安排交易只要与主要股东达成一致，获得法院裁定后即可确保交易成功。

4.2 并购之后的整合

并购之后，兖州煤矿作出了一系列的承诺，来保证双方公司的快速有效的整合顺利实施。兖州煤业财务部长赵青春曾表示："一方面海外公司必须要实现本土化经营；另一方面澳大利业的劳工制度、保障就业是所有来澳投资企业必须遵守的。"依据并购时作出的承诺，兖州煤业已于2012年6月28日在澳大利亚证券交易所上市，在兖煤澳洲中的持股比例为78%。同时，考虑到菲利克斯现有的若干煤炭公司是与第三方成立的合资企业拥有，所以上市后兖州煤业在菲利克斯公司现有煤矿中的合计经济所有权减少至不超过50%。最后，兖州煤业在澳大利亚煤矿所生产的全部产品，以参照国际市场价格，遵循市场化原则，按照公平合理的原则进行销售。

4.3 并购结果

此次并购目标公司的矿产资源包括4个运营中的煤矿，2个开发中的煤矿以及3个煤炭勘探项目。在4个在产煤矿中，有3个煤矿产能合计780万吨，2个开发中的煤矿设计总产能 1 350 万吨。2 个煤炭勘探项目按目标公司的实际持股比例计算的资源量合计 3.89 亿吨。除煤炭资源外,目标公司还持有纽卡斯尔港煤炭基础设施集团 15.4% 的权益以及超洁净煤技术专利资产。也就是说,通过对菲利克斯公司的收购,兖州煤业拥有的煤炭资源将会翻倍,同时缺乏项目和销量增长的问题也会得到解决。

兖州煤业成功完成中国在澳洲的最大并购交易,较好地把握项目推进节奏,规避投资风险,保障投资收益,在国内煤炭资源获取成本日益提高的背景下,以生产经营优势为后盾,高效运用资本运营手段走出了低成本境外扩张的发展之路。

【思考题】
1. 此次并购对兖州煤业产业链有什么积极意义?
2. 结合案例谈一谈此次并购给兖州煤业未来的发展带来了哪些影响?

【资料来源】
[1] 罗锡亮,卞金奎. 兖煤何以完成中企在澳最大收购案 [J]. 中国煤炭工业,2010 (2).
[2] 王亚亚. 兖州煤业"牵手"菲利克斯 [J]. 中国外汇,2010 (4).
[3] 杨爽. 对兖州煤业收购澳洲菲利克斯资源公司的思考 [J]. 合作经济与科技,2011 (7).
[4] 黄霄龙. 兖州煤业收购菲利克斯公司的实践 [J]. 中国煤炭,2010 (7).
[5] 颉茂华,贾建楠,干胜道,焦守滨. 能源企业海外并购:取得了什么效应?——以兖州煤业并购菲利克斯为例 [J]. 管理案例研究与评论,2012 (6).
[6] 符胜斌. 兖州煤业"一石三鸟"收购计 [J]. 经理人,2012 (5).
[7] 王巍. 新世纪中国十大并购 [M]. 北京:首都经济贸易大学出版社,2011.

中海油并购加拿大尼克森石油公司

【理论链接】

并购风险的根源

企业并购风险的形成来源于企业并购中存在的各种不确定因素。从企业方面看，这些不确定因素可能是显性的，也可能是隐性的，可能存在于企业实施并购活动前，可能存在于企业实施并购活动过程中，还可能存在于企业并购完成后的经营管理整合过程中。风险防范和控制的关键在于掌握风险的来源、风险的分布、风险造成影响的大小以及风险的防控对策。

摘要：进入 2013 年，中国企业海外并购依旧保持强劲增长势头，同年 2 月，中国海洋石油有限公司（以下简称中海油）以 151 亿美元完成并购加拿大尼克森石油公司（以下简称尼克森）。本案例以中海油并购尼克森为例，分析能源企业海外并购战略并对海外并购中所面临的风险进行识别与分析，使企业在认清风险的同时，最大限度发挥并购所带来的协同效应，充分整合，达到 "1+1>2" 的效果。

关键词：中海油；尼克森；能源寡头；并购风险

1. 艰难的并购之路

1.1 我国石化行业的现状

（1）技术水平低：随着石油产业的快速发展，技术成为了扩大规模、减少成本的主要因素。目前我国部分化工产品产能过剩，企业的盈利情况较差，在经营方面出现了一定的困难。这主要是由于我国能源的开发技术大多数来源于外国，属于我国的原创开发技术较少。并且由于装置结构不合理等原因，我国的石油开采水平距世界大的石化公司相比还有一定的差距。

（2）资源总量不足：目前，我国的石油可采资源只占全球的 3.9%，人均的石油可开采量和产量只有世界人均水平的 1/5，这意味着我国以后将要面对越来越严重的石油供需矛盾。并且，国内大部分主力油田已经到了中后期的开采阶段，开采成本日益增加，与国外的公司相比，我国的石油开采成本是相对较高的。所以如何走出去，拓展国外的市场，成为了解决我国石化行业资源总量不足，开采成本过高的关键。

(3) 环保意识逐渐加强：现如今，环保成为一个重要的话题。面对着石化行业高污染的特征，如何减少污染物的排放，用更低的成本开采能源成为民众关心的话题。

(4) 经营体制不灵活，抗风险能力差：国有企业的体制性弊端和历史性包袱现如今还存在，中海油也不例外，这些缺点都没有得到根本性的解决。虽然经过重组改制之后，我国国企在与国际接轨方面迈出了很大的步子，但是劳动生产率不高依旧制约了石化行业的发展。而且我国对外油的依赖程度正在日益加深，与外国的公司相比，原油自给率低，抗风险能力差。

1.2 企业背景

收购方——中海油

中国海洋石油总公司（简称为"中海油"），成立于 1982 年，总部设于北京。该公司主要负责在中国海域对外合作开采海洋石油及天然气资源，其注册资本为 949 亿元人民币。现有员工数 6.85 万，是中国第三大国有石油公司。现如今，形成了油气勘探开发、专业技术服务、炼化销售及化肥、天然气及发电、金融服务、新能源六大业务板块。中海油坚持"双赢、责任、诚信、创新、关爱"的企业理念，坚持特色的发展道路，高速发展，努力建设成为国际一流的能源公司。

被收购方——尼克森

尼克森公司成立于 1971 年，总部位于卡尔加里，是加拿大第 14 大石油公司。尼克森的资产包括勘探、开发和在产项目，分布于加拿大西部、英国北海、尼日利亚海上、墨西哥湾、哥伦比亚、也门和波兰。以常规油气、油砂和页岩气这三项作为核心业务。净产量 20.7 万桶每天，1P 净储量 9 亿桶，截至 2012 年 12 月 31 日，尼克森有雇员 3 228 人，年度总收入 667 加元，总资产 205 亿加元，净利润 3.3 亿加元。尼克森公司的专长是技术，而不是融资和项目管理，这就导致了在全球经济萎缩，油气的需求和价格走低时，尼克森公司出现了资金短缺的困难。并且尼克森公司在管理上的失误也对该公司的正常运营造成了很大的困难，于是，2012 年 9 月 20 日，尼克森股东批准中海油对其收购。2012 年 12 月 7 日，加拿大政府同意中国海油收购尼克森。这意味着中国石油企业在海外的最大金额的收购完成。

1.3 并购过程

2012年7月23日，中海油宣布出价151亿美元竞购尼克森。

2012年10月，加拿大政府决定审批中国海洋石油有限公司收购尼克森公司申请第一次延期。

2012年11月，中海油收购尼克森再遭加拿大政府延期。

2012年12月8日，中海油宣布收到加拿大工业部通知，收购申请获得加拿大工业部批准。

2013年1月，中海油收购尼克森由于美国政府未批准而遭遇第三次延期。

2013年1月18日，中海油收购尼克森获国家发改委批准。

2013年2月12日，中海油收购尼克森获得美国外国投资委员会批准。

2013年2月26日，中海油完成对尼克森的股份交割，成功并购了尼克森公司。

中海油公司并购尼克森公司可谓是一波三折，最终中海石油以普通股和优先股的总价约151亿美元成功并购了尼克森公司，且还要承担尼克森本身49亿美元的债务，可以说双方能够成功的并购甚为不易。自此，尼克森在以后将作为中海石油的全资子公司存在，原有20人的董事会缩减为6人，并由中海石油的首席执行官李凡荣担任董事长一职。

1.4 并购动机

一方面，尼克森公司虽然不是一个规模很大的能源公司，但是由于其业务的广泛性，使得尼克森公司在石油、天然气等领域都有所涉及。按并购之前的生产状况来看，中海油的资源储备量仅够未来9年的使用，这个数据处于全球主要同行业水平的最低标准。但是通过并购尼克森公司后，中海油的资源储备量将增加28%，同时还可以获得参与北海布伦特原油定价的权利。这不得不说既解决了中海油的燃眉之急，同时又拓展了中海油在海外的知名度。并且中海油通过并购尼克森公司增加了本公司的资源，完善了自身的产业链，获得先进的经验和技术，并将国际上先进的管理技术和经营能力引进了本公司，使得中海油可以更好地发展。

另一方面，作为加拿大第十四大石油公司，尼克森公司有着丰富的石油储备量。由于资源产地经常爆发战争，使得尼克森公司不得不退出一部分石油产地，这直接对公司的现金流造成了很大的影响。因此，尼克森公司不得不同其他企业合作，积极寻求外援。这也是中海油能够成功并购尼克森公司的很重要的原因。

2. 风险与挑战并存

2.1 政治风险

尼克森公司的资产分布非常广泛，主要涉及加拿大西部、英国北海、美国墨西哥湾等地，所以在并购时除了要获得中方政府和加拿大政府的批准，同时还要获得其资产所在地及欧盟和美国政府的批准。当中海油并购尼克森的消息一传出来，在加拿大政府和民众间引起了很大的反响，加拿大的主要反对派新民主党认为，中海油并购尼克森公司很有可能对加拿大的就业、国家安全和环境产生极大的影响，所以强烈要求对中海油并购尼克森公司一案进行公开的听证会。并且当地媒体对当地的民众进行调查，发现超过半数的加拿大民众认为，政府应当阻止中海油收购尼克森。由于"中国威胁论"的存在，当地的企业和政府很担心本国的核心技术和资源被掠夺，所以，中海油并购尼克森一案在审批过程中可谓是一波三折。

2.2 国际油价的不确定性

中海油非常看重油砂开发的项目，业内一般认为国际油价会长期维持在80美元/桶以上，而真正具有商业价值的是那些开发成本高，环保效果好的资源。虽然现在国际的油价维持在80美元/桶以上，但是资源越来越少，开采技术越来越难，新型能源的大面积普及，中海油依旧面临着未来油价不确定的风险。中海油现如今更应该提前做好准备，以保证当油价低于80美元/桶时，能够作好自身的调整，决定是继续生产还是停产，计算好盈亏平衡点后，权衡利弊，适应全球的形势发展。

2.3 财务风险

中海油并购尼克森公司后，发表公告称中海油将以普通股每股27.5美元对价收购尼克森，这较该普通股上一交易日收盘价溢价61%，中海油方面称这是经过慎重考虑公司财务问题和尼克森公司内在价值、回报以及风险因素做出的决定。但是，中海油并购尼克森的同时，确实也使中海油背上了尼克森公司49亿美元的巨额债务。不仅如此，在中海油并购尼克森的151亿美元中有60亿美元来自外部银行贷款，这无疑加重了中海油的财务风险。最后由于尼克森公司的很多投资正处于回收期，所以对中海油的日常现金流也造成了很大的影响。如何面对公司的财务风险，并采取相应的对策，是中海油当前面临的最重要的问题。

2.4 人员整合和文化融合风险

跨国并购案的失败很大一部分原因是由于两国在文化上有很大的差异,所以中海油在并购之初就对尼克森公司作出了一系列承诺,其中包括保留尼克森公司的原有的管理层和技术人员,并仅在北美洲和中美洲建立公司的总部,定期向加拿大政府报告生产数据等。这些都为中海油能够成功地进行人员整合奠定了很好的基础。同时,中海油还应尊重加拿大方面原有员工的文化理念和思想,这样才有利于公司的团结稳定,才能使中海油从尼克森获得更多的经验,学习到更先进的技术。尊重尼克森的原有员工,尽量减少两国之间的文化差异和沟通方面的困难,才能尽可能地降低在人员整合和文化融合方面的风险。

3. 高瞻远瞩,互利共赢

尼克森的并购对双方的影响是巨大的,并购之后尼克森公司协助中海油扩大了自身的企业的规模,开拓了海外市场,并且尼克森公司还协助中海油完善了产业链,使中海油的配置更加合理,在国际油价上获得了参与定价的权利。并且,由于并购了尼克森公司,中海石油得以获得足够的现金流用于开发。不得不说,中海石油并购尼克森是一个正确的选择。

3.1 提升国际化水平,拓展业务

中海油在并购前拥有海外17个国家和地区的业务,尼克森拥有8个国家和地区的业务,在并购后中海油将共计拥有在22个国家和地区的业务,并且在并购后,中海油海外储量占总储量的比例上升到了44%,产量上升到35%,国际化程度和业务拓展方面取得了显著的成效。

3.2 储量增加,内容多元化

并购尼克森将为中海油带来20%的产量增长和30%的储量增长,这大大丰富了中海油的资源储量和资源开采量。并且,尼克森的资产具有巨大的勘探潜力,提高了中海油储量和种类的多元化。目前,中海油在已有的油田资产上扩大了自己的企业规模和储量,丰富了资源的种类,使自身得到了更好的发展。

3.3 统一规划,战略部署

尼克森公司在油砂开采领域具有领先的技术和巨大的资源潜力,并且作为加拿大第十四大石油公司,尼克森为中海油提供了更广泛的市场和更多的客户,这些都为中海油建立海外业务新平台提供了帮助。中海油最后决定在加拿大卡尔加

里建立北美和中美的总部，统一进行规划，而尼克森原有的在英国等地的资产依旧由尼克森公司原管理团队进行管理。

3.4 获得参与北海布伦特原油定价的权利

布伦特原油价格是全球交易的多数原油的定价指标，对全球原油价格影响很大。尼克森公司运营的 Buzzard 油田是 Forites 的最大供应方。这就意味着，收购完成后，中海油将在全球石油定价体系中扮演重要角色，这对中海油日后的发展是非常有利的。

在中海油并购尼克森之后，中海油的资产将覆盖全球各大洲，并且通过尼克森公司原有的技术，中海油可以完善其产业链和技术方面的不足，借助尼克森的深海开采技术加强自己的海上优势。通过尼克森原有的管理团队，中海油在北美和中美洲打造了属于自得管理平台。同时通过并购尼克森公司获得参与北海布伦特原油定价的权利。本次收购的完成，增强了中国公司跨国并购海外集团的信心，对中海油本身而言，此次并购有利于企业本身的做大做强，也有利于增强中国企业在全球方面石油勘探的份额，间接地维护了中国的利益。

【思考题】
1. 中海油并购尼克森后对国内原油生产有何影响？
2. 中海油是如何面对并购带来的各种风险的？

【资料来源】
[1] 闫长明. 收购尼克森之后的难题 [J]. 中国企业家，2013（7）.

[2] 桑一，刘晓辉. 能源企业海外并购战略与风险识别分析——以中海油并购尼克森为例 [J]. 财务与会计，2014（1）.

[3] 牛彦秀，贾丽慧. 中海油并购尼克森的风险规避 [J]. 商业会计，2013（7）.

[4] 田国双，刘奕彤. 中国海洋石油公司跨国并购案例分析 [J]. 会计之友，2013（26）.

[5] 马强. 中海油并购尼克森事件解读 [J]. 时代金融，2013（17）.

[6] 武靓. 浅析中海油并购尼克森公司的动因及其战略意义 [J]. 中国外资，2014（2）.

[7] 石建勋，李海英. 企业并购与重组案例精选 [M]. 北京：清华大学出版社，2011.

中联重工收购意大利 CIFA 公司

【理论链接】

跨国企业强强联合

跨国企业强强联合,指大型跨国企业之间为了增强市场竞争力,获得更大的经济效益而实行合并的经济现象。大企业之间的强强联合,可以实现合并企业的优势互补,优化资源配置,降低生产成本,提高劳动生产率,促进先进技术的研究和开发,达到扩大市场占有额,获取更大的经济效益的目的。同时还能够提高企业的国际竞争力,促进国民经济的发展。强强联合与企业兼并不同,企业兼并是建立在通过以现金方式购买被兼并企业或以承担被兼并企业的全部债权债务等为前提下,取得被兼并企业全部产权,剥夺被兼并企业的法人资格。

摘要: 本案例阐述了长沙中联重工科技发展股份有限公司联合弘毅公司、高盛集团、曼达林基金收购意大利最大的混凝土机械设备制造商 CIFA 公司的收购过程,分析了企业跨国并购中的策略选择、管理整合、风险防范等问题,回顾了中国企业海外并购的又一成功案例。

关键词: 中联重工;CIFA;跨国并购;强强联合;管理整合

1. 联合收购各方

1.1 中联重科

长沙中联重工科技发展有限公司(简称"中联重科")创立于 1992 年,前身是原建设部长沙建设机械研究院,拥有 50 余年的技术积淀,是中国工程机械技术发源地。主要从事建筑工程、能源工程、环境工程、交通工程等基础设施建设所需重大高新技术装备的研发制造,是一家持续创新的全球化企业。2013 年 4 月 18 日,跻身 2013 福布斯全球企业 800 强第 779 位,成为世界排名第 6 位、国内第1位的工程机械企业。2013年9月29日,由世界品牌实验室主办的第八届"亚洲品牌500强"颁奖典礼28日在香港召开,发布最新"亚洲品牌500强"排行榜,中联重科排名第210位,成为中国工程机械行业唯一上榜企业。根据世界品牌实验室2013年公布的数据,中联重科品牌价值232.68亿元。

1.2 共同投资方

弘毅投资全名为北京弘毅远方投资顾问有限公司成立于2003年,是联想控股成员企业中专事股权投资及管理业务的公司。高盛集团为跨国银行控股公司集团,是《财富》杂志评选的美国财富500强企业之一,总部位于美国纽约。高盛集团的业务涵盖投资银行、证券交易和财富管理,曼达林基金是由国家开发银行、中国进出口银行和意大利圣保罗银行共同发起组建的规模最大的中意合资私募股权投资基金。于2007年年底募集资金3.28亿欧元。基金管理公司在上海与米兰分别设有办事处。

1.3 CIFA

Carlo Ausenda 于1928年7月7日创建了CIFA（Compagnia Italiana Forme Acciaio）,公司总部设在意大利米兰北部的Senago镇上。早期生产收音机天线类的精致小物品。1947年公司开始着重向混凝土大坝建设提供模具。之后CIFA着力在混凝土施工有关方向发展,目前主营业务为生产混凝土搅拌站、搅拌车、混凝土泵、布料杆车、混凝土循环再生设备、喷浆车及模板。CIFA公司的产品和品牌在国内外均有良好的声誉,拥有900多员工,近60个独立的经销商,7个生产工厂,是意大利第1位、欧洲第2位的混凝土设备供应商,更是世界上混凝土设备品种最齐全的公司。2007年,CIFA的总销售额达到3.0亿欧元,年同比增长18%。业务主要分布在欧洲,占其总收入的50%以上,此外产品还销往非洲和中东地区。

2. 并购动因

中联重科收入主要依赖于汽车起重机和混凝土机械,但是这两大类产品在各自的领域内的市场占有率已经较高,基本达到均衡状态,两大产品的国内市场扩张逐渐放缓,因此公司选择通过海外并购的方式,一是在广度和深度上拓展了产业链,二是引进技术和扩张国内外新的细分市场,以多元化的扩张态势支撑公司的业绩增长。从宏观来说,中国工程机械制造业的国内市场趋于饱和,该行业要在保持原有利润率的基础上快速发展,就必须改变产业格局,迈向全球市场。而中联重科收购CIFA正是向全球化的迈进。从微观的角度说,本次收购是2007年

EV/EBITDA 估值的 9.6 倍，低于近几年机械制造业重要并购交易的平均估值倍数，也低于国内行业可比上市公司的市场交易估值倍数，适当地体现了 CIFA 对中联重科的战略价值，而且通过未来的整合能够提高中联重科股东的长期价值。

3. 并购过程

（1）2008 年 3 月 31 日，中联重科与弘毅投资合作，联合竞标对意大利 CIFA 公司的股权收购。

（2）2008 年 6 月 25 日，中联重科发布公告称将与共同投资方合计出资 2.71 亿欧元收购 CIFA 公司 100% 的股权。

（3）2008 年 9 月 5 日，中联重科发表公告，中联重科收购意大利 CIFA 公司获得国家发改委、商务部、中国证监会的批准。

（4）2008 年 9 月 19 日，中联重科集团收购意大利 CIFA 公司在意大利米兰完成交割。

（5）2008 年 9 月 28 日，中联重科联合弘毅公司、高盛集团、曼达林基金与 CIFA 正式签署整体交割协议，以现金的方式完成了股份的全额收购。这标志着全球最大规模的混凝土机械制造企业就此诞生。

4. 并购后的艰难历程

机械行业在中国市场销售的模式是做库存，生产出来再去市场上卖，国外的模式是做订单，即按订单生产，没有订单就意味着没有销售。中联重科刚刚买下 CIFA，金融危机便席卷而来，欧洲风雨飘摇，罢工此起彼伏。2008 年，意大利人大面积失业，消费市场一蹶不振，CIFA 亦没有逃过此劫。中联重科海外市场部副总裁何文劲回忆说："一夜之间，CIFA 的订单都没了。" 当时 CIFA 的管理层从美津达基金空降而来，这类基金公司往往有一群被称作"黄金打手"的管理人员，其任务就是进驻被收购企业、削减开支、做高经营指标，然后伺机高价转手企业。

空降到 CIFA 的管理团队中，为首的是 Maurizio Ferrari，原来的职业是银行家。但是 Ferrari 是全世界所有出名歌剧院的 VIP，常常提前一两年就订好票，任何事情都要给看歌剧让步。显然，他不是一个能带领 CIFA 走出金融危机的人。并且中联重科收购了 CIFA 之后，Ferrari 本人也无意于继续留任，他举荐了 Stefano Marcon 接任，中联重科接受了这个推荐。然而第一次换帅后 CIFA 业绩并没有起色。于是 2010 年年底，中联重科派负责内审的刘杰去做审计，发现 CIFA 员工对 Stefano 颇有微词。Stefano Marcon 是做财务出身，此前并没有全权统筹制造企业的经验。并且他在与中联重科沟通的时候喜欢搞"本位主义",只注重手中的东西,阻碍了整合工作的进程。2011年7月,詹纯新、邱中伟、张建国和陈培亮四人亲赴米兰撤换CEO。詹对Stefano说,共同投资人对CIFA的业绩不满意,希望他离开位置,最终董事会投票通过提议。经CIFA的管理层内部推荐,时任技术部门主管的Davide Cipolla出任CEO。中联重科董事长詹纯新后来在谈及此事时说:"对收购公司应该信任而不放任,不适应企业发展、不利于资源整合、不按规则办事的人必须换掉。"Davide Cipolla在并购之前负责公司的供应链,包括采购、技术设计到生产三大部分,他与技术人员的员工们进行了良好的沟通,从而稳定了CIFA公司的内部,促进了公司的发展。

5. 成功的飞跃

中国机械工业联合会执行副会长蔡惟慈曾表示,在全球机械工业领域,美、德、日处于第一方阵,中国的高端装备发展较为被动,主要是因为基础零部件、基础工艺和基础材料的欠缺,而并购是跨越这一鸿沟的捷径。中联重科并购CIFA公司正是由"中国制造"向"自主品牌"飞跃的典型,由产品输出转变成了资本输出。

收购的开始阶段,市场上存在着很多质疑的声音,主要观点有中联重科的收购价格过高、收购时机不当。这些质疑不乏合理成分。收购之后,中联重科的资金流动性和负债水平都在恶化,公司呈现出可能被这次并购拖垮的迹象。但是,2008年年底,中国政府出台4万亿元经济刺激计划,以泵车为代表的混凝土机械随即迎来了为时5年的高速发展期,中联重科转危为安。2010年,中联重科下属各经营单元实现收入过508亿元,利税过76亿元。2011年CIFA公司业绩同比增长39%,2012年起CIFA已经实现了扭亏为盈,基本已经恢复到金融危机前的水平。2013年7月,中联重科董事长詹纯新表示,与金融危机前的2007年相比,CIFA在2013年上半年的利润增长了50%以上。

成绩的背后是长时间的磨合所促成的,而且由于中联重工选择了正确的时间、巧妙的并购方式才使得这次并购得以赢利。在并购初期,中联重工运用股权融资方式,和共同投资方一起分担风险,减轻资金压力。中联重科新设股份公司和境外子公司,利用精心设计的交易结构,不仅方便了共同投资方的融资操作,同时避免了东道国烦琐的审批程序,节约了交易时间;在并购时,面对不适当的管理人员,及时调查及时更换,面对亏损和外界的质疑时,步步为营,利用国家优惠政策等有利条件扭亏为盈。同时收购后保持CIFA管理团队和员工队伍的稳定,保持CIFA公司的独立自主经营。在新CIFA,中联重科和CIFA的协同效应已逐步显现,这让CIFA具备了更强的发展力量,加强了CIFA员工在经济复苏时成为发展最迅速的企业的信心。这次 CIFA 的 Maurizio Ferrari（法拉利先生）、Stefano Marcon（马克先生）、市场营销总监、生产及研发总监以及隧道及基础设施事业部总监的入股就是他们表达信心的一种方式。

【思考题】

1. 金融危机背景下，中联重科联合弘毅投资、高盛集团和曼达林基金并购 CIFA，如何评价这种强强联合？

2. 中联重科并购 CIFA 以后取得了很好的业绩，其关键因素是什么？

【资料来源】

[1] 胡雯，李岩. 危机下的并购：中联重科收购意大利 CIFA 正是评分时刻 [J]. 财经，2013（12）.

[2] 夏文超. 共同打造全球混凝土机械领先企业——记中联重科并购 CIFA 一周年新闻发布会 [J]. 建设机械技术与管理，2009（10）.

[3] 左颖丹，何民庆. 中联重科并购 CIFA：一次成功的战略性并购 [J]. 企业导报，2013（8）.

[4] CIFA 扭亏为盈 中联重科海外并购"结果" [J]. 建设机械技术与管理，2009（7）.

[5] 王巍. 新世纪中国十大并购 [M]. 北京：首都经济贸易大学出版社，2011.

大连万达携手美国 AMC 打造影院巨头

【理论链接】

横向并购

横向并购是指两个或两个以上生产和销售相同或相似产品公司之间的并购行为。横向并购对企业发展的价值在于弥补了企业资产配置的不足,由于规模效应而使生产成本降低,提高市场份额,从而增强企业的竞争力。通过横向并购,企业可获得优质资产、降低成本、扩大市场份额、便于迅速进入新的市场领域,形成集约化经营,产生规模效益。

摘要:2012 年 5 月 21 日,万达集团和美国 AMC 影院公司在北京签署并购协议,标志着双方持续两年的谈判落下帷幕。万达集团的此次并购总交易额 26 亿美元,包括购买 100% 股权和承担债务两部分。同时,万达集团并购后投入运营资金不超过 5 亿美元,万达总共将为此次交易支付 31 亿美元。AMC 是北美第二大院线,历史悠久,旗下拥有 347 家影院,共计 5 000 多块屏幕,在美国是家喻户晓的品牌。正式并购完成后,万达集团成为全球最大的电影院线运营公司,占有全球行业 10% 的市场份额,企业规模和市场影响力大幅提升。

关键词:横向收购;影音娱乐;万达集团;AMC 公司

1. 并购概述

2012 年 5 月 21 日,万达集团与 AMC 影院公司在北京签署了并购协议,双方持续了两年的谈判落下了帷幕,AMC 公司正式成为万达集团的一员。此次并购总交易金额 26 亿美元,包括购买 100% 股权和承担债务两部分。同时,万达并购后投入运营资金不超过 5 亿美元,万达总共将为此次交易支付 31 亿美元。万达自投资影院终端建设后,凭借着独特的商业模式,既做院线业务,又做影院业务,同时吃进两方面的分账,很快就在同业中脱颖而出。4 月 22 日,万达董事长王健林表示，万达将加大在文化和旅游领域的投资，储存未来十年的竞争优势，2020年万达商业地产的收入比重将降到50%以下，彻底实现转型。

2013年，万达集团各项事业高速发展，集团资产达到3 800亿元，收入1 866亿元，同比增长31%，创造了世界大型企业连续8年保持30%以上增速的发展奇迹。业界认为万达收购AMC是中国娱乐事业向美国好莱坞以及北美洲整体电影发行市场所迈出最大的一步，万达也会成为中国第一家进入美国电影发行院线的公司。万达公司作为中国首屈一指的地产公司此次并购AMC公司不得不说是一个完美的转型。既拓展了自己的海外市场同时又扩大了本公司在中国的市场份额。

2. 并购双方背景

2.1 大连万达集团

创立于1988年，形成商业地产、高级酒店、旅游投资、文化产业、连锁百货五大产业，万达商业地产公司拥有全国唯一的商业规划研究院、全国性的商业地产建设团队、全国性的商业管理公司，形成了商业地产的完整产业链。万达集团从2005年开始大规模投资文化产业，投资额超过100亿元，成为中国文化产业投资额最大的企业。万达电影院线也成立于2005年，隶属于万达集团，是亚洲银幕排名第一的电影院线。开业五星级影城86家，730块银幕，其中IMAX银幕47块，占全国15%的票房份额。2011年票房收入17.8亿元，2013年10月25日，已在全国开业80座万达广场，持有物业面积规模全球第二位。近年来，随着票房高涨，影院的租金也在不断的上涨，很多院线为了争夺好的地段，哄抬租金，一线城市很多影院租金已经达到票房的20%以上，高的甚至达25%左右，给影院的运营成本带来了很大的压力，但是万达影院是依托于万达广场而建立的，所以万达院线拥有了得天独厚的优势。

2.2 AMC公司

美国AMC影院公司是排名世界第二位的院线集团，旗下拥有346家影院，共计5 028块屏幕。1920年AMC公司在美国开设了第一家电影院，已有90多年的历史，是家喻户晓的品牌。从AMC公司的经营统计数字来看，5厅以下影院每名观众的平均营业收入是0.30美元，而5~9厅影院的平均营业收入是1.06美元，9厅以上的更高。2011年收入约25亿美元，观影人数约2亿，员工总数2万人左右。AMC公司拥有的影院集中在北美大型城市中心地带，拥有北美票房最多的前50家影院中的23家。AMC院线在美国的各大院线中最为成功之处，就是它首推了多厅电影院。虽然后来其他院线也仿效 AMC 大量投入到多厅影院的建设当中，但是由于 AMC 首先采用了这一低投入，高收益的经营结构而占了市场先机。

3. 并购重组过程

2010 年上半年，万达集团开始密切地与 AMC 公司的股东以及其管理层洽谈并购的事宜，起初并不顺利。事情的转机出现在"美国编剧罢工事件"之后，受其影响，好莱坞大片的质量严重下降，从而导致了 AMC 院线的账面上出现了亏损，这为万达能够并购 AMC 公司提供了可能性。2011 年，北美市场电影票销售量下降了 4.4%，这是自 20 世纪 90 年代以来的最低水平，AMC 公司同样也没能幸免，于是开始了自身的融资计划。

2012 年 5 月 21 日，大连万达与全球第二大院线集团 AMC 签署并购协议。此次并购总交易金额 26 亿美元，包括购买 100% 股权和承担债务两部分。同时，万达并购后投入运营资金不超过 5 亿美元，万达将为此次交易总共支付 31 亿美元。

2012 年 7 月 26 日，万达集团在其官网宣布，万达集团并购 AMC 公司得到了中国国家发展和改革委员会、中国商务部和国家外汇管理局的批准。同时，美国联邦贸易委员会和美国外国投资委员会也审核通过了这笔交易，这意味着两国的所有相关的监管机构审核已经结束。至此 AMC 公司正式成为万达集团的一员。

4. 案例分析

4.1 并购动机

万达是中国著名的商业地产公司，但现在公司董事长王健林对影院的兴趣甚至超过了地产业务，院线的净利润可以达到 17%，大大超过了地产主业，而且发展电影院线得到了很多的政策支持。因此万达集团并购 AMC 公司不仅促进了万达产业的多元化，还加速了万达公司的转型；然而，AMC 公司是全球排名第二位的电影院线公司，作为亚洲排名第一位的万达院线并购 AMC 公司后将成为全球规模最大的电影院线运营商。这不仅扩大了万达集团在国内的市场份额，同时有利于万达院线开拓海外发行业务，完善其产业链。由于国内一、二线影院建设趋于饱和，可供开发的影院地点越来越少，拉长了影院投资回报周期，万达集团急需拓展海外市场，寻求更大的商机。

4.2 并购整合计划

万达方面多次表示，在并购后会维护好 AMC 这个品牌，继续提升其品牌影响力,而且并购后 AMC 的全球业务和架构不会改变。中方并不会介入其管理层,也就是说,除了老板变了,什么都没有变。对于 AMC 公司来说,进入中国市场后,面对着文化差异,经营理念、管理方式的不同,AMC 公司急需调整自身的经营理念,重新制定发展规划。并购后,万达集团只会派驻一两个代表,具体经营有 AMC 公司精英团队负责。双方管路团队会交叉任职,AMC 总裁将会进入万达院线董事会。

4.3 未来发展制约

虽然万达院线发展的势头很猛,但是万达影院的发展存在着局限性,它依托万达地产,不可能进入其他商场,加上现在万达集团商圈拓展得越来越越远,边缘化趋势明显。此外,万达集团的主业是房地产,所以很大一部分资金依赖银行贷款,容易出现资金方面的问题。所以,万达集团面对机遇和风险,适当的调整自己公司的发展计划,才能得到更好的发展。

【思考题】
1. 万达集团的商业模式是什么?分析万达旗下各商业企业的关联性。
2. 探讨在文化领域的跨国并购应注意的问题。

【资料来源】
[1] 王蓬博. 万达收购美国第二大影院 AMC. http://money.163.com/special,2012.5.
[2] 江炯. 万达院线独特模式高利润,高速扩张潜藏隐忧 [N]. 第一财经日报,2012-2.
[3] 牛思远. 万达31亿美元吞并AMC "高速巨舰"风险隐现 [N]. 南方日报,2012-5.

金川集团收购南非 Metorex 公司

> **【理论链接】**
>
> 外汇风险
>
> 外汇风险（Currency Risk）是指一个经营实体或个人以外币计价的资产或负债，在国际经营中因外汇汇率波动而遭受损失或获得收益的可能性。企业在跨国经营活动中遇到的外汇风险主要有三种：交易汇率风险，折算汇率风险和经济汇率风险。交易汇率风险（Transaction Rate Risk）是指已经达成而尚未完成的用外币表示的经济业务，因汇率变动而可能发生损益的风险。折算汇率风险（Translation Rate Risk）是指由于汇率变动使分公司在与母公司的资产价值在进行会计结算时可能发生的损益。经济汇率风险（Economic Exchange Rate Risk）是指由于汇率变动引起跨国公司的经营环境发生变化，导致业务现金流可能发生变更而产生经济损失的风险。

> **摘要：** 本案例介绍了金川集团打败竞争对手成功收购南非 Metorex 公司的过程和整合情况，分析了并购的市场环境、目的及动因，并对并购后存在的外汇风险进行了分析，提出了规避风险的措施。
>
> **关键词：** 金川集团；外汇风险；Metorex 公司

1. 并购双方介绍

1.1 金川集团

金川集团股份有限公司（以下简称"金川集团"）是亚洲最大的镍钴铂族金属生产企业，其镍和铂族金属产量占全国产量的 90% 以上。金川集团实施国际化经营战略，以资源开发为纽带，已与澳大利亚、加拿大、美国等全球 24 个国家开展了矿产资源方面的合作，先后在澳大利亚、美国、南非、加拿大等国成立了海外控股子公司，形成了大澳区、美洲区、欧非区和中亚区四大国外矿产资源开发区域，初步完成跨国经营的战略格局。截至 2011 年年末，金川集团已经完成了对 19 个国外矿产资源项目的投融资，投资总额 25.13 亿美元，获得国内外 20 个探矿许可证，拥有国外地质勘探面积 3 000 多平方公里，获得了稳定而可靠的原料供应，镍、铜、钴原料的 60%、70%、80% 以上均来自海外。镍、钴产量分别居全球第四位和第二位，铜产量居国内第三位，营业收入突破 1 200 亿元，荣获中国工业大奖，位列中国对外贸易企业 500 强第 85 位。

1.2 南非 Metorex 公司

Metorex 公司是南非一家中型矿业公司，主要从事铜钴生产，业务遍及南非、赞比亚和民主刚果。该公司成立于 1975 年，前身为一家私营矿产公司，于 1999 年在约翰内斯堡上市。该公司拥有的铜、钴金属矿藏居世界前列，是外资争夺的重点目标，目前开采程度仍较低。Metorex 公司拥有的矿山主要分布在赞比亚和民主刚果，主要包括 Chibuluma、Ruashi 和 MMK 等，Metorex 公司掌握的铜、钴矿藏居世界前列，拥有的铜资源量达到 470 万吨，钴资源量达到 33 万吨，而且铜、钴资源的品位相对较高，目前矿山的开采程度仍然较低，未来具有很高的开发价值。截至 2010 年 12 月 31 日的前 18 个月，Metorex 公司铜产量相比 2009 年 6 月 30 日前的 12 个月增长 145%，达到 76 409 吨，钴产量增长 488%，达到 5 123 吨。2010 年 12 月 31 日前的 18 个月，折旧前的利润总额达到 1 720 亿兰特，调整后的每股整体盈利额为 59.9 分。

2. 并购过程

2005 年年初，Metorex 筹建如瓦西项目时，金川就与 Metorex 进行了接触，此后与 Metorex 管理层进行反复磋商，金川与其就钴产品包销达成共识。2007 年 10 月，金川与如瓦西矿业公司签订了矿山服务期内每年 4 400～5 000 吨氢氧化钴（含钴金属量）的包销协议。

2008 年 4 月，金川与 Metorex 签订了 2 000 万美元的预付款协议，主要用于如瓦西二期项目的建设和启动，该项目现已建成达产。

2009 年，Metorex 表示正在为如瓦西控股公司与铜资源公司寻求 1 亿美元和 3 000 万美元的投资，金川研究后决定参与如瓦西控股公司的投标，并派出调查小组对如瓦西项目进行现场考察，但双方由于控股权问题未能达成一致，金川终止了投标工作。

2011 年初，金川分析认为虽然有色金属价格特别是铜价重回历史高位，但 Metorex 的价值并未得到市场体现，股票价格较低，是收购 Metorex 的合适时机。而此时，巴西矿业巨头淡水河谷向 Metorex 提交了 7.35 兰特/股的全现金收购要约（总计 75.24 亿兰特，折合 11.3 亿美元）。6 月初，金川研究后决定立即启动收购南非 Metorex 项目，并正式向甘肃省政府、省发改委、省国资委进行书面汇报，随后向国家发改委正式报备。7 月 11 日，Metorex 公司发表公告"董事会已收到 Vale 书面通知，称 Vale 已不打算提交修正的报价，并终止与 Metorex 公司签订的执行协议，按照协议 Metorex 公司将支付 Vale 数额为 7 524 万兰特分手费"。公告表明，矿业巨头淡水河谷放弃竞购，金川面临的巨大竞争对手退出。

2012 年 1 月 16 日，项目在南非约翰内斯堡正式交割，Metorex 公司正式成为金川的海外全资子公司。

3. 并购动机与整合

20 世纪 90 年代以来，中国进入经济高速增长阶段，许多矿产资源的消费增速已接近或超过国民经济的发展速度，有色金属矿产资源供应短缺的情况越来越突出，国内主要有色金属矿山面临着日趋严重的资源危机。特别是我国铜工业，最突出的问题是资源严重不足，冶炼能力大于铜精矿的保障能力。

麦格理投资银行的一份研究报告称，中国的人均铜消费量大幅增加，从 1998 年的 1.1 公斤跃升到 2009 年的 5 公斤，而这种快速增长的势头将持续至少 10 年。并且全球经济强劲反弹，对铜的需求日益强劲，而世界的铜供应增量未能同步增长，铜短缺情况日益严重，国际矿业巨头对铜资源的争夺越演越烈。在此背景下，我国许多企业积极寻找投资海外矿业的机会，政府也在积极支持资源类企业进行海外投资与业务扩张，通过兼并收购等方式，在矿业产业链上的勘探、开发、生产加工等环节尝试利用海外的矿产资源。矿产资源的跨国并购活动是矿业增长和扩展的优先途径，是矿业快速积累资本、扩大规模、占领市场、降低成本的重要方式。

金川集团作为资源开发型企业，资源是其赖以生存和发展的基础。镍铜钴及稀有金属资源是我国的紧缺资源，经济的快速发展使国内的镍、铜、钴产品对国外原料的依存度越来越高。目前金川 50% 的镍金属量、90% 的铜金属量和 80% 的钴金属量均来自国外矿山，资源"瓶颈"问题十分突出。收购 Metorex 之后，金川公司控制的铜资源量提升到近 750 万吨，钴资源量提升到 40 万吨。这将大幅增强在同行业的竞争力，同时在很大程度上缓解铜、钴原料供应的压力，为不断扩大的铜、钴冶炼产能获取稳定优质的原料，对金川公司的可持续发展具有重大意义，也符合国家"走出去"战略。

考虑到 Metorex 公司资产既包括在产项目，也包括待开发项目，且项目位于政治地缘风险较高的刚果（金）及赞比亚，为确保收购后 Metorex 公司的持续稳定运行，金川在收购过程中即表达了留任管理层的意向并制订了短期激励方案、中长期激励方案，使 Metorex 公司管理层大部分成员决定继续为 Metorex 公司服务。金川公司对 Metorex 的收购，不仅获得了储量丰富的矿山，而且获得了管理成熟的公司和经验丰富的优秀管理团队。收购完成当天，金川即召开 Metorex 董事会，委任5人为非执行董事，原 Metorex CEO、CFO 继续担任执行董事，并按照南非法律聘任2名独立董事。同时，为了保持 Metorex 公司持续稳定发展，金川承诺四个不变：管理团队不变、管理体制不变、经营模式不变和经营理念不变。金川仅委派技术管理人员进入 Metorex 工作学习，以建立 Metorex 和金川总部的沟通桥梁，融合两个企业的不同文化理念。

4. 并购风险分析

项目启动后，金川正式聘请高盛为项目财务顾问，安理为法律顾问，全面推进收购项目。根据项目顾问的建议，金川设计了四级架构来完成收购，但在实施过程中却面临着诸多难题。

4.1 银行保函

在向 Metorex 提交收购要约之后，为了在淡水河谷要约得到 Metorex 股东大会审批之前向董事会提交表明收购实力的证明，Metorex 要求金川在半月之内向其提交正式收购协议，并附银行保函，并且需要南非金融机构认可。在如此紧迫的时间内，金川面临着中资银行和南非银行之间跨国、跨行间的沟通与协调等一系列障碍。

4.2 汇率风险

外汇风险（Currency Risk）是指一个经营实体或个人以外币计价的资产或负债，在国际经营中因外汇汇率波动而遭受损失或获得收益的可能性。在收购之前，金川就认识到了汇率风险。由于要约报价最终以兰特计价，而金川案在国内是美元保函，并且从提交正式要约到最后交割预计将需要数月时间。在此期间，兰特对美元的汇率波动将带来汇率风险，并且美元与南非兰特汇率的波动性历来较高。在向 Metorex 提出收购要约时，美元与南非兰特每日成交的高点低点相差在2%左右，在一些特殊的市场情况下，曾经超过6%~8%，对于本次近14亿美元的交易，汇率波动有可能引起2亿美元左右的变化，故必须规避汇率风险。

4.3 中国政府审批

在大多数发达国家本国企业进行海外并购并不需要通过政府部门的审批。按照我国相关法规跨国并购必须经国家发改委、商务部、国资委、外管局等部委的审批。此外该项收购还涉及商务部的反垄断审批,这是金川以前未曾遇到过的。由于政府审批具有不确定性,国外企业在考虑中国公司提出的并购条件时都非常看重中国政府审批。双方以协议方式明确了因政府审批导致交易失败而需支付的中止费。

【思考题】
1. 金川集团此次收购是否达到了预期目的?
2. 评述此次收购过程中金川集团所面临的外汇风险。

【资料来源】
[1] 高承君,孙平安,金川收购 Metorex 案例 [J]. 中国有色冶金,2014 (6).
[2] 顾其德,被金川收购的南非 Metorex 公司 [J]. 世界有色金属,2011 (11).
[3] 高承君,孙平安,金川收购 Metorex 与五矿资源收购案例比较 [J]. 中国矿业,2014 (2).
[4] 田秀兰,投融资平台在企业"走出去"中的相关问题研究—以大型国企金川集团为例 [J]. 西部金融,2012 (5).

潍柴动力收购德国凯傲集团

【理论链接】

跨国并购的动机

企业进行跨国并购的目的通常是为了实现利润的最大化,其直接动机主要有以下几个方面:利用东道国的自然资源、利用东道国廉价的人力资源、贴近市场、维持市场份额、转移污染。企业并购不仅仅由于某一个原因进行并购,实际的并购过程是一个多因素的综合平衡过程。

摘要: 德国当地时间2012年12月27日下午,山东重工潍柴动力股份有限公司(以下简称"潍柴动力")与世界知名工业叉车制造商和液压技术先进企业德国凯傲集团(以下简称"凯傲"),在威斯巴登成功完成交易。此次交易是中资企业有史以来在德国的最大一笔投资案的成功,从此,潍柴动力成为全球瞩目的焦点,并成功打入了国际市场。但是,这一行为到底对企业有多大帮助,能否实现企业预想的效果,是否能抵御国内经济市场低迷给企业所带来的影响还有待探究。

关键词: 潍柴动力;凯傲集团;战略动机

1. 并购双方介绍

1.1 潍柴动力

潍柴动力股份有限公司是中国综合实力最强的汽车和装备制造集团,近年来企业的顺利发展,使潍柴动力萌发了海外扩张野心。为继续扩大企业的竞争力和影响力,2012年1月10日,山东重工潍柴集团获得法拉帝75%的控股权,作为财务投资者的现有债权人,通过转股及2 500万欧元的现金投资,获得另外25%的股权,潍柴集团实现了对全球最大豪华游艇制造商——意大利法拉帝有限公司的绝对控股。2012年9月3日,潍柴动力股份有限公司又与德国凯傲集团(世界领先液压技术企业和全球第二大工业叉车制造商）在山东济南签署战略合作协议。这是迄今为止中国企业在德国最大的一起并购案例。至此，潍柴动力成为继KKR和高盛之后凯傲新的主要投资者。潍柴动力以自己出色的产品及先进的营业管理理念，不仅稳居国内同业市场的前列，同时拥有大量海外客户资源，逐步向外扩张。

虽然中国企业的跨国并购还处在起步和摸索阶段，但是潍柴动力的成功并购，使其在全球范围内优化资源配置，拓展海外市场，获取先进技术，大大提升自身的竞争实力和盈利能力，同时其并购经验也将被其他企业所借鉴。

1.2 凯傲集团

德国凯傲集团是仅次于日本丰田自动织机公司的世界第二大叉车制造商，年度营收达44亿欧元，其叉车品牌包括林德（Linde）、OM Still、Fenwick、宝骊（Baoli）与Voltas。目前，凯傲已经成为中国最大的外资叉车生产商，在江苏靖江和福建厦门拥有两家合资公司。

2. 并购过程

德国当地时间2012年12月27日下午，山东重工潍柴动力股份有限公司（以下简称"潍柴动力"）与世界知名工业叉车制造商和液压技术先进企业德国凯傲集团（以下简称"凯傲"），在威斯巴登成功完成交易。此次战略重组的成功将强化双方在欧洲市场上的工业基础，并为拓展亚太市场业务创造了机会，为未来双方的发展打造出一个共同的平台。

此次战略合作，潍柴动力的投资总额达7.38亿欧元，其中，4.67亿欧元将通过增资形式收购凯傲25%的股权，2.71亿欧元将从林德物料搬运有限公司收购其液压业务70%的股权。至此，潍柴动力成为继KKR和高盛之后凯傲新的主要投资者，这也是迄今为止中国企业在德国最大的一笔直接投资。

在现有买入期权规定下，潍柴动力有权在凯傲首次公开发行股票（IPO）前，增持凯傲股份至摊薄后全部股份的30%。除此之外，双方还达成共识，潍柴将有权在2013年6月30日之前或IPO完成后3个月内向凯傲现有股东购买股票，进一步增持凯傲3.3%的股份。如果潍柴拥有33.3%的凯傲股份，各方将合作确保潍柴拥有任命监事会主席的权利。

重组后，山东重工集团总经理及潍柴动力董事江奎将加入凯傲监事会。目前新成立的林德液压监事会由潍柴动力任命的3人和林德物料搬运有限公司任命的1人组成，其中江奎任监事会主席。此外，Jörg Ulrich等3人已被任命为林德液压管理委员会成员。

3. 并购动机

3.1 公司发展不景气

1998年总计欠债3亿元、累计亏损超过3亿元、账面上只有8万块钱的企业和半年没有发工资的员工,短短几年,潍柴就在董事长谭旭光的带领下,走出困境,起死回生。但随着市场需求的不断增加,扩充产能对于潍柴来说已刻不容缓,为了解决资金的束缚,潍柴动力把目光投向了资本市场。克服重重困难,董事长谭旭光于2004年3月在香港联交所敲响了潍柴上市的锣声,为潍柴募集资金14亿元,由此,潍柴也成为国内首家在港上市的发动机企业。

3.2 长期发展的需求

根据企业生命周期理论,每一个企业的产品都有一个开发、试制、成熟、衰退的过程。对于生产某一主导产品的企业,一方面可以不断地开发新品种以适应企业的产品生命周期;另一方面则可以制定较长远的发展战略,有意识地通过企业兼并的方式进行产品的转移。深谙企业发展之道的董事长谭旭光非常前瞻性地看到,若要在国际竞争中占得一席之地,潍柴不能只简单依靠自身的发展,而必须要在重卡行业拥有自己的整车厂,换股并购是企业的一项战略手段。2004年4月,随着湘火炬爆出濒临破产的新闻,谭旭光的机会也悄然来临,经过多方运作,2005年8月,董事长谭旭光以10.2338亿元收购了湘火炬28.12%的股权,成为第一大股东,成功拿下湘火炬,潍柴动力形成了拥有整车厂和完整重卡产业链的企业集团。此后,谭旭光在资本市场长袖善舞,风生水起。2006年8月,潍柴重组已经被ST的山东巨力,2007年4月,潍柴动力H股换股吸收合并湘火炬A股,回归A股市场,直接控股陕西重汽、法士特等原湘火炬旗下的核心资产。企业通过并购之后发展速度成倍增长,这说明并购是一个适合潍柴动力的发展方向。

3.3 顺应时代发展的自身创新

随着并购市场的持续升温,换股并购以其不需支付大额交易资金、易为双方股东接受等特点而备受青睐。然而作为上市公司,潍柴动力具备良好的资本市场条件,与其他某些企业相比已经具有地位优势,因此,潍柴动力总结换股并购的成功经验,更进一步进行海外并购,成就了中资企业有史以来在德国的最大一笔投资案。

并购后能否成功,并不仅限于资金的充裕,而在于充足的准备。一方面,向海外政府、媒体、社区和并购目标公司职员陈述如何保护当地就业以及知识产权;另一方面,以当前国内外的经济政策和经济环境,结合自身情况积极学习西方的经营管理模式、财务体系、人力资源管理、市场定位以及科技的研发,从而达到互惠互利。

4. 并购影响

该战略合作对于潍柴动力而言,使其成功迈出了其全球化战略布局的重要一步。通过此次交易,潍柴动力进入了全球领先的叉车和高端液压领域,这将有助于其产品结构的调整和产业的全面升级。同时,液压控制系统是制约我国装备制造业发展最突出的"瓶颈",潍柴动力掌握高端液压技术,将有助于打破液压制造长期被国外大公司垄断的格局,改变我国高端液压产品长期依赖进口的现状,并将助推我国工程机械产业升级,实现向价值链高端拓展。

重组后的凯傲,将借力潍柴动力强大的本土实力及丰富的网络资源,迅速进入高增长的亚洲市场,同时,也将受惠于潍柴动力在中国和欧洲的广泛的供应商体系。剥离后的液压业务将以一家名为林德液压的独立新公司进行运营和管理,1 400多名员工全部同意转移到新公司,产品将继续沿用 Linde 商标。凭借与潍柴在产品和技术上的互补性,林德液压业务将得以充分利用尚未开发的市场潜力,进军新的市场,特别是高增长的亚洲市场。

【思考题】
1. 从企业发展的战略动机角度,谈谈潍柴动力此次收购的目的。
2. 潍柴动力并购德国凯傲集团的优势有哪些?
3. 潍柴动力并购德国凯傲集团对国内其他民营企业哪些启示?

【资料来源】
[1] 朱禹霖. 浅析中资企业潍柴动力的并购之路 [J]. 公司与产业, 2014 (23).
[2] 高凤艳. 潍柴动力与凯傲集团完成交易 [J]. 大视界, 2013 (2).
[3] 蔡海霄. 重拳出击——潍柴动力 7.38 亿欧元入股德国凯傲 [J]. 机械广场, 2012 (17).
[4] 石强. 解构潍柴动力与凯傲集团的交易.

中国工商银行并购美国东亚银行

> 【理论链接】
> 跨国银行
> 跨国银行（Transnational Bank）是指以国内银行为基础，同时在海外拥有或控制着分支机构，并通过这些分支机构从事多种多样的国际业务，实现其全球性经营战略目标的超级银行。跨国银行的基本特征主要表现为四个方面：拥有广泛的国际网络、经营广泛的国际业务、从全球目标出发采用全球经营战略、实行集中统一的控制。

> **摘要：** 面对全球金融服务市场开放的竞争格局，需加快我国银行国际化经营的步伐。并购是银行提升综合能力和国际化水平的有效手段，也是进行全球扩张和增强核心竞争力的战略手段。我国金融业逐步开放、资本实力逐渐加强，银行的战略也从"引进来"向"引进来"和"走出去"相结合转变。本案例以中国工商银行并购美国东亚银行为例，从并购能力出发，通过市场反应和财务绩效研究其价值创造，并为我国商业银行提升并购能力和完善学习机制提出了建议。
> **关键词：** 跨国银行；工商银行；并购；东亚银行

1. 并购双方

1.1 中国工商银行

中国工商银行成立于1984年，是中国五大银行之首，世界500强企业之一，拥有中国最大的客户群，是中国最大的商业银行，并通过持续努力和稳健发展，迈入了世界领先大银行行列，拥有优质的客户基础、多元的业务结构、强劲的创新能力和市场竞争力。业务跨越六大洲，境外网络扩展至41个国家和地区，通过17 122个境内机构、338个境外机构和2 007个代理行以及网上银行、电话银行和自助银行等分销渠道，向509万公司客户和4.65亿个人客户提供广泛的金融产品和服务，形成了以商业银行为主体，综合化、国际化、信息化的经营格局，继续保持国内市场领先地位。2014年，获评英国《银行家》"全球最佳银行"，蝉联《银行家》全球1 000家大银行榜首及美国《福布斯》杂志全球企业2 000强，是全球最大企业。

1.2 美国东亚银行

东亚银行于1918年在香港成立，一直致力为香港、中国内地及世界其他市场的客户，提供全面的零售及商业银行服务。东亚银行是香港最大的独立本地银行，于2013年12月31日的综合资产总额达港币7 540亿元（972亿美元）。东亚银行于2001年收购大兴银行，扩展美国西岸的银行业务，并于2002年将此附属银行更名为美国东亚银行，2003年，将美国东亚银行总行由加州迁往纽约，并于纽约市开设首间分行。美国东亚银行是香港东亚银行在美国的分行，共有13间，主要经营零售银行、商业银行、贸易融资等传统银行业务。截至2010年9月30日，美国东亚银行的资产总额为7.17亿美元。

2. 并购过程

2011年1月23日，中国工商银行与东亚银行在港联合宣布，双方就美国东亚银行股权买卖交易达成协议，并于21日在芝加哥签署了协议。根据协议，工行将以1.4亿美元的价格收购美国东亚银行80%的股权，东亚银行持有剩余20%的股权。

东亚银行在一份声明中说，东亚银行还拥有卖出期权，可在此次交易完成后，按双方协议约定的条款和日期，将其剩余股份转让给工行。交易完成后，工行将负责美国东亚银行的营运和管理。

此次交易是双赢的选择。收购美国东亚银行80%股权，将使工行获得美国商业银行牌照，填补工行在美零售银行牌照的空白，进一步拓展在美国的机构和业务网络，提升工行在美机构的经营实力。此次收购是中资银行对美国商业银行的第一次控股权收购，战略意义突出。

2012年7月6日，中国工商银行与东亚银行在北京完成了收购美国东亚银行80%股权交易的交割，正式控股美国东亚银行。

3. 并购动机

中国工商银行股份有限公司作为跨国银行，它所实施的一系列并购，其重要目标就是通过海外分支机构从事多种多样的国际业务，逐步实现其全球性经营目标。分析此项收购，其并购动因主要有以下几个方面。

3.1 突破准入壁垒，获得经营牌照

商业银行在进入国外市场时，往往会受到东道国监管当局的对于市场准入的一些限制，目前世界各国对外国银行在本国开设营业性分支机构的监管要求呈现出日益严格的趋势，尤其是欧美各国，对外国银行设立分行设置了层层政策障碍或技术壁垒。长期以来，美国监管当局对中国银行业的监管能力存在质疑，要求全面的评估中国银监会的金融监管能力，并将评估结果作为中国商业银行在美国设立分行的前提。工商银行1997年就在美国纽约设立了代表处，但是一直到2008年才获得美联储批准，将代表处升级为纽约分行，突破准入壁垒的艰辛程度可见一斑。而工行通过收购美国东亚银行股权，获得了控股经营权，得到了美国零售银行牌照，在纽约和加州开设分行。

3.2 节约成本，承接原有客户资源和市场份额

目前，全世界大部分经济发达地区的银行业市场已出现饱和，国际大型银行对于全球的战略布局基本已经完成，中资银行想要在海外新设分支机构，不但需要投入大量精力、时间和成本，还不一定能够达到理想的规模。设立银行网点是个系统工程，工作人员的招聘和培训，新团队的磨合，网点的选址，客户关系的建立等问题都不是一朝一夕能解决的，银行基本无法在短时期内迅速设立大量的分支机构。而通过并购方式，被并购银行的营业网点、组织架构和大部分员工均可以直接加以利用，这为银行节约了大量时间和成本。

3.3 实现规模经济效应

在境外设立单点式的分行难以产生规模效应，使得近年来中资银行海外资产和收益在全行的占比始终无法提高。而通过海外并购接收目标银行后，能够实现资产负债规模的增长，机构网点的扩大，边际成本和单位成本下降从而呈现利润的增长，即产生了规模经济效应。银行海外并购一方面实现了区位互补；另一方面也实现了经营业务的互补，在降低经营成本、管理成本的同时，扩大了市场和业务范围，促进了规模经济的提高。

4. 并购战略意义

此次收购是中资银行对美国商业银行的第一次控股权收购，具有突出的战略意义。收购美国东亚银行80%股权，将帮助工商银行成为继中国银行后，第二家进军美国零售银行市场的中资银行，填补工商银行在美国零售银行牌照的空

白，进一步拓展在美国的机构和业务网络，提升工商银行在美机构的经营实力。在此之前，工商银行纽约分行在美国因为没有牌照不能涉足零售银行业务，只能开展批发银行式的批发融资和商业借贷业务，这次并购的成功使工商银行可以进入美国的中小型商业贷款市场和消费者存贷款市场，为中资银行提升对美国客户的金融服务水平奠定了重要的基础。

此次美联储批准工商银行并购美国东亚银行意味着美联储对中国银行监管体系的认可，还可能影响全球其他国家监管部门的决定，对中资银行来说是一个重大的里程碑。

5. 并购经验与启示

工行进行海外并购的目标市场主要是新兴市场，并购对象在当地都具有雄厚的实力。对于我国商业银行的海外并购，宜采用由近及远的战略。将目标市场定位于新兴市场，是因为新兴市场的并购难度较低，并且具有良好的成长性和发展潜力，对未来银行的长远发展有着重要的意义。并购对象宜选取资产质量良好，业务覆盖范围广的银行，当发生并购行为后，这点对并购双方都非常有利，可实现资源共享、互补共进，还有利于并购方提高资本充足率，从而优化资产质量。在制定并购方案时，必须做好充分的前期调查研究和分析论证，减少并购成本，实现效益最大化。

海外并购的确能提升商业银行自身的国际竞争力、扩大海外市场，产生业务互补、降低经营风险、改善资产质量等积极效应，但由于受到政治、文化等因素的不确定性影响，也可能带来各种风险，诸如加剧市场竞争压力，导致银行经营成本增加。因此，政府必须加强对商业银行海外并购活动的管制，以维护金融体系的安全有效运行，避免商业银行进行盲目性的海外并购，以及因此产生的金融风险。

【思考题】
1. 分析中国工商银行并购美国东亚银行所具备的优势。
2. 此次并购交易是一个"双赢"的选择，"双赢"体现在哪些方面？
3. 说明此次并购对中国商业银行"走出去"具有哪些借鉴意义？

【资料来源】
[1] 胡挺，陆昭怡. 并购能力与价值创造——工商银行连续并购东亚银行的经验证据 [J]. 华东经济管理，2013 (7).
[2] 工商银行. 工商银行与东亚银行就美国东亚银行股权买卖交易完成交割

[J]. 云岭金融速览, 2012 (8).

[3] 中国工商银行管理信息部课题组. 中国工商银行核心竞争力的国际比较[J]. 金融论坛, 2011.

[4] 林伟华. 我国商业银行海外并购绩效研究——以工商银行并购加拿大东亚银行为例 [J]. 金融, 2014.

[5] 曾玥. 中资银行海外并购战略研究——以工行并购美国东亚银行为例[D]. 西南财经大学硕士论文, 2013.

吉利收购沃尔沃

【理论链接】

经营风险

经营风险（Operating Risk）指在商品（包括物质产品和非物质类产品）的生产和销售过程中，由于市场条件和生产技术的变化而给企业可能带来损失的风险。经营风险由价格风险、销售风险、财务风险、人事风险及技术风险等组成。价格风险是由于国际市场上行情变动引起的价格变动，而使企业蒙受损失的可能性；销售风险是指产品销售发生困难而给企业带来的风险；财务风险是指整个企业经营中遇到入不敷出，现金周转不灵，债台高筑而不能按期偿还的风险；人事风险是指企业在人员招聘、经理任命过程中存在的风险；技术风险是指开发新技术的高昂费用，新技术与企业原有技术的兼容性及新技术的实用性如何都可能给企业带来一定的风险。

摘要：2008年金融危机肆虐全球，欧美发达国家汽车市场大幅滑坡，而中国制造的自主品牌却加紧自己的海外收购步伐，大举进军国际知名品牌市场，力求规避技术壁垒和提高产品国际竞争力。2010年吉利并购沃尔沃成为全球汽车领域的惊人之举。吉利在获取品牌、技术、营销团队和供应商体系等创造性资产的同时也面临着众多的风险与挑战。

关键词：跨国并购；吉利；沃尔沃；经营风险

1. 并购方介绍

1.1 浙江吉利控股集团

浙江吉利控股集团始建于1986年，1997年进入汽车产业，专注于技术创新和人才培养，取得了飞速发展。现资产总值已超过千亿元，是国家"创新型企业"和"国家汽车整车出口基地企业"。吉利汽车集团现有员工18 000余人，其中工程技术人员4 700余人。拥有院士3名、外国专家数百名，在册博士60余名、硕士800余名、高级工程师及研究员级高级工程师数百名;有6人入选国家"千人计划",成为拥有"千人计划"高端人才最多的民营企业。吉利汽车集团在浙江杭州建有研究院,形成完备的整车、发动机、变速器和汽车电子电器的开发能力,在中国上海、瑞典哥德堡、西班牙巴塞罗那、美国加州设立了造型设计中心,构建了全球造型设计体系,在瑞典哥德堡设立了吉利汽车欧洲研发中心(CEVT),打造具有全球竞争力的中级车模块化基础架构。本着"总体跟随、局部超越、重点突破、招贤纳士、合纵连横、后来居上"的发展战略和"快乐人生,吉利相伴"的核心价值理念,浙江吉利控股集团将坚持走科技创新的道路,发挥团队智慧,打造有影响力和竞争力、受人尊敬的世界500强汽车企业集团。

1.2 沃尔沃汽车公司

沃尔沃汽车公司是北欧最大的汽车企业,也是瑞典最大的工业企业集团,世界20大汽车公司之一。创立于1924年,创始人是古斯塔夫·拉尔松和阿萨尔·加布里尔松。沃尔沃汽车以质量和性能优异在北欧享有很高声誉,特别是安全系统方面,沃尔沃汽车公司更有其独到之处。美国公路损失资料研究所曾评比过10种最安全的汽车,沃尔沃荣登榜首。到1937年,公司汽车年产量已达1万辆。随后,它的业务逐渐向生产资料和生活资料、能源产品等多领域发展,一跃成为北欧最大的公司。沃尔沃于1999年被福特公司以64亿美元收购。然而,10年过去,沃尔沃并没有给福特带来预期中的利润,销售额不断下滑。

2. 并购过程

2.1 收购准备

吉利从2002年开始就已经关注沃尔沃了,正式跟福特进行沟通也将近3年多。2008年底,吉利首次向福特提交竞购建议书,这份花了整整一年时间精心制作的建议书给福特留下了良好的第一印象。2009年10月28日,福特宣布吉利成为沃尔沃的首选竞购方。

2.2 收购清单

(1) 1个品牌:吉利将100%拥有沃尔沃品牌。
(2) 9个系列产品:包括S40、S60、S80、C30、C70、XC60、XC90、V50、V70,这是沃尔沃在全球范围内销售的所有车型。
(3) 3个车型平台:P1、P2和P24平台。P1平台生产紧凑型轿车,包括S40、C30、C70、V50系列车型。P2平台生产大中型轿车,包括S60、XC90系列车型。P24 平台是 P2 平台的升级版本，生产 S80、XC60、V70 系列车型。

（4）核心知识产权使用权：吉利将通过沃尔沃拥有其关键技术及知识产权的所有权，并拥有大量知识产权的使用权，包括沃尔沃在安全和环保方面的知识产权。

（5）全球销售和服务网络：沃尔沃拥有分布在全球 100 多个国家和地区的 2 400 多家销售和服务网点，并且 90% 分布在欧洲和北美市场。

（6）境外工厂和研发人员：吉利将保留沃尔沃在瑞典和比利时现有的工厂，并承诺沃尔沃瑞典总部和研发不变，工厂不裁员。

（7）重要的供应商体系：供应商体系是保证未来打上中国标签的沃尔沃在生产、品质等各方面的质量保障。吉利在与福特的收购协议中，包括了与福特、沃尔沃一起稳固原有供应商合作关系的条款。

（8）福特汽车提供技术支持：为确保剥离过程平稳完成，在过渡期间，作为交易的一部分，福特汽车也已承诺会在技术方面提供支持。

2.3 资金来源

吉利收购沃尔沃的标的价格为 18 亿美元，加上后续发展需要的流动资金，共需要 27 亿美元，国内和国外融资比例约为 1∶1。国内资金中 50% 以上是吉利自有资金，其余是中国主权银行的并购资金。国外资金则来自于美国、欧洲及中国香港。

2.4 收购成功

2010 年 3 月 28 日，浙江吉利控股集团和福特汽车公司签署了股权收购协议，吉利以 18 亿美元收购沃尔沃 100% 股权。除了股权收购，还涉及沃尔沃、吉利和福特三方之间在知识产权、零部件供应和发方面达成的重要条款。2010 年 8 月 2 日，吉利董事长李书福和福特首席财务官刘易斯·布思在英国伦敦共同出席交割仪式，至此，浙江吉利控股集团已经完成对福特汽车公司旗下沃尔沃汽车公司的全部股权收购。

3. 并购动机

2009 年，沃尔沃在金融危机中受到重创，财务出现危机，其 2008 年的销量和盈利急速下滑，甚至出现巨额亏损，成为其东家福特汽车的巨大包袱。但沃尔沃仍以其核心技术、知识产权及先进设施吸引了众多竞购方，而最被看重的则是其遍布全球的销售渠道，沃尔沃的销售网几乎覆盖了除澳洲和非洲外的各个地域。因此陷入危机的沃尔沃成为被收购的最佳对象。深入分析此项并购，吉利并购动机主要有以下几个方面。

（1）从收购标的上看：根据洛希尔的评估，目前沃尔沃的净资产超过15亿美元，品牌价值接近百亿美元。1999年福特出资64.5亿美元收购了沃尔沃，如今吉利从福特手中收购沃尔沃的标的价格才18亿美元，而最终成交价格仅为15.5亿美元。福特可谓是赔本大甩卖。

（2）从品牌价值上看：作为与奔驰、宝马、奥迪齐名的国际豪华汽车品牌，沃尔沃的品牌价值远远超过萨博。吉利成功收购沃尔沃，将利用沃尔沃的高端品牌形象提升吉利的整体形象，并通过品牌移植来提升吉利的自主品牌价值，最终形成能够参与国内外竞争的高端民族品牌。

（3）从技术能力上看：沃尔沃是一家具备造血和持续发展的公司，拥有高素质研发人才队伍，具备低碳经济发展能力，在汽车主、被动安全领域拥有一系列领先技术，具有生产豪华车型的技术体系能力，这些正是吉利所缺乏并孜孜以求的。

（4）从广告效应上看：吉利"蛇吞象"般成功收购沃尔沃的巨大"广告效应"，是任何一个其他形式的"广告"所无法比拟的，一次收购，让全世界对吉利刮目相看。

（5）从未来发展上看：快速成长的中国汽车消费市场以及沃尔沃分布全球的销售和服务网络，为"吉—沃"的双赢提供了极大可能，有了"新大陆"，就会有发展空间，有了"新水域"，就可以航行巨轮。

（6）从影响效应上看：吉利成功收购沃尔沃除了给企业自身带来利益之外，也必然会给中国汽车产业的发展带来裨益，一是给中国汽车民族品牌以鼓舞效应，二是给中国企业进军国际市场以示范效应。

4. 并购后的风险

经营风险指在商品（包括物质产品和非物质类产品）的生产和销售过程中，由于市场条件和生产技术的变化而给企业可能带来损失的风险。经营风险一般有价格风险、销售风险、财务风险、人事风险、技术风险组成。吉利并购沃尔沃的经营风险主要包括以下几个方面。

4.1 品牌维护风险

沃尔沃是高端品牌，吉利并购沃尔沃之后，为降低成本，将实现沃尔沃部分国产化，可能会因为吉利的低端品牌形象影响到沃尔沃的高端品牌形象，或者使消费者对沃尔沃的质量产生怀疑。维护沃尔沃的品牌形象是吉利面临的最大挑战。此外维持沃尔沃品牌原有的客户忠诚度也是吉利面临的又一挑战。

4.2 关键技术的吸收和转化风险

在技术的吸收与转化的过程中存在很多较为复杂问题。首先,吉利并购沃尔沃100%的股权,将拥有其关键技术及知识产权的所有权。但受法律制约,沃尔沃的相关技术只有很少一部分可用于吉利汽车,所涉及的专利门类非常多,而涉及的法律问题也极其复杂。其次,由于吉利收购DSI变速箱生产厂后将工作重点放在了已有技术的国产化上,即便成功获得了先进的技术,后续的消化吸收与自主研发难度也较大。

4.3 企业文化融合及工会关系处理风险

历经80多年的发展,沃尔沃已形成了成熟的企业文化和管理机制,而吉利是一个仅有25年发展历史的民营企业,两者在企业文化和人事制度上存在巨大差异。瑞典的社会福利水平远高于中国,如按当地法律规定,为沃尔沃工作的瑞典工人的平均月薪必须在2万瑞典克朗以上,相当于我国同行业员工工资的6~8倍。相对于技术融合,吉利与沃尔沃之间企业文化融合难度会更大。

4.4 财务风险

为了收购沃尔沃,吉利可谓尽了全力,交易额为吉利2009年纯利润的近10倍,而且沃尔沃公司本身已负债累累,18亿美元的签约资金只是一个开始,其未来投资还存在很大的不确定性,未来的重组成本可能超出预算。如果在未来一段时期内,吉利不能实现这些资本的回报率,必将给其运营带来障碍。吉利收购沃尔沃成功的关键就是融资,其本身是一个规模庞大的杠杆收购,过高的杠杆率成为吉利并购过程中备受质疑的原因之一。这笔庞大资金极有可能从此拖累吉利。此外沃尔沃的高薪员工工资和退休员工养老金这项巨大的隐形支出、中外财务系统不匹配、汇率风险以及融资成本,还可能使吉利面临相关财务风险。

5. 值得思考的问题

由于资金实力单薄、企业规模有限,民营企业"走出去"一直很难取得国内外金融机构的支持。但吉利却成功获得投行的青睐,资金缺口问题因此迎刃而解,吉利赢得投行界两大巨头为其全程护航,其背后的经验对民营企业海外并购意义重大。

第一,企业领导人的魄力是吸引投行的关键。洛希尔集团大中华区负责人对吉利董事长李书福的评价是"执着、坚毅、认定了目标就要达到"。正是这种精神使得洛希尔董事会放弃代理另一家欧洲公司竞购沃尔沃,而选择了吉利。另外，强大的团队凝聚力也是得到投行青睐并维持长期合作关系的主要因素之一。

第二，知己知彼者是投行的优先考虑对象。洛希尔与高盛不打无把握的仗，这在业内众所周知。吉利在世界上名不见经传，之所以能吸引到两大金融巨头与之合作，除了企业领导人的魄力之外，还在于吉利在收购战之前长达7年的充分准备，这样知己知彼的战略规划也是最终吸引到投行的重要原因。

总体来说，尽管危机后中国有越来越多的民营企业走出去，但民营企业的海外并购还有很长的路需要走，随着中国对民营企业的支持力度越来越大，未来民营企业在海外并购中的竞争力将有明显提升。

【思考题】

1. 以此次收购为例，谈谈收购后经营风险应如何规避。
2. 吉利成功收购沃尔沃的影响因素有哪些？
3. 该案例对中国民营企业实施"走出去"战略有哪些启示？

【资料来源】

［1］刘书莲．并购对价与融资方式选择：控制权转移与风险承担——基于吉利并购沃尔沃案例分析［J］．投资研究，2011（7）．

［2］胡月秀，张建新．吉利并购沃尔沃案例分析——基于创造性资产视角［J］．对外经贸，2012（2）．

［3］张艳艳，周杏英．吉利收购沃尔沃案例的跨文化管理分析［J］．经济研究导刊，2012（8）．

［4］任潇潇．危机后中国民营企业海外并购机遇——基于吉利收购沃尔沃的案例分析［J］．时代金融旬刊，2011（5）．

［5］时海涛，于峰．吉利收购沃尔沃案例分析［J］．江苏商论，2011（8）．

中国平安收购富通集团

> 【理论链接】
> 国有化风险
> 国有化风险是国际投资政治风险中的一种。国有化风险是指在东道国对国外资本实行国有化、征用或没收政策而给外国投资者造成经济损失。国有化是东道国政府接管某个行业中的所有私有企业;征用是东道国政府对某个行业中的个别外国企业进行接管;没收是在没有任何补偿条件东道国政府占有外国企业的全部资产。这种风险主要是发生在政治不稳定和政策易变的国家和地区。

> **摘要:** 全球金融危机使很多西方金融机构实力被严重削弱,但却使中国金融企业由此获得了通过海外并购"走向全球"空前难得的机遇。但是如何把握机遇,理性地制定自己的海外投资战略,是迫切需要研究和思考的问题。本案例以中国平安保险收购荷兰—比利时富通集团的败局为例,分析了收购败局出现的原因和形成的过程,提出了中国金融领域实行跨国并购的战略切入点和对策。
>
> **关键词:** 国有化风险;平安保险;富通集团

1. 并购双方介绍

1.1 中国平安保险(集团)股份有限公司

中国平安保险(集团)股份有限公司(以下简称"中国平安")于1988年诞生于深圳蛇口,是中国第一家股份制保险企业,至今已发展成为融保险、银行、投资三大主营业务为一体、传统金融与非传统金融并行发展的个人综合金融服务集团。公司为香港联合交易所主板及上海证券交易所两地上市公司。中国平安致力于成为国际领先的个人金融生活服务提供商,构建以保险、银行、投资为支柱的传统业务体系,坚持传统金融和非传统金融业务共同发展。传统业务方面,积极落实"金融超市,客户迁徙"两项核心工作;非传统业务方面,大力推动创新工程,将金融服务融入客户"医、食、住、行、玩"的各项生活场景,打造"一个客户、一个账户、多个产品、一站式服务"的综合金融服务平台,为客户创造"专业,让生活更简单"的品牌体验,获得持续的利润增长,向股东提供长期稳定的价值回报。

1.2 富通集团

富通集团(Ageas)是国际保险公司,拥有超过180年丰富保险经验,属于欧洲20大保险公司之一。业务集中于占全球保险业最大份额的欧洲及亚洲市场,旗下设4个分部为比利时、英国、欧洲和亚洲,并通过全资拥有附属公司及与各地强大的金融机构结成的伙伴网络,服务全球。

2. 并购过程

中国平安保险的前身为"深圳平安保险公司"成立于1988年3月,当时注册资金只有5 312万元,1992年6月经国务院批准,更名为"中国平安保险公司"。到2003年2月又批准更名为"中国平安保险(集团)股份有限公司"。经过20年的风雨征战,中国平安形成了以保险为核心,兼营证券、信托和银行等多元金融业务的综合金融服务集团。其2007年的总资产达到了6 511.04亿元,被广泛认定为最有潜质挑战西方的中国金融公司之一。

2006年底开始,中国平安与富通集团接触,经过近一年的考察后,平安决策层认为,收购富通,前景光明。因为根据本次收购的独立财务投资顾问摩根大通测算,富通成立17年来,平均分红率超过了6.5%,如果这一业绩持续下去,投资富通无疑只赚不赔。

2007年10月,平安直接进入二级股市陆续买入富通股票,当年11月,平安即宣布以196亿元人民币(约合18.1亿欧元)购入了富通集团的9 501万股股份(占富通集团总股本4.18%),后增持股权至4.99%,成为富通集团单一的第一大股东。

2008年4月,富通以每股1.18欧元进行分红,平安不到半年便获得5 600万欧元的分红,一切看上去都很完美。而此时,富通集团为了收购荷兰银行,公布要增发130亿欧元来弥补资金短缺,平安并不满足入股富通集团,2008年4月2日,平安与富通银行还签订了一份收购新协议,平安公司以2.15亿欧元自有资金投资富通银行,持有富通投资管理公司(吸收合并荷兰旗下的资产管理公司)的100万股股权,约占富通投资总股本的50%。由此造成股价迅速下跌。6月,富通被逼无奈,宣布进行83亿欧元的增发,这等于直接削弱了平安的持股比例。

而此时平安要保持大股东的地位,又不得不再次斥资 7 500 万欧元,购买了增发股票的 5%。这样,中国平安共持有富通 1.21 亿股,总投资成本高达 238 亿元人民币。

2008 年 10 月 3 日,荷兰政府斥资 168 亿欧元收购原荷兰银行在内的原富通全部在荷业务,并予以国有化,10 月 5 日,比利时政府与巴黎银行达成一项股权互换协议,使得富通在比利时和卢森堡的业务也被完全剥离。在这种情况下,中国平安不得不宣布 157 亿元亏损计提,并放弃与富通共同建立管理公司的计划。富通集团的股市价格已由平安进入时的均价 19 欧元下跌至 2008 年 10 月 29 日收市时的 0.85 欧元,中国平安 238 亿元的投资,已亏掉 95%。

中国平安的此次收购遭遇到了政治风险,2008 年 10 月 3 日,荷兰政府斥资 168 亿欧元收购原荷兰银行在内的原富通全部在荷业务,并予以国有化,这是平安保险收购富通最终失败的一个重要原因。

3. 并购动机

3.1 寻找长期的稳定收益,优化资本结构

中国平安有 300 亿元左右的老保单,保单年限长达几十年,平均利息高达 7% 左右,老保单作为长期负债侵蚀着公司整体资产利益。目前,中国保险市场进入成熟期,每年新增保费相对市场发展初期有较大下滑,使公司现金流放缓,如果保险公司长期资产的收益没有保证,便无异于一场灾难。所以,中国平安必须寻找一种能为公司带来稳定收益的长期投资。显然,目前的中国金融市场还不能满足中国平安对长期稳定投资收益的要求。恰好富通似乎能够满足中国平安的投资要求。过去 17 年中富通平均分红率超过 6.5%,如果这样的分红能够持续,就能够实现中国平安寻求稳定长期收益、优化资本结构的投资目标。从这一角度来看,富通是中国平安海外投资的理想对象。

3.2 投资成本极具吸引力

中国平安锁定富通作为投资目标近 1 年时间里,富通股价已经从最高 40 欧元下行到 25 欧元左右,放在中国平安面前的是一个 1.1 倍净资产、5 倍市盈率的公司。而当时国内银行股对应的数据分别是 3~5 倍和 20 倍左右,即便在香港市场,银行股的净资产和市盈率也在 1.5 倍和 10 倍以上。毫无疑问,从基本技术数据看,中国平安投资富通应该是个理性的选择。

3.3 欲借富通综合金融平台增强自身竞争力

中国平安和富通拥有广阔的合作领域,中国平安有意通过该投资快速建立全

球资产管理及QDII（合格境内机构投资者）的业务平台，利用双方极具竞争力的分销网络，将业务延伸到全球各主要金融市场。2007年10月，由苏格兰皇家银行、西班牙国际银行和富通组成的财团以700多亿欧元的价格成功收购荷兰银行。其中，富通出资200多亿欧元，获得了荷兰银行资产管理业务，而荷兰银行资产管理业务是荷兰银行最优质的业务，这同样时中国平安急需配置的短板。

可以看出，中国平安在投资前进行了一番可行性分析，投资目标明确。中国平安在报表中披露：投资富通是本公司探索海外偷袭所作出的理性投资决策，但由于百年一遇的全球性金融风暴冲击，导致平安出现巨额投资亏损。

4. 收购失败的原因分析

中国平安投资收购富通集团以及与富通银行共建富通投资管理公司，当初对双方来说，都被认为是一局好棋，同时也受到外界或媒体追捧。为什么仅仅10个月，这局被平安认为前途无量的好棋会演变为收购"败局"？究其原因，至少有以下几方面的因素。

4.1 收购信息获取的不对称或不真实

尽管平安在收购之前进行了差不多一年的考察，还聘请摩根大通作为独家财务投资顾问进行评估，但获取的信息并不对称，正面的信息多，负面的信息少，有些重要的信息甚至向投资者隐瞒了。比如，富通集团本来有大量资产涉及美国次级债务，包括12 300万欧元的债务抵押债券（CDO）和贷款抵押债券（CLO），但富通却向所有人隐瞒了其垃圾债券的危害，直到东窗事发，其40亿欧元的亏空才公之于世。

4.2 收购目标的选择不适当或不实际

平安集团向海外发展并没有错，但这次投资收购富通的目标定得太高，想借富通投资这一平台迅速成长为国际资产管理的集团公司，是很不实际的目标。事实上，平安与富通之间并不存在互补优势，富通集团本身的定位就混乱，它不会也更不可能成为平安的走向海外的平台或者"垫脚石"。由于收购目标不切实际，失败也是迟早的事。

4.3 收购决策的判断不正确或不合时

平安之所以在2007年10月就动手收购富通，主要因为看中了富通股票的"优质低价"。平安高层考察以后，认为富通股价已经从40欧元降至19欧元左右，这是一个已经没有泡沫的1.1倍净资产、5倍市盈率的优质股，投资富通是绝对的"理性"选择,也是抄底收购的最佳时机。事实上,当时正是富通危机形成的时候,因为2007年10月,富通银行决定联合其他两家银行,斥资710亿欧元收购荷兰银行,这样的巨额收购本身就有很大的不确定性,但平安高层认为这是富通强大的表现,前景一片光明,结果正是这次收购和全球危机的爆发,导致了富通集团的四分五裂,平安收购"败局"的出现也就不可避免。

5. 收购失败后的反思

(1) 金融领域的跨国并购要着眼于长远目标的发展。这次中国平安收购富通失败的一个重要因素,就是目标定得太高,反映了平安高层"急功近利"、"急于求成"的心态。平安集团如果早有自己在海外投资的长远发展目标,就不会在危机刚刚到来的时候便产生投资冲动,就不会把收购富通股份作为中国平安实现国际化的重要平台。

(2) 金融领域的跨国并购必须要清醒认识其投资风险的存在。与其他领域投资相比,金融领域的市场不确定因素多,利益关系复杂,相互整合的难度大,导致金融领域的跨国并购风险十分复杂和难以预料。近几年,我国金融企业的海外并购发展较快,有很多已经完成并购,但不等于已经成功。因为进入国外金融领域只是第一步,后面是不是还有陷阱,是不是会踏上"地雷",很难说,包括经营国际化程度较高的金融产品风险、企业文化差异整合风险、应对金融危机的风险等等,弄不好都会"翻船"。

(3) 金融领域的跨国并购必须要慎重选择和评估投资对象。海外并购的重要一步,就是首先要选好并购目标。特别是国际金融领域,寻找并购目标应该小心谨慎。中国金融企业的对外并购,必须要和自身的发展战略相一致,要有计划地通过搜寻,分析公司与行业的特点,锁定收购对象,评估其是否能推进自身的发展战略。

(4) 金融领域的并购必须要十分重视落子布局的方法或策略。金融领域的并购对象,因为国际化程度普遍较高,既涉及东道国的经济、政治和法制,更涉及多国产业发展和众多投资者的利益,绝不是买一个壳而已。花钱收购很简单,选择什么方式或策略,如何落子布局,如何赚钱就不是简单的事情了。因此,对于中国金融类公司来说,金融领域的海外并购都是一盘极具挑战性的棋局,以何种方式落子布局,用什么策略去满足全局战略的需要,都要经过深思熟虑,精心策划。

【思考题】
1. 什么是政治风险?政治风险有哪些类型?
2. 分析中国平安收购富通集团失败的原因。

【资料来源】

[1] 訾达,陈文兵.股权投资风险管理对策——基于"中国平安"投资"富通"失败的案例分析 [J].中国农村金融,2010 (12).

[2] 耿明英.平安保险收购富通的败局值得反思 [J].武汉金融,2010.

[3] 邵彬.平安"富通门"事件法律问题分析 [J].现代商贸工业,2009.

[4] 中国平安集团官网.网址 http://about.pingan.com/index.shtml.

[5] 许闲.一个不成功的海外投资案例分析 [J].银行家,2009 (4).

中国石化并购雷普索尔巴西子公司

【理论链接】
资源导向型投资

自然资源的短缺与不均衡的地理分布,将是制约世界经济发展的重要因素,也是促进国际直接投资发展的主要原因之一。跨国公司旨在东道国直接投资开发原料资源,为本国工业生产提供原料和燃料,或者供应出口到第三国,或者在东道国就地加工和销售,以期获得更高利润。

摘要:经济危机发生后,世界石油市场重新洗牌,给新兴国家的石油公司带来更大发展机遇,使其能够通过并购在短期内实现跨越式发展。中石化集团作为中国最大的石油和主要化工产品生产商和供应商,以71.09亿大手笔并购雷普索尔巴西子公司,此次并购不仅为公司带来利益,也为国内其他油气公司的收购提供了良好的借鉴。

关键词:中国石化;雷普索尔;自然资源导向型投资

1. 并购双方介绍

1.1 中国石油化工集团公司

中国石油化工集团公司是1998年7月国家在原中国石油化工总公司基础上重组成立的特大型石油石化企业集团,是国家独资设立的国有公司、国家授权投资的机构和国家控股公司。中国石化集团公司注册资本1 306亿元,总经理为法定代表人,总部设在北京。中国石化集团公司对其全资企业、控股企业、参股企业的有关国有资产行使资产受益、重大决策和选择管理者等出资人的权力,对国有资产依法进行经营、管理和监督,并相应承担保值增值责任。中国石化集团公司控股的中国石油化工股份有限公司先后于2000年10月和2001年8月在境外境内发行 H 股和 A 股,并分别在香港、纽约、伦敦和上海上市。目前,中国石化股份公司总股本 867 亿股,中国石化集团公司持股占 75.84%,外资股占 19.35%,境内公众股占 4.81%。中国石化集团公司主营业务范围包括:实业投资及投资管理;石油、天然气的勘探、开采、储运(含管道运输)、销售和综合利用;石油炼制;汽油、煤油、柴油的批发;石油化工及其他化工产品的生产、销售、储存、运输;石油石化工程的勘探设计、施工、建筑安装;石油石化设备检修维修;机电设备制造;技术及信息、替代能源产品的研究、开发、应用、咨询服务;自营和代理各类商品和技术的进出口(国家限定公司经营或禁止进出口的商品和技术除外)。中国石化集团公司在《财富》2010 年度全球 500 强企业中排名第 7 位。

1.2　雷普索尔

雷普索尔公司成立于 1987 年 9 月,是西班牙最大的工业公司,其经营业务包括勘探与生产、炼制与销售、化工、天然气四个方面。按国际通用的石油储量、石油产量、天然气储量、天然气产量、炼制能力、油品销售量六项指标综合测算,雷普索尔石油公司在世界石油公司中排名第 47 位。到 1998 年年底为止,该公司总资产达到 28 590 亿比塞塔(约为 217 亿美元),股东权益为 10 054 亿比塞塔(约为 76.28 亿美元),销售收入为 30 903 亿比塞塔(约为 234.5 亿美元),利润为 1 455 亿比塞塔(约为 11 亿美元)。公司拥有的油气净探明储量为 9.78 亿桶(合 1.34 亿吨)油当量,其中,66% 为石油(约为 0.88 亿吨),34% 为天然气(565 亿立方米)。1998 年的油气总产量为 9 055 万桶(约合 1 240 万吨)油当量,其中石油为 7 434 万桶(合 1 018 万吨),天然气为 973 亿立方英尺(约合 28 亿立方米),1998 年的石油加工量为 4 183 万吨,油品销售量为 3 958 万吨。雷普索尔公司自成立以来,在国内外的油气勘探开发活动一直非常活跃。该公司除在本国找到一部分油气田外,还在国外许多国家拥有自己的油田或勘探区块。

2. 并购过程

2010 年 8 月,为了资助其在海上油田的勘探和生产,西班牙石油巨头雷普索尔公司表示意愿出售其在巴西子公司拥有表决权的股份,Bancoitau BBA 银行成为其初次公开募股的牵头经办人。

2010 年 10 月 1 日,中国石化集团国际石油勘探开发有限公司与雷普索尔巴西公司达成确认性协议,将认购雷普索尔巴西公司的新增股份,认购后的股份比例为 40%。继中石化集团 2009 年以 72.4 亿美元将瑞士油气企业 Addax 石油公司揽入怀中之后,该公司又投入 71 亿美元收购西班牙雷普索尔公司在巴西当地的企业。股权收购完成后，双方成立的合资公司价值为177.73美元。

根据认购协议，双方共同开发巴西境内现有资产，同时允许双方在未来联合或独立参加新区块投标。Repsol 巴西子公司现参股的有多个巴西主要勘探盆地：Santos、Campos 和 Espirito Santo。Repsol 在声明中表示："Repsol 和中国石化之间的协议将帮助两家公司在已有项目开发中达成全面合作关系。"

2010年12月，国家发展改革委批准此项并购方案。

3. 并购动机

近年来，经济全球化的浪潮冲击南美地区。在新的石油国有化风潮中，拉美油气国有化引起了拉美跨国公司、欧洲跨国公司以及中国油企的关注，并强烈期望进入这些成熟区块的油气项目。可以说，南美是一个众多竞争者虎视眈眈的热点地区。在这样的背景下，中国石化与 Repsol 能达成此次交易，最主要的原因是 Repsol 缺乏资金。Repsol 巴西子公司当前持有巴西 Santos、Campos 和 Espirito 等油藏盆地股权。对于这些油田的投资规划，Repsol 表示："在这些项目上，2010～2014年最多将投资50亿美元，2015～2019年最多将投资90亿美元。"面对如此良机，中国石化绝不会吝惜真金白银，自然会果断出手。Repsol 表示："在中国石化的注资支持下，Repsol 巴西子公司将有足够资金开发其在巴西的所有现有项目，包括世界级的 Guara 及 Carioca 油田。"事实上，此次交易对于中国石化的互补性，也是不可小觑。

在南美诸国中，巴西是南美地区综合国力最强的大国，中国油企这次能够顺利进入该国油气领域，除了可以获取一定的油气资源外，还可以通过这些大型海上项目，从跨国油企学习到不少深海勘探开采经验。巴西石油开采业之所以能向世界石油市场进军，有三张过硬的"牌"，其中之一就是处于世界领先地位的海上（特别是深水）勘探开发技术。潘继平博士认为："巴西石油上游领域勘探开采上，具备专业的海上作业队伍、先进的技术、丰富的国际经验以及资源前景，通过与强手合作来修炼自己，对中国石化来说，会带来很好的发展前途。"他进一步表示："更关键的是，中国企业作为股东参与巴西上游领域，尤其是将能够参与大型的深海油气项目，这不仅是中国油企进军巴西的一个极好由头，而且是中国石化介入南美地区深水油气区块开发的良好机会。"

尽管南美国家的政治、经济和能源的差异性很大，油气发展战略也各有特色，但也存在共同性，即都会努力发展海上油气勘探开发。在油价上涨而且勘探开采技术大幅提高的背景下，一旦具备丰富的南美区块深海勘探开采技术和经验后，中国油企将能更加顺利地参与南美地区其他国家的海上大型油气区块，这对中国石化来说，发展前景不可估量。

就相关业务产量的有效增长方面进行分析,在 2010 年并购完成当年,中石化新增原油可采储量 298 万吨,比上年同期增加 4.12%。虽然 2011 年小幅降至 280 万吨,但在 2012 年和 2013 年分别达到 323 万吨和 331 万吨,增势明显。在下游原油加工方面,至 2010 年底原油加工量 211.13 万吨,并在未来 3 年中持续增长。在成品油产出方面,以产出量最高的柴油为例,其产量由 2009 年的 68.86 万吨稳步上升至 2013 年的 77.4 万吨,5 年中实现 12% 的增长率。汽油产量也在五年内增长约 32.33%,而煤油产量实现了 67.76% 的最大增幅。

盈利能力方面,在 2010 年并购发生当年,中石化总资产报酬率为 11.90% 较 2009 年上涨 0.86 个百分点。而 2011 年后总资产报酬率连续三年下降,至 2013 年该项指标为 7.99%。可以认为在 2010 年的并购事件,给中石化在盈利能力上带来一定程度的增加,但这一状况并没有得到持续。净资产收益率 5 年持续下滑,由此可见,并购雷普索尔巴西子公司并没有给中石化在盈利方面带来显著增长,销售净利润也不断下降,虽然这一指标受到国际原油价格上涨影响,但也不能否认此项收购并没有在此情形下为销售端的盈利提供帮助。

偿债能力方面,资产负债率在 2009 年以后持续上涨至 2012 年,并达到 5 年数据的高位 55.86%。而流动比率在 2010 年为 77%,较上一年增长 0.14 个百分点,此后也进入连续三年的下降通道。速动比率趋势与流动比率大体相当,也是在 2010 年微幅上升后连续降低,虽然降幅不及流动比率显著,但其趋势也显示出中石化偿债能力走弱。在 2010 年中石化进行的多项并购中,并购雷普索尔巴西业务 71.09 亿美元的价格显然给中石化的偿债能力造成不小的负担,特别是现金收购的方式,使得债务率不断上升。

4. 并购后的思考

4.1 进军成熟市场

在金融危机的大背景下,中国企业积极寻求海外潜在优质并购对象,从而在技术经验、管理水平等方面取得长足的进步。特别是石油资源类产业的收购,更重要的是在于其对于上游供给端的控制力给国家政治话语权带来的优势。但是中国企业在"走出去"的过程中,也应该充分认识到在并购过程中由于参与企业所在国政治、经济政策等方面的差异,给并购造成的不利影响。石油企业近年来愈发倾向于参与欧美等发达国家石油企业的并购,这些国家有着更严厉的法律或是更苛刻的并购条件,会给并购带来困难。中石化收购雷普索尔巴西子公司这一案例,即是通过收购欧洲国家的南美市场的迂回战术达到最终进入欧洲成熟市场市场的战略目标。

4.2 转变支付方式

在本案例中，71.09亿元的高额收购依然采取了中国企业收购惯用的现金收购方式，这样的方式给企业的偿债能力造成不小的负担。对于国内石油企业的收购来说，若能够采取"现金+股票"的国际惯例支付方式或能够给并购后企业的整合和后续发展提供更多的可能性。采取单一的现金支付会不仅给企业造成流动性紧张及偿债压力，还会使并购对方企业面临一次性收益和较高的赋税。石油企业应该积极利用石油输出国的贷款，国际金融市场、货币市场贷款，或选择投行、私募股权基金等一起开展国际化业务。

【思考题】
1. 中国石油化工有限公司进行此次收购的目的是什么？
2. 如何评价中国石油企业国际化经营策略？

【资料来源】
[1] 李彦. 中石化并购雷普索尔案例分析 [J]. 现代经济信息，2014 (8).
[2] 张娥. 中国石化落子南美 [J]. 中国石油石化（半月刊），2011.
[3] 夏丽洪. 石油经济大事件 [J]. 国际石油经济，2010 (10).
[4] 王秀岩. 中国石油企业国际化经营战略研究 [D]. 哈尔滨工程大学博士论文，2007.

中投公司投资摩根士丹利

【理论链接】

国际债券

所谓国际债券（International Bond），是指各种国际机构、各国政府及企事业法人遵照一定的程序在国际金融市场上以外国货币为面值发行的债务融资凭证。国际债券的重要特征是发行者和投资者属于不同的国家，筹集的资金来源于国外金融市场。国际债券的发行和交易，既可用来平衡发行国的国际收支，也可用来为发行国政府或企业引入资金从事开发和生产。国际债券是一种跨国发行的债券，涉及两个或两个以上的国家，同国内债券相比，具有一定的特殊性：资金来源广、发行规模大、存在汇率风险、有国家主权保障及以自由兑换货币作为计量货币。

摘要： 次贷危机的爆发，为那些没有伤筋动骨的新兴市场国家机构投资者，包括中国的主权财富基金中投公司，提供了崭新的机遇和风险。如何克服次贷危机等外部因素带来的挑战，充分把握危机提供的机会，需要中投公司乃至中国政府认真思考。然而，中投公司投资摩根士丹利，看重的是其长期增长潜力，特别是在投资银行、资产管理等业务上的市场地位，面对次贷危机，中投公司的应对态度是非常积极的。

关键词： 中投公司；跨国投资；摩根士丹利；国际债券

1. 并购双方介绍

1.1 中投公司

2007 年 9 月 29 日，中国投资有限责任公司（简称中国投资公司、中投公司、CIC）成立。公司注册资本 15 500 亿元人民币（2 000 亿美元）。公司章程规定的经营范围为：境内外币债券等外币类金融产品投资；境外债券、股票、基金、衍生金融工具等金融产品投资；境内外股权投资；对外委托投资；委托金融机构进行贷款；外汇资产受托管理；发起设立股权投资基金及基金管理公司；国家有关部门批准的其他业务。

中投公司正式挂牌成立,标志着我国外汇管理体制的重大突破,中国主权财富基金正式成立。与以往的外汇储备管理相比,中投更趋向于主动性投资,追求相对较高的风险与盈利。中投董事长、财政部原常务副部长楼继伟在成立仪式上介绍,中投的目的是"拓展外汇运用渠道和方式,提高国家外汇资产经营收益"。至此,中国主权财富基金终于能以专门的外汇投资公司的形式走出去迎接机遇与挑战并存的国际资本市场。中投公司在境外主要投资于股权、固定收益和另类资产(另类资产主要包括私募股权投资、对冲基金和房地产投资等),投资区域涵盖发达国家市场和新兴国家市场。

1.2 摩根士丹利

摩根士丹利是一家全球领先的国际性金融服务公司,业务范围涵盖投资银行、证券、投资管理以及财富管理。公司在全球42个国家设有超过1 200家办事处。摩根士丹利在亚洲已经活跃了40多年,为客户提供全套的产品及全面的服务。除了香港和东京两个地区中心之外,公司还在北京、上海、珠海、台北、首尔、新加坡、曼谷、孟买、悉尼与墨尔本设有办事处。摩根士丹利是最早进入中国的投资银行之一,通过近20年的不懈努力,目前已实现了多元化的商业平台的构架,其中包括证券、商业银行、资产管理和信托平台。1995年,摩根士丹利与建行合资成立了中国首家国际化的投资银行中国国际金融有限公司;2006年10月,收购珠海南通银行100%股权,成立摩根士丹利国际银行;2008年6月,合资成立摩根士丹利华鑫基金;2008年11月入资杭州工商信托。2007年和2009年,中国投资有限公司投资摩根士丹利,占其约9.9%的股份。2011年5月,摩根士丹利人民币私募股权管理公司在杭州成立。2011年6月,摩根士丹利华鑫证券在上海正式成立,意味着公司业务拓展至A股市场的股票和债券的承销,摩根士丹利从而进一步巩固其在中国的在岸金融业务。摩根士丹利在外资投行中拥有较高的QFII投资额度(8.5亿美元)。其离岸金融服务亦蓬勃发展,包括投资银行、销售交易、财富管理、投资管理等业务,旨在为客户提供全方位的金融产品和服务。公司的全球及区域私募股权基金和房地产基金也同样活跃在中国市场。摩根士丹利与许多亚洲国家政府有着密切的合作,在一些国营企业的重组及私营化项目中发挥了重要作用。同时,公司还为亚洲的龙头企业担任顾问,协助他们进行复杂的境内和跨境并购,以及在本地和国际资本市场上发股发债进行融资。

2. 并购过程

2007年12月19日,中投公司与美国摩根士丹利公司达成一项交易协议。根据协议，中投公司购买约50亿美元摩根士丹利公司发行的一种到期后须转为普通股的可转换股权单位（即强制性可转债，属于国际债券的一种），持有期限为二年零七个月，按照年息9%的标准按季支付利息，到期后转换成摩根士丹利公司上市交易的股票，转股参考价格区间为每股48.07~57.68美元，转换价格最高不超过参考价格的120%，股权单位全部转换后中投公司持有摩根士丹利公司的股份将不超过9.9%。中投公司通过强制性可转债的形式投资，体现了中投管理层的精明，中投管理层在黑石公司由于账面价值浮动事件饱受非议后长了一智。在2010年8月7日转换前，中投对大摩的投资是年利9%的债权，账面价值不会有很大波动。等到两年半之后，次级债危机早已尘埃落定，而中投已锁定了投资大摩的转换价格。

中投公司投资于摩根，看重的是其长期增长潜力，特别是其在投资银行、资产管理等业务上的市场地位。而这次的次贷危机，似乎也给中投公司创造了一个好机会。受次贷危机影响，摩根士丹利股价仅2007年就缩水了近四成，市值从年初的800多亿美元缩至年底的500亿美元。截至中投公司达成这笔交易时，摩根士丹利已宣布了两次大规模资产减计，其2007年第四季度次贷业务相关损失总计达到94亿美元，而且利润也急剧下滑，2007年净利润为25.63亿美元，远低于2006年63.35亿美元的年利润。因此，在摩根士丹利公司急需资金以缓过眼前难关之际，中投公司带着大笔的外汇储备资金出现，对摩根无疑是雪中送炭，从而中投公司可以获得更为有利的投资参考价格。另外，在美国金融市场由于次贷危机而风雨飘摇之际，金融机构极度缺乏资金，美国政府方面对主权财富基金的反感和抵制有所削弱，而且根据转股参考价格区间运算，中投公司最终持股大摩的股份比例不超过9.9%，这也恰好规避了美国财政部下属的外国投资委员会对该笔交易的事先审查。

3. 把握风险

这次看似一个绝好的投资时机，是否真的那么完美？从当时的经济环境及中投公司的投资目的来看，还是存在着一些让人担忧的地方。

首先，该笔投资对缓解国内流动性过剩的贡献不容乐观。目前摩根士丹利大部分中国业务的运营都在香港进行，面对中国内地这么一个诱人的大市场，摩根士丹利未来的业务肯定会更多地偏向于中国内地，2008年6月，摩根士丹利与上海华鑫证券合资设立基金公司，也意味着中投公司的投资资产部分回流到了国内市场，显然不利于缓解当时国内流动性过剩。

其次，强制性可转换股权单位的投资风险太大。可转股股权的风险明显要小于股票，但对于这种强制型的转股债券，其风险却不小于股票。在持有可转股权单位期间,该可转股权单位具有债券的性质,可获得按季支付9%的年利息收益,虽然9%低于中投公司保值收益率12%,却也足以支付5%的发债利息,以及2%~3%的管理和交易成本等手续费,而且几乎是无风险的收益。但在到期转为普通股权时,若此时摩根士丹利在市场上的股价低于转股价格,中投公司将面临亏损,显然这样的投资工具与股票期货很相似,而摩根士丹利近一年的股价一直处于跌势,近一年来,摩根士丹利的股价跌了约80%。

同时,该笔投资的参考转股价格区间与达成投资协议前后那段时间的摩根股价波动区间相当,这样的定价值得商榷。毕竟当时处于水深火热中的摩根士丹利更希望达成这笔交易,而且当时市场上就已经整体对美国的未来经济状况并不看好,再加上两年多的期限带来的不确定性,所以这笔投资是带有较大的风险。

当然,这是一笔长期投资,我们不能仅以暂时的账面数字来评价这笔投资,而要从投资手段及战略意义来看,中投公司这次对摩根士丹利的投资,比起前两笔,已成熟了许多,但是目前糟糕的投资收益,很难让人有信心能得到12%以上的投资回报,况且目前这场越发强劲的金融危机,更放大了强制转股债的风险系数。可见,在投资工具风险控制,以及投资时机的把握方面,中投公司做得还不够。

4. 中投公司成功的关键

(1) 分设两只主权财,基金分别侧重于国内国际两个资本市场。

目前中投公司的主要业务分块组成即汇金公司继续为国内金融企业的改制上市提供资本金。建银投资继续管理国内资产和处理不良贷款、中投公司新设立海外投资部门负责海外投资。这种合在一起的投资公司有其好处:资产统一管理,资产总量大有利于长远和战略性投资的操作。但由于投资方向的资金基本分开,其预期效果难以实现。为此,建议效仿新加坡做法,分设两只主权财富基金,分别侧重于国内、国际两个资本市场。

理由如下:国内、国际两个资本市场需要不同投资战略的外汇储备资产的投资。国际市场以提高收益率为主,应在现有的美元债券投资以外更侧重于进行海外长期金融投资和产业投资。通过在国际资本市场上进行外汇资产配置,外汇资金在理论上才不会再进入中国的商业银行体系从而解决由于外汇储备的过快增加造成的央行货币供给持续被动扩张的问题。在国内资本市场的主要目标是实现对国有商业银行的投资与体制改革的促进,这与在海外的投资目标完全不同,虽然国内商业银行也有在国外资本市场投资的情况,但主权财富基金投入其中的外汇资产基本上还在"体内循环"。既然投资战略目标不同,即可将其分设。

（2）设立两只主权财富基金有利于监督管理和外汇资产投资效益的提高。

中投公司是靠发行债务而不是财政盈余来筹资的，必须有效地承担额外的汇率风险，目前因投资收益不足支付债券利息而由财政部垫资支付，以至利息支付问题在全国"两会"期间争议不断。分析其原因，还在于中投公司的资金来源与利息支付制度设计上存在缺陷。作为刚刚成立的中国主权财富基金受汇率风险影响、人才不足、投资经验缺乏以及国际上的阻碍因素，要想马上达到及时偿还利息的目的是不现实的，应该有一个过渡期。然而作为2005年成立的汇金公司，其盈利的主要渠道仍然是国内商业银行，且目前有着比较稳定的回报率。从目前中投公司的架构来看，一方面，汇金公司的盈利难以满足全部中投公司的利息负担；另一方面，又掩盖了海外投资收益不足的问题。为了理清这种关系，使这两部分投资收益目标有一个各自科学合理的界定且有利于国家实施针对性的监督和管理。另外，中国的外汇储备在将来可能还会增加，主权财富基金规模也可能扩大，将新增加的外汇资产放在另一只主权财富基金进行管理，形成两只基金竞争的势态也有利于管理。

（3）信息披露机制上实行"一司两制、内外有别"。

最近几年，人们一直呼吁加强储备管理的透明度，西方发达国家阻碍主权财富基金的投资也以透明度不够为借口。但是这种透明性要求是否合理或者应该达到什么样的透明度要求，在理论和实践上并没有一致的结论。目前包括和淡马锡在内的许多主权财富基金与管理指引的要求也相差甚远，很少披露投资战略和投资组合，也就是说，透明度并非主权财富基金必须履行的义务。横向比较，那些资金规模同样庞大的对冲基金、私募基金，也同样存在缺乏透明度问题，其发展同样有可能因为削弱国际金融体系的透明度，从而增加体系性风险。就中国主权财富基金而言，不需履行对外披露义务不等于可以放松内部治理，建议在信息披露机制上实行"一司两制、内外有别"，即对外采取目前大多数主权财富基金的做法，对企业杨合投资战略和投资组合要实行保密在内部风险监管委员会内部还需增加透明度以方便有效监管。

【思考题】

1. 中投公司选择了哪种国际债券投资摩根士丹利？
2. 分析此次中投公司的投资应在哪些方面予以完善。

【资料来源】

[1] 余罡，吴璐，李理. 次贷背景下的中国主权财富基金——机遇与选择[J]. 经济金融观察，2009（5）.

[2] 张光红,王坤,吴航. 中国投资有限责任公司海外投资案例分析 [J]. 改革与战略, 2009.

[3] 郭雳. 中投:主权财富基金的控股公司路径 [J]. 中外法学, 2009.

[4] 张明. 从黑石、中铁到摩根士丹利——我看中投公司之六 [N]. 上海证券报, 2008 - 1.

[5] 黄继汇,任晓. 美联储批准中投收购大摩至多10%股份 [N]. 上海证券报, 2010 - 9.

上汽集团收购双龙汽车

> 【理论链接】
> 国际生产折中理论
> 国际生产折中理论（The Eclectic Theory of International Production）亦称为"国际生产综合理论"。1977年由英国经济学家邓宁在其论文《贸易、经济活动的区位与我国企业：折中方法探索》中首次提出，4年后他在《国际生产和跨国公司》一书中，通过对跨国公司国际生产格局形成基础的系统分析，建立了国际生产折中理论，阐述了对外直接投资的决定因素。国际生产折中理论认为，企业只有同时具备"所有权"、"内部化"和"区位"三种优势时才具备了对外直接投资的条件，或者说对外直接投资行为是由所有权优势、内部化优势和区位优势三者综合作用的结果。

> **摘要**：2005年1月27日，上海汽车集团股份有限公司完成韩国双龙汽车公司的股权交割手续，获得双龙汽车51.33%的股份，正式成为其第一大股东。然而2009年2月6日，上汽收购的韩国双龙公司申请破产保护，上汽处境顿时进退维谷。2011年3月，印度Mahindra&Mahindra公司成功收购韩国国企双龙汽车公司70%的股权，正式入主双龙汽车，继上汽后成为双龙汽车的新东家。这一并购对中国企业如何进行更好海外投资应有所警示，同时，中国政府也应合理引导企业对外投资从而改善中国对外投资布局。
>
> **关键词**：上汽集团；双龙汽车；跨国并购

1. 案件双方介绍

1.1 上汽集团

上海汽车工业（集团）总公司（简称"上汽集团"）是中国四大汽车集团之一，主要从事乘用车、商用车和汽车零部件的生产、销售、开发、投资及相关的汽车服务贸易和金融业务。是国内A股市场最大的汽车上市公司。其主要业务涵盖整车（包括乘用车、商用车）、零部件（包括发动机、变速箱、动力传动、底盘、内外饰、电子电器等）的研发、生产、销售、物流、车载信息、二手车等汽车服务贸易业务，以及汽车金融业务。

上汽集团所属主要整车企业包括乘用车公司、商用车公司、上海大众、上海通用、上汽通用五菱、南京依维柯、上汽依维柯红岩、上海申沃等。

20世纪50~70年代，上汽进入整车制造阶段并发展成为批量制造基地。改革开放后，迅速成长为上海重要的支柱产业、中国重要的汽车制造基地、世界500强企业。

上汽集团2006年整车销售位居全国汽车大集团销量第一位，进入《财富》杂志世界500强企业排名。2010年，连续5年入选中国工业经济研究院编制"中国制造业500强"排行榜。2012年，上汽集团以2011年度合并报表672.548亿美元的销售收入，位列《财富》杂志世界500强企业第130名。

1.2 双龙汽车

双龙汽车前身为创立于1954年的东亚汽车公司，1986年10月并入双龙集团，1988年3月更名为双龙汽车公司。以犀牛牌四轮驱动吉普车和柯兰多牌家用型吉普车为代表的双龙汽车，已出口到欧洲、亚洲、中南美洲及非洲等60多个国家和地区。双龙汽车从专门生产四轮驱动越野车和特种车起家，后与德国奔驰汽车公司合资，引进先进技术，发展成为综合性的汽车制造企业。

1988年，双龙推出SUV，其对本土消费者引起了极大的震动。1991年，双龙与奔驰公司结成战略伙伴关系，其合作在韩国也被称为短期内实现技术转让最成功的案例。1993年双龙推出MUSSO系列四轮驱动越野车，成为韩国四轮驱动越野车的代表。同年，推出新概念轻型商务车"ISTANA"，随后于1996年推出NewKorando。双龙公司的顶级轿车主席（CHAIRMAN）于1997年推出，双龙开始进入高档车市场。

1997年，亚洲金融危机爆发，使韩元贬值近一半，到期债务共计17兆亿韩元（约合13.5亿美元），使双龙资金链发生断裂。为偿还债务，双龙汽车不得不大量出售资产，如双龙商用车生产设备以600万美元的价格卖给上海汇众汽车有限公司。

2. 案例介绍

2.1 收购背景

双龙汽车公司是韩国第五大汽车制造商，主要生产大型SUV和高档豪华轿车。1997年，双龙因资不抵债被大宇集团收购。1999年，大宇集团解散时，双龙被分离出来成为独立的上市公司。在经营不善、韩元严重贬值、市场低迷三重打击之下，双龙汽车公司深陷巨额债务的泥潭，双龙的债权债务出现严重倒置，自有资本滑到负613亿韩元，其债务已达到30兆亿韩元（约合23亿美元），而其资产仅有20兆亿韩元（约合15.3亿美元），公司濒于破产。为此，双龙的债权团开始探讨向海外出售股权，以便收回其投入的资金。

与此同时，中国汽车工业诞生50周年，业界已经开始对中国汽车产业"以市场换技术"的发展思路作出反思，而此时，上汽也处于构想国际化战略，购买海外技术、企业，发展自主汽车品牌战略思路的发展阶段。上汽集团是我国最大的汽车生产制造企业，也是率先开发自主品牌的国有汽车企业，它对核心技术的需求较为紧迫。2002年，上汽集团开始实施自主品牌战略。然而，获得开发自主品牌的核心技术最基本的两条技术来源路径是企业内部自主研发以及从企业外部获得。上汽集团对这两条路径都进行了全面考虑。一方面，上汽集团将大部分资金用于汽车生产制造，对自主研发的积累性投资不够，内部自主研发能力薄弱。上汽集团意识到，仅依靠合资跨国公司无法开发自主品牌；另一方面，许多企业通过技术交易或签订技术进口许可协议来获取技术，但所得到的只是技术的使用权或所有权，并不能得到技术使用诀窍等隐性知识以及研发人员等人力资源。相对而言，技术并购可以实现吸收隐性知识和技术诀窍的目的正在上汽集团四处寻求外部技术资源之时，双龙债权团出售双龙汽车公司为上汽集团提供了机会。

2.2 收购过程

2003年10月，上汽集团收到一份关于收购韩国双龙汽车50%左右股权的构想报告，提交者是上汽集团下属企业上海汇众汽车制造有限公司。与此同时，有关汇众将以3 000亿至5 000亿韩元从双龙的债权团朝兴银行、韩国发展银行等手中购得双龙50%股权的消息不胫而走。成立于1992年的汇众以生产轿车零部件为购得了双龙重卡、大客车的生产设备和模具。两年后，双龙再次将其一款商务车伊思坦纳（Istana）的技术和生产设备出售给了汇众。

2003年7月，谈判速度加快，双龙中国事业部的部长GT. LEE等二十几个双龙高管已在上海住了两个多月。各个谈判组都已进入细节问题的研究，包括如何联合开发、分工以及供应商的选择。

但就在这时，出乎上汽与双龙汽车管理层意料的消息爆出了。双龙的债权团决定出售手中的双龙股权，并向全球招标。事实上，当时的双龙自2002年起就处于重组期，债权团希望能在双龙汽车业绩的上升期将其脱手。2003年下半年，双龙汽车公司债权团邀请包括美国通用汽车公司、法国雷诺汽车公司和雪铁龙汽车公司、中国上海汽车集团公司以及印度塔塔的海外企业前来投标。公开数据显示，2003年，双龙SUV在韩国的市场占有率为12.5%，销售收入为28亿美元，纯利润达5亿美元。而上汽显然比汇众更具有收购双龙的实力与可能。

在汇众退出之后，上汽聘请上海通力律师事务所、德意志银行、瑞士银行等第三方机构为其收购双龙提供法律、财务服务，并开始对韩国的法律、法规、风俗、文化进行全面了解。正当通力等机构进行第一阶段尽职调查的时候，主营石油化学产品的中国蓝星集团突然宣布加入竞标。且蓝星提出的每股1.1万韩元的报价高于上汽、美国通用、法国雷诺等企业，并承诺到2010年完成对双龙7亿美元的投资，同时投资3亿美元，在中国建立一万多个销售及售后服务网点。此外，蓝星将保持双龙原经营团队，雇佣所有职员。

蓝星集团被双龙债权团确定为优先谈判对象，双方于当年12月22日签署了谅解备忘录。上汽收购双龙项目由此进入了4个多月的沉寂期。而在这一时期，上汽的主要精力开始转向与英国罗孚项目的接触。正当罗孚项目从双方合资走向由上汽收购的时候，从韩国又传来了蓝星因未获得国家发改委批准将退出收购的消息。作为中国唯一一家获得发改委批准收购双龙的企业，上汽再次回到了收购双龙的谈判桌前。此时的上汽，对双龙的收购已是箭在弦上不得不发。"与做SUV相比，上汽更倾向于做轿车，而相比于双龙，拥有百年历史的罗孚应该对上汽更有吸引力。"一位知情人士透露。但这时的上汽似乎已难以做出放弃的选择，而国内银行的贷款支持，也增强了上汽的信心。此外，双龙对上汽依然有很大的价值。上汽集团总裁陈虹对双龙的评价是："双龙是韩国专业做RV车型的，他们有一个800多名工程师的研究所，还是比较有价值的，也做过从头到尾的开发。"

2004年7月上海汽车公司被债权团选中，上汽收购双龙48.92%的股权，价格接近5亿美元。2005年1月27日，上海汽车集团股份有限公司完成韩国双龙汽车公司的股权交割手续，获得双龙汽车51.33%的股份，正式成为其第一大股东。

3. 案例分析

3.1 收购动因

3.1.1 加强研发能力，提升品牌质量

上汽收购双龙的主要目的是"利用双龙的研发能力，帮助上汽开发产品。"根据不同的合作阶段与形式，上汽成立了三个谈判小组：一是KD小组，即进口双龙SUV部件，在中国组装、出售；二是R&D（研发）小组，探讨怎样合作开

发车型；第三个是 JV（JoinVenture，合资）小组，从法律、财务等角度讨论在华成立合资企业的事宜。其中 R&D 小组研发的产品将会挂上上汽自主品牌的标识。

上汽与双龙从平等合作转变为收购与被收购，但上汽的意图始终都是利用其研发技术与团队，为上汽打造自主品牌服务。早在 2002 年，胡茂元就明确提出了上汽 2007 年的三个战略目标，其中年产 100 万辆、跻身世界 500 强已经实现在望，而生产自主品牌汽车 5 万辆是其感到最迫切也是压力最大的。上汽为此规划了四种路径：依靠自身力量，自主发展；收购国外企业，合作生产；深化战略合作，合资生产；合资企业创建自主品牌。

双龙公司掌握了更先进的柴油发动机及混合发动机技术。在自身自主开发能力非常薄弱的情况下，上汽集团希望借助控股双龙汽车公司来提高自身的自主开发能力，若能并购双龙汽车公司，上汽集团不仅能完善其产品类型，而且可获得双龙汽车公司的发动机和变速器技术以及 SUV 整车车型等宝贵技术。上汽集团对双龙汽车公司在技术、销售网络方面的资源产生了浓厚兴趣，而曾经拥有的合作经验也增加了上汽集团收购双龙汽车公司的信心。

3.1.2 获取战略性资源，拓展海外市场

纵观近年来我国企业在海外的一系列并购活动，基本上都是围绕战略性资源、技术和海外市场这 3 个内在动因展开的，上汽并购双龙也是为实现其全球战略目标。按照上汽的计划，通过并购，上汽既可以把双龙的产品推广到我国，同时又可以借助双龙迅速提升自己的技术，增加自己在国际汽车市场上的竞争力。我国企业要实现国际化的经营战略，并购是一种主要手段，所以围绕上述 3 个目标的海外并购在未来一段时间仍将维持下去。

3.2 收购效果分析

上汽集团在并购交易后，销售收入和总资产增长率急速上升，呈现扩张趋势，但是 2008 年后基本停止增长。同时，上期的总资产及净资产收益率在并购后有所下降，并且在 2008 年为负值，可见上汽在并购之后同时也带来了较大的成本费用。

在金融危机背景下，上汽处境进退两难。金融危机带来的影响一是出口市场；二是消费预期。在双龙取得盈利的 2007 年，除了在韩国国内市场的增长外，海外市场的增长是支撑双龙实现盈利的重要一环。2007 年上半年，双龙共销售汽车 69 755 辆，比上年同期增长 13.2%；其中，韩国国内销量同比增长 4.7%，海外市场出口量增长 21%。而在金融危机对全球汽车市场带来沉重打击的背景下，大多数企业的出口市场都受到了不同程度的影响，对于双龙，这一影响就更大一些。

2008 年，随着国际油价的飞涨，双龙以生产 SUV 和大型车为主的油耗大弊

病显现出来。2008年上半年，受韩国国内柴油价格高出汽油价格的影响，韩国政府取消了对柴油车的补贴，使得主要产品为柴油车的双龙汽车在韩国国内市场销量出现大幅下滑。虽然上汽将双龙的多款汽车引入到了我国，还帮助双龙在我国建立起了相应的销售渠道，但我国的消费者并不认可双龙品牌，双龙汽车在我国也没有打开销路。截至2008年第三季度，双龙出现了1 000亿韩元的亏损，走到了破产的边缘。

2009年1月9日，双龙汽车公司向韩国首尔法庭申请双龙破产保护，随后韩国工会便发起了"谴责不负责任的上海汽车和为使双龙汽车正常化的泛国民签名运动"。随后，韩国法院宣布双龙汽车进入破产重组程序，而根据法庭的判决，上海汽车将放弃对双龙的控制权，但保留对其部分资产的权力。至此，双龙集团由4年前一个价值5亿美元的企业，可能将变得一文不值，使得上汽集团付出了将近40亿元的代价，而双龙集团也可能成为全球首家金融危机中倒下的汽车企业。随后，双龙工会的1 000多名成员全面开展罢工运动，这场长达76天的罢工，使双龙蒙受了总计超过3 000亿韩元的巨额损失，也让大家见识到韩国工会的强悍，吓跑了潜在投资者。

至此，当年轰动一时、风光无限的中国汽车海外并购第一案，最终以上汽遭遇"双龙"劫而告终。2011年3月，印度 Mahindra & Mahindra 公司成功收购韩国车企双龙汽车公司70%的股权，正式入主双龙汽车，继上汽后成为双龙汽车的新东家。

3.3　失败原因

上汽收购双龙的失败，主要源于文化差异，全球金融海啸的不可抗力也是原因之一。但同时也必须看到，上汽在并购时机选择、自身管理、团队实力、危机处理能力方面尚有欠缺。

3.3.1　缺少详尽的前期资料

上汽原本希望通过控股双龙获得其品牌知名度和制造技术，市场也预期上汽的低成本优势与双龙的品牌、技术相结合将发挥较好的协同效应，但事实上，双龙公司的生产管理水平、技术装备、研发能力、人力资源未必比上汽强多少，如果没有奔驰的技术支持，尤其在柴油动力方面的技术和配件，双龙几乎无生存能力。但在并购时，上汽对韩国国内复杂的法律环境、劳资纠纷估计不足，对自身管理能力又过于自信，结果导致当初设想中的技术引进与合作毫无踪影。

3.3.2　盲目收购，无法消化

并购只是第一步，消化和吸收才是根本目的。不是说有钱就能走出去，也不是说有技术就能走出去，更多的是要了解当地的文化和客户需要什么，再结合自身来运作。

3.3.3 文化融合存在"暗礁"

韩国过于强大的工会力量和过度紧张的劳资关系是上汽入主双龙之后，双龙再度濒临破产的直接原因。如果没有双龙企业工会动辄以罢工相要挟的逼宫，上汽对双龙的管理也不会这样焦头烂额。归根结底，还是我国企业不了解韩国工会、文化的结果。

3.3.4 缺乏国际化管理人才

2005年，上汽入主双龙，董事会罢免了原社长苏镇后，中方没有派一个熟悉国际收购与运作的整体团队来支撑双龙运作。这凸显了上汽在国际经营人才体系及人才培养方面的缺失。

3.3.5 金融危机是催化剂

此次全球性金融危机的突然爆发，使以生产SUV为主的悍马、双龙损失惨重。双龙产品一半销往欧洲，金融危机发生后几乎没有了销路。在韩国国内，卖车80%靠贷款，而银行惜贷，双龙又不像现代、大宇等公司拥有自己的金融公司，因而只能坐以待毙。虽然金融危机对双龙产生了严重影响，但双龙内部的问题是其走向破产的根本原因。

4. 相关链接：上汽收购罗孚

创建于1904年的英国罗孚公司在跑车和越野车方面的研发技术较高，到20世纪中后期，罗孚汽车在英国的销量不断下滑，债务猛增，不能进行新车的研发和生产，于2005年4月因现金流断宣告破产。上汽与罗孚有着广泛接触和深入的了解。罗孚破产后，上海汽车集团以6 700万英镑购入罗孚75、25两款车型知识产权。随后，成立了自主品牌项目组，并在汽车工程研究院的共同努力下，利用罗孚75、25技术平台，对罗孚75进行技术提升和本土化改造，于2006年10月成功推出自己的第一款轿车荣威750。

【思考题】

1. 简要分析上汽收购双龙失败的主要原因。
2. 上汽收购双龙和上汽收购罗浮为什么会出现不同的结果？
3. 结合案例，谈谈文化差异对跨国并购的影响。

【资料来源】

[1] 石云鸣. 中国汽车企业对外直接投资中的技术获取路径——上汽集团并购韩国双龙的案例研究 [J]. 技术经济，2013（3）.

[2] 黄慧. 从上汽—韩国双龙事件看我国对外投资——国内汽车业首个跨国

并购案评析 [J]. 上海商学院学报, 2009 (2).

[3] 马倩, 郭建鸾, 刘福军. 上汽收购双龙触礁——折射跨境并购难题 [J]. 财务与会计 (理财版), 2010 (1).

[4] 刘涛. 上汽韩国之鉴 [J]. 中国企业家, 2006 (21).

[5] 俞佳华. 浅析中国上市公司海外并购所面临的风险——以上汽集团并购韩国双龙汽车为例 [J]. 财经界 (学术版), 2014 (8).

[6] 于跃. 上汽遭遇"双龙"劫 [J]. 新经济杂志, 2009 (10).

[7] 李良成, 陈明凤. 基于技术寻求型跨国并购整合研究——以上汽并购罗孚为例 [J]. 企业经济, 2012 (6).

[8] 韩荟芬. 基于跨国并购的中国汽车产业技术学习研究 [J]. 商丘师范学院学报, 2012 (9).

徐工集团并购德国施维英

> **【理论链接】**
> 资本移动效应理论
> 资本移动效应理论认为，资本在各国间的自由流动可使资本的边际生产力在国际上得到平均化，从而可以提高世界资源的利用效率，增加世界的财富总量，提高各国的经济效益。资本从充裕国流向短缺国可以提高全世界的总产量，因为资本的国际移动使资本更有效地配置和资本收益更均等化。投资国把一部分资本投资到资本边际生产力较高的东道国，可以得到更高的报酬；而东道国由于利用了外资，使国内其他资源得到更有效地利用，也使本国的净收益增加，因此，国际资本的流动结果对各国都有利。

摘要：2013年7月6日，徐工集团与施维英在德国鲁尔区黑尔讷举行股权合作项目交割仪式，交割完成后，徐工集团将拥有施维英52%的控股权。此次收购是徐工集团继成功收购德国FT公司、荷兰AMCA公司后，进行的又一新的国际并购项目。本次收购也是继中联重科收购CIFA、三一重工收购德国混凝土巨头之后，又一家欧洲工程机械类巨头被中国企业收购。

关键词：徐工集团；国际竞争；工程机械；施维英；资本移动效应

1. 案例双方介绍

1.1 徐工集团

徐州工程机械集团有限公司成立于1989年3月，1997年4月被国务院批准为全国120家试点企业集团，是国家520家重点企业，国家863/CIMS应用示范试点企业，是中国工程机械产品品种和系列最齐全、最具竞争力和最具影响力的大型企业集团。

徐工集团主要产品有工程起重机械、路面机械、压实机械、铲土运输机械、混凝土机械、高空消防设备、建筑机械、特种专用车辆、工程机械专用底盘、驱动桥、回转支承、液压件、驾驶室、柴油机、齿轮箱、齿轮泵、工程轮胎等系列工程机械主机和基础零部件产品，其中70%的产品为国内领先水平，10%产品达到国际先进水平。

徐工集团积极发展与国际大公司的合资合作，与世界500强的美国卡特彼勒公司、德国利勃海尔、德国克虏伯公司等国际一流的跨国公司组建了14家中外合资企业。经国家外经贸部批准，成立了省级外贸进出口公司，大力实施以产品出口为支撑的国际化战略，将产品销售与收集国外先进技术、用户需求信息相结合，形成了东南亚、中东、非洲、南北美等产品出口主导市场。

2005年出口创汇1.2亿美元，实现营业收入170亿元，是中国最大的工程机械开发、制造和出口企业。同时，"徐工"是行业首个"中国驰名商标"，徐工装载机是"中国名牌产品"。

1.2 施维英

德国施维英有限公司是一家以生产混凝土机械设备为主的全球集团公司。全球著名的混凝土成套设备领导者。1934年3月17日，施维英先生在德国最重要的工业区鲁尔工业区中心城市建立了施维英公司。施维英产品迅速赢得了矿业、公路建设、市政工程、建筑工业中的众多客户。当1945年德国战后重建开始时，建筑工业机械面临巨大机遇。施维英公司直面挑战，开发了多种设备，直至今日许多设备仍然代表世界最先进水平。这其中包括提升机，移动塔吊，履带式吊机，液压凿岩机、混凝土设备、泥浆设备、污泥设备。在不断的开发和摸索中，施维英公司日益成为生产混凝土施工设备首屈一指的厂家，除了在总部德国赫恩以外，该公司在美国、德国、奥地利、印度、巴西等多个国家和地区都建立了生产基地，在法国、荷兰、奥地利、捷克、瑞典、韩国等地设有自己的销售和售后服务中心，在联邦德国、美国、巴西、奥地利、法国、荷兰及中国上海均设有子公司和附属机构。同时还拥有100多个国家的代理商队伍活跃于全球。

2. 案例介绍

2.1 收购背景

在工程机械领域，徐工的优势是起重机和路面机械领域。在这两个市场中，徐工占有国内一半的市场份额，但是混凝土机械是徐工的弱项，而我国混凝土机械全年的市场规模高达1 000亿元，占据国内工程机械市场规模的近两成。更重要的是，混凝土机械行业的平均利润远超国内工程机械行业的平均利润率，达到30%以上，在国内混凝土机械市场占据最大市场份额的三一重工和中联重科去年在混凝土机械市场赚得钵满盆满。据悉2011年，三一重工混凝土机械业务销售额达到320亿元，中联重科混凝土机械业务的营业收入也高达212.13亿元，而徐工2011年上半年的混凝土机械收入仅为11.47亿元，占总营收的比例仅为5.88%。除了以上三者，山推、柳工、厦工等国内大型工程机械企业纷纷通过投资设厂或收购进入混凝土机械行业，借助自身品牌及渠道优势，发展混凝土机械品牌产品，这意味着国内留给徐工的市场已经很有限。

为了推动徐工在混凝土机械市场的发展，2011年，徐工建立混凝土建设机械产业基地和混凝土搅拌机械产业基地，将混凝土机械扩展至全产业链。虽然徐工混凝土机械领域的规模效应带来其利润率不断提升，但是三一重工收购德国普茨迈斯特控股有限公司100%的股权，而中联重科2008年收购当时全球排名第三的混凝土机械制造商意大利CIFA公司60%的股权，这进一步拉大了两家巨头和徐工的差距。

施维英作为世界著名的混凝土机械生产商，其销售额排名为全球工程机械第38位，仅次于德国的普茨迈斯特和Bauer Group。与其他几大世界混凝土机械巨头相比，施维英的产品线是最全的，施维英公司的泵车、移动式搅拌站产业正是徐工所欠缺的。如果徐工可以收购世界混凝土机械领域排名第二的德国老牌混凝土机械生产商施维英，将迅速缩小和前两者的巨大差距。

在2008年全球金融危机中，施维英和普茨迈斯特一样倍受打击，陷入欧债危机的旋涡，经营出现结点，日子越来越难过，2008年施维英销售收入为10亿欧元左右，2010年则下降至4亿欧元左右，处于困境的施维英为徐工的收购提供了一个绝佳的机会。

2.2 收购过程

2.2.1 阶段1：收购传闻不断，徐工讳莫如深

德国《商报》3月26日报道，中国工程机械制造商对德国同行企业情有独钟，继三一重工收购德国混凝土泵生产商普茨迈斯特公司之后，在国际市场上久负盛名的德国第二大混凝土泵企业施维英公司或将落入中国徐工集团之手。业内人士表示，并购协议将在未来一两周内签订，但对徐工集团入股施维英数额多少尚不清楚。有外媒援引三名知情人士的话称，徐工集团正在敲定投资德国私营混凝土机械制造商施维英的交易。一名接近该德国企业的消息人士称："我们预计未来一两周内就能签订购买合同，施维英是该行业全球领先的供应商之一。"另一名接近该公司的人士称："很快就会公布投资者身份，收购份额尚不明确，不过其表示，中方希望至少中期内能得到多数权益。"类似的传闻与报道源源不断，

不过在收购方案成功之前，交易双方对此均讳莫如深。

2.2.2 阶段2：首次得到确认，细节仍留悬念

2012年3月27日，《每日经济新闻》从徐工集团得到证实，公司收购德国混凝土机械制造商施维英的交易进展顺利，预计未来两三周内签约。这是关于徐工收购施维英传闻以来首次得到确认，但具体的收购细节，仍留有悬念。"我们的收购计划一切进行都比较顺利，目前我只能说这么多。"徐工集团董事长王民对《每日经济新闻》表示。据悉，徐工与施维英的交易当时正在进行中。"如果顺利，我们预计未来两三周内就能签订购买合同，施维英是我们这个行业全球领先的供应商之一。我们公司也比较慎重，至于收购份额等暂时还不方便透露。"

2.2.3 阶段3：正式签署协议，收购进展顺利

2012年4月20日，中新网财经独家第一时间获悉，中国最大的工程机械行业领军企业——徐州工程机械集团有限公司收购全球著名的混凝土成套设备领导者德国施维英集团有限公司的工作进展顺利。所有协议均已签署，双方正加紧进行项目的申报工作。

"包括股权合同在内的所有协议都已经签署，双方都在走报批阶段，应该很快就能获得批准。"徐工集团董事长王民在当天接受记者采访时说。但对于双方的持股比例，王民并未进一步透露，仅表示"我们持多数股权，处控股地位"。

2.2.4 阶段4：双方交割完成，收购尘埃落定

德国时间2012年7月6日下午，中国最大的工程机械行业领军企业徐工集团与全球混凝土机械领先者德国施维英公司，在德国赫恩举行股权合作项目交割仪式，中国徐州市、德国北威州政府人员，徐工集团和施维英德方股东及公司管理层参加了仪式。交割完成后，徐工集团将拥有施维英有限公司52%的控股权。至此，传闻已久的徐工收购施维英的收购案终于尘埃落定。

2.3 并购结果

2012年4月20日，徐工宣布收购施维英集团，包括股权合同在内的所有协议都已经签署。徐工也对外表示，收购的成功将极大地提升徐工集团在此领域的核心竞争力和整体实力，从而促进徐工集团混凝土成套设备的快速发展，在技术、质量、产品研发和生产制造等方面达到国际一流水平，并积极开拓国际市场，打造国际品牌的混凝土成套设备。随着此次徐工并购施维英入局，欧洲前三大混凝土机械制造商已全部被中国企业收编，行业内三分天下格局也基本奠定。

此次收购是徐工集团继成功收购德国FT公司、荷兰AMCA公司后，进行的又一新的国际并购项目。工程机械行业两大"巨头"徐工集团与施维英公司的携手，对中德友谊、产业合作以及全球工程机械发展均具有历史性的意义，将形成一个当前规模约100亿元人民币、极具成长性的庞大板块。

3. 案例分析

3.1 收购动因

生存和发展是企业的基本目标，而发展则分为内部扩张和外部扩张两种，二者各有利弊。外部扩张的最大优势在于可以通过并购产生的协同效应，以更短的时间实现经营目标。徐工收购施维英主要动因有以下几个方面。

3.1.1 降低全球化制造成本，补全企业短板

徐工并购德国施维英公司，从产品类别上讲可以弥补自身在混凝土机械方面的短板。2012 年上半年，徐工混凝土机械国内市场占有率约 10%，与三一重工和中联重科的市场份额相比差距较大。公司并购施维英，有利于弥平差距，在混凝土机械方面与三一和中联重科三足鼎立。这样徐工通过并购就可以实现产业链的上下延伸，解决企业发展瓶颈，占领产业链高增值环节，实现企业价值最大化。

3.1.2 实现资源共享，获取海外同业先进技术

为保证合作取得实质性效果，徐工首先采取的是全力促进双方文化融合，据悉徐工已经联同施维英开始进行相关文化建设工作，以保证在合作的过程中更加有效的沟通，也为了更好地达成行动上的一致。另外，徐工与施维英已经互派技术专家进行深度交流，并就市场体系建设等相关工作进行对接交流，各项管理环节的接洽也进入推动实施阶段。此项收购成功将极大地提升徐工集团在此领域的核心竞争力和整体实力，从而促进徐工集团混凝土成套设备的快速发展，在技术、质量、产品研发和生产制造等方面达到国际一流水平，并积极开拓国际市场，打造国际品牌的混凝土成套设备。双方的强强联合与优势互补的结果将是：双方开展更为紧密的战略合作，实施资源的整合和协同经营，优化资源配置，通过在研发、技术、采购、销售、融资租赁等方面的深度资源共享和利用，产生最大的协同经营效应，打造德国品质的中国品牌。

3.1.3 加快国际化进程，寻找更大的市场销售渠道

徐工与施维英的合作将对徐工总体战略形成三大支撑：一是直接贡献一个当前规模 100 亿级、并有极好成长性的庞大产品板块；二是为徐工在全球混凝土机械市场获得重要份额、占据重要位置提供有力的战略协同；三是极大加速徐工成套混凝土机械和各大门类工程机械的国际化进程。

双方将紧紧把握全球机遇，共同重塑全球混凝土机械产业格局，推动徐工实现由中国第一到世界级工程机械企业的抱负和梦想。施维英先生表示，"互利"是两家企业的合作基础。施维英与徐工联手，不仅获得了中国的市场，也获得了

世界的市场。此外，施维英在西南欧、美洲等区域的市场开发能力，也能够对徐工的全球市场布局形成补益。

3.1.4 形成规模优势，增强市场竞争力

并购双方生产同类产品，并购后规模扩大，容易实现资源共享，缓解竞争压力，增强在目标市场上的话语权。徐工与施维英通过双方的强强联合与优势互补，开展更为紧密的战略合作，实施资源的整合和协同经营，优化资源配置，通过在研发、技术、采购、销售、融资租赁等方面的深度资源共享和利用，产生最大的协同经营效应，进一步扩大徐工和施维英产品在全球市场上的竞争实力和市场占有率，实现共赢发展。

3.2 收购效益分析

收购之后，徐工很好地借施维英公司在海外影响力，提升了其在混凝土市场的竞争实力。同时，徐工延续了加强混凝土板块的战略。2013年4月起，行业已连续处在大幅回落和负增长的低谷期。2014年一季度，除了混凝土机械略有增长外，其他主要八类工程机械主机的降幅达到32%以上，与此同时，徐工在全球工程机械行业低迷、国内经济增速放缓、出口不畅的形势下，逆势增长，实现出口创汇3.19亿美元，同比增长达44%。2011年，徐工实现营业收入871亿元、出口总额10.8亿美元，位居2011年中国机械行业百强第四位。2015年，冲刺营业收入3 000亿元宏伟目标，力争跻身世界工程机械前三强。

【思考题】
1. 评价施维英公司与徐工集团强强联合的优势。
2. 结合案例，谈谈徐工在并购施维英后带来了哪些机遇与挑战？

【资料来源】
[1] 中资企业在德并购之路浅析. 来自互联网.
[2] 杨红英. 扎堆走出去 工程机械企业国际化慢不得？[J]. 装备制造，2012 (7).
[3] 余默. 1+1>2，徐工、施维英高端融合优势凸显 [J]. 专用汽车，2014 (12).
[4] 芃吟. 徐工正式"联姻"施维英 中国混凝土机械行业或现鼎立格局 [J]. 工程机械，2012 (8).
[5] 高欢. 上篇2012中国品牌十大问题 [J]. 商品与质量售后服务与品牌评价专刊，2013 (6).

三一重工收购德国普茨迈斯特

【理论链接】

比较优势理论

比较优势理论（Theory of Comparative Advantage to Investment）亦称"小岛模型"，由日本经济学家小岛清（K. Kojima）于1978年在其所著的《对外直接投资》一书中提出。小岛清认为，对外直接投资应该从投资国已经处于或即将处于比较优势的产业即边际产业依次进行，这些边际产业是东道国具有比较优势或潜在比较优势的产业。从边际产业开始进行投资，可以使投资国丰富的资本、技术、经营技能与东道国廉价的劳动力资源相结合，发挥出该产业在东道国的比较优势。小岛清的比较优势论中"边际产业"是指在投资国处于劣势的产业，包括边际性产业、边际性企业和边际性部门三个方面。

摘要： 2012年1月31日，中国工程机械巨头三一重工宣布，将联合中信产业基金共同购买具有"德国大象"之称的普茨迈斯特公司100%股权。4月17日，双方根据所签署的协议，正式完成收购的交割工作。三一重工和中信基金联合出资3.6亿欧元，完成了此次"狮吞象"式并购。此次认购引起了业界的强烈震动，被认为是中德之间规模最大的收购交易。

关键词： 三一重工；普茨迈斯特；跨国并购；小岛模型

1. 交易双方介绍

1.1 三一重工

三一重工创建于1994年，隶属于三一集团有限公司，为三一集团核心企业，是全球工程机械制造商50强、全球最大的混凝土机械制造商、中国企业500强、工程机械行业综合效益和竞争力最强企业、福布斯"中国顶尖企业"，中国最具成长力自主品牌、中国最具竞争力品牌、中国工程机械行业标志性品牌、亚洲品牌 500 强。

其主要产品混凝土机械、挖掘机、履带起重机、旋挖转机已成为国内第一品牌。国际业务覆盖 160 个国家和地区，建有印度、美国、德国、巴西、印度尼西亚五大海外研发制造基地。

现已通过国家 ISO 9000 质量体系认证、ISO 14001 环境管理体系认证、OHSAS18001 职业健康安全体系认证和德国 TUV 认证。2003 年 7 月 3 日上市；2005 年 6 月 10 日，三一重工成为首家股权分置改革成功并实现全流通的企业，被载入中国资本市场史册；2008 年 6 月 17 日，是"中国股改第一股"的三一重工 5.6 亿股份全面解禁、标志着中国股市正式步入全流通时代开始。为了中国股市的稳定与健康发展，三一发布了"解禁股"继续锁定两年、股价低于 55.76 元不减持的公告。

1.2 普茨迈斯特

德国普茨迈斯特公司成立于 1958 年的德国，是一家拥有全球销售网络的集团公司。总部设在德国斯图加特附近，该集团公司已在世界上 10 多个国家设立了子公司。是全球最知名的工程机械制造商之一，全球混凝土机械第一品牌，创造并一直保持着液压柱塞泵领域的众多世界纪录。在中国之外的国际市场上已成为混凝土技术的全球领导者，主要从事开发、生产、和销售各类混凝土输送泵、高密度固体泵送设备、适用于地下工程的混凝土布料和废土运送设备、专业用高压喷水设备和特殊应用产品等。

普茨迈斯特 2007 年销售收入曾达到 10 亿欧元，但 2008 年以来，因过度依赖欧美市场，受金融危机影响，业绩开始下滑，2008 年，公司年收入仅 4.5 亿欧元，成立 50 年来第一次亏损，成为失血但拥有顶尖混凝土泵车技术的"优质病象"。此后，业绩回升也较为缓慢，2011 年预计收入仅为历史最高点的 57%，净利润约为最高点的 1/10。另外，随着全球重型机械产业重心东移，在中国，三一重工、徐工和中联重科等中国公司对其构成强大的压力，令其在中国始终未能突破 10% 的占有率。此外，"大象"的创始人施莱西特已经 80 岁了，他的子女都有自己的事业，无意继承企业，为延续企业生命，施莱西特决意出售普茨迈斯特。

2. 案例介绍

2.1 背景介绍

国际金融危机是此次收购的背景，2008 年以来，因过度依赖欧美市场，受金融危机影响，普茨迈斯特业绩开始下滑。此后，业绩回升也较为缓慢。

然而金融危机后，中国工程机械却具有了天时、地利、人和的优势。全球经济危机给欧美一些制造企业尤其是家族企业带来的危机，使得后来居上的中资企业也可以并购老牌的国际竞争对手。虽然中国经济也受到了经济危机影响，但和欧洲、北美等地区相比，仍然具有平稳增长，政治经济稳定、资本市场健康发展的优势。同时，大多数中国企业家正处于成长期，年富力强，具有创新精神。因此，中国企业竞争逐步加强，具有了收购国外公司的能力。

2.2 并购过程

2.2.1 阶段1："大象"急寻买家，业内暗潮涌动

受欧债危机拖累，"大象"急寻买家。2011年12月，普茨迈斯特公司CEO访问三一工厂，对三一表达了竞购邀约。与此同时，"大象"CEO也表达了邀请中联重科参与并购竞标的意愿。此外，"大象"还向全球多家企业发出了邀标函，其中包括工程机械行业的全球"老大"卡特彼勒、小松、福田雷沃。三一最大的对手，同在长沙且同为中国工程机械行业巨头的中联重科在"大象"CEO访问中联重科后的一周之后，就收到了国家发改委关于收购普茨迈斯特的批复，也就是所谓的"路条"，因此，中联重科对收购志在必得。

在这种情况下，2012年1月前后，三一重工董事长梁稳根向"大象"创始人施莱西特寄出了一封"情书"，信中表达了合作意愿。随后双方见面，定下收购初步意向。

2.2.2 阶段2：三一公布收购，业界疑云四起

2012年1月31日，三一重工发布公告，公司控股子公司——三一德国有限公司联合中信产业投资基金（香港）顾问有限公司于2012年1月20日与德国普茨迈斯特控股有限公司签署了《转让及购买协议》。然而，三一的竞争对手中联重科相关负责人在接受采访时，肯定了公司先于三一拿到"路条"，并认为三一未获"路条"就签约涉嫌违规行事。所以，在三一的发布会上邀请了中共湖南省委常委、副省长陈肇雄，湖南省发改委副主任黄志军等多名政界官员出席，三一重工总裁向文波在谈到收购涉及的监管问题时，特别提出并购得到了湖南省和国家发改委的支持。并表示，此并购也已获得德国政府的批准。德国驻华使馆经济参赞卢恒科对此并购案表示，三一重工在德国建立新工厂，创造了成百上千个工作岗位，从长期来看，三一重工还打算在欧洲投资1亿欧元，目前公司使用了很多当地的供应商。德国政府同样非常欢迎中国公司到德国进行投资。

各界的另一质疑就是：三一重工的资金实力堪忧。对此，三一重工董事长梁稳根曾说："普茨迈斯特对三一来说，难以用金钱来衡量。"但三一重工究竟会为这笔交易支付多少成本的问题依然困扰着市场。

双方只用了短短半个月的时间。如此迅速的并购,是否太过仓促?资料显示,经济危机让普茨迈斯特公司出现了成立50年来的第一次亏损;市场环境有所好转后的业绩依然复苏缓慢,2009年销售收入5亿欧元;2010年实现销售收入5.5亿欧元,净利润150万欧元;当时市场预估2011年全年销售收入5.6亿欧元,净利润600万欧元。虽看似已扭亏为盈,但2012年的普茨迈斯特仍面临着较大风险。

在三一重工宣布并购"大象"当天,700名"大象"员工聚集在工厂门口表示抗议。向文波为了保证公司的稳定,将完整保留包括管理层在内的普茨迈斯特原有团队。并且承诺,"不会解雇一名员工,相反,我们将扩充大象的产品线,还将招收更多员工,通过大象平台生产更多产品"。向文波认为,三一与"大象"的文化排斥性比较小,理由是:二者都是在完全竞争下成长起来的民营企业,拥有与生俱来的市场血统,对于市场化的东西,具有充分信心。中国工程机械工业协会秘书长苏子孟同样对三一表示乐观:"'大象'被三一收购,对双方都是双赢的结果。"

2.2.3 阶段3:路条之争,工人抗议

并购困难重重,在有意收购普茨迈斯特的中国企业中,中联重科是最早拿到发改委"路条"的。2012年2月15日,三一重工收购的普茨迈斯特控股有限公司在沪的数百名员工前往上海市松江政府抗议。抗议员工代表介绍称,三一重工仅表态不会对德国籍员工裁员,对中国籍雇员的去留没有明确说法。希望政府出面解决三一重工收购后的员工去留问题。竞争对手的发难,国内外先后两次员工集会抗议,让这次收购陡添"阴影",显得困难重重。

2.2.4 阶段4:排除困难,完成交割

2012年4月17日有关普茨迈斯特股权转让的交割手续在德国完成,这意味着这家全球第二大混凝土机械制造商正式并入三一重工。三一重工内部知晓收购进展的人士称:包括"路条"在内的一切障碍都不存在,此笔交易的最终交割已经完成,"'大象'已经完全成为真正的三一成员"。

2.3 并购结果

2012年4月17日,三一与普茨迈斯特正式宣布收购完成交割。整合成功后,将显著提升三一重工的技术水平、丰富公司的产品组合,普茨迈斯特50多年建立起来的全球销售网络,将加快三一国际化进程;再加上此前三一前瞻性大力布局的海外销售网络,2012年将成为三一国际化进程中的分水岭。

而普茨迈斯特在全世界范围内开发、生产、销售建筑设备机械,尤其是用于建筑、采矿、隧道建设及大型工业项目的混凝土泵。他们的技术、品牌、网络体系,是他们花了52年时间才建立起来的,并购后,将给三一带来普茨迈斯特52

年历史凝结的硕果，是一笔无法衡量的财富。

3. 收购分析

3.1 收购动因

3.1.1 提升产品质量，丰富高档产品系列

进入全球混凝土市场须同时具备"产品"和"技术"。经济危机后，三一重工混凝土机械业务在销量和销售额上已经超过普茨迈斯特，但普茨迈斯特仍毫无争议的是全球混凝土机械的第一品牌。三一收购普茨迈斯特有利于提升产品品质和丰富高档产品系列，后者作为高端产品系列将定位全球高端市场，此次收购也有利于三一提升精益制造和质量控制水平。

3.1.2 拓宽国际市场，整合双方优势

此前，收购双方是激烈的竞争对手。通过收购德国劲敌，三一重工在全球化布局过程中的阻力会大大降低。作为一家有着辉煌历史的公司，普茨迈斯特不仅有着 50 多年建立的领先的技术优势，全球化的销售系统，忠实的顾客群体以及健全的服务网络。通过收购，这些资源都可以为三一重工所用。不论是全球营销体系还是精湛的机械制造技术，三一重工都可以从这次收购中受益。

3.1.3 加强国际交流，提升国际影响力

2008 年次贷危机，使中国经济在这场金融危机中也受到了影响。为了保证经济增速，降低金融危机对中国经济的影响，国务院出台了 4 万亿元的投资刺激计划，主要用于民生工程和基础设施建设等。因此，三一重工这几年的主营业务收入持续增长，市场份额持续扩大，核心零部件自制率的提高和规模经济等因素使三一重工的盈利能力逐步增强。但中联重科同样在国内市场上占据了较大的市场份额。市场逐渐呈现出饱和的态势，加上近几年中央开始进行房地产调控，使得基建业和房地产业需求大幅下滑，公司业绩持续增长的压力增大。为使得公司持续发展，三一重工的主要竞争对手中联重科在 2008 年做了一件震动全球工程机械行业的大事：联手弘毅投资、高盛和曼达林基金，以总额 5.11 亿欧元，对全球混凝土机械行业排名第三的意大利 CIFA 公司，实施了全资收购。这一收购行为使得三一重工在规模上被中联重科反超。谁得到 CIFA，意味着谁在打开欧洲市场大门、获取最顶端的品牌和技术上，占据主动优势。但 CIFA 最终被中联重科摘走。而此次普茨迈斯特到中国寻找买家，这无疑是三一的一次重大机遇。

3.1.4 做强产业链，降低生产成本

通过合并普茨曼斯特公司，三一重工的内在力量将会有一个较大幅度的提升，强强联合，利用其整体的优势，三一重工能巩固甚至是提升在产业链中的地

位。无论在采购还是在销售方面三一重工将更有谈判力,从采购链条的源头上降低企业的成本,使成本和利润均处于企业可控的范围内,进而能在全球的竞争中获得优势地位,且企业抗击风险的能力也会随之得到加强。根据双方的协议,普茨曼斯特公司会将一些产品移到中国来生产,通过生产规模的扩大,形成规模效应,三一重工可以降低产品生产成本,企业的产品在同类产品中将更具有竞争力,从而巩固自己在国内市场中的地位。国际市场和国内市场的协同发展,将会为企业带来更大的经济利益。

3.2 收购效益分析

金融危机以后,普茨迈斯特公司的销售收入增长因欧洲经济低迷而陷入停滞状态,三一的海外销售收入在短期也是增长速度不明显,但是,可以预见的是普茨迈斯特收购后给三一的业绩提升的影响正在逐步扩大。

2009年,金融危机对实体经济的效应全面释放,普茨迈斯特的销售额跌了近50%,与此同时三一重工的销售额却上升了约50%。但与三一重工不同的是,普茨迈斯特要面对金融危机,还要面对强大的工会势力,员工成本远比三一重工昂贵。而两家公司合并后,原来的问题变成了优势,普茨迈斯特的业务一直集中在灰浆、混凝土机械这个领域,借助三一重工的产业链优势,普茨迈斯特有能力覆盖更多的产品线。一些零部件生产还可以从德国或者其他国家转移到中国来,这个是降低成本的好办法。

三一重工从合并中获益更多,在控制"大象"公司后,一夜之间,其海外销售扩大了三倍,并获得了"大象"公司全球的分销和售后服务网络。2014年受宏观经济增速回落、固定资产投资特别是房地产投资持续放缓的影响,工程机械产品需求不振,使得公司营业收入与净利润同比下降幅度较大。上半年三一重工营业收入19 721 477元,同期减少10.7%。2014年年末,三一重工获评"2014年度最受投资者尊重的上市公司"。

【思考题】
1. 请简要分析三一重工在收购普茨迈斯特公司时面临的困难。
2. 收购后普茨迈斯特带给三一重工哪些竞争优势?
3. 结合案例分析三一重工在收购后将面临哪些挑战?

【资料来源】

[1] 高欢. 上篇2012中国品牌十大问题 [J]. 商品与质量售后服务与品牌评价专刊,2013 (6).

[2] 孙博为. 三一重工并购普茨迈斯特"吞象"易"消化"难 [J]. 工程

机械，2012（3）.

[3] 杨蕾. 金融危机给中国企业跨国并购带来的机遇——以三一重工并购德国普茨迈斯特为例 [J]. 经营管理者，2014（26）.

[4] 王志勤. 三一重工："日不落"行业里的国际化取经人 [J]. 商学院，2012（4）.

[5] 孙春艳. 三一重工并购德国"大象"的背后 [J]. 中外管理，2012（3）.

海信集团收购夏普墨西哥工厂

> 【理论链接】
>
> 出口导向型投资
>
> 出口导向型投资的目的在于维护和拓展出口市场。由于国内市场有限,随着生产的发展和竞争的加剧,国内需求很快会饱和,因此出口市场份额的大小对于跨国公司的生存和发展具有重要意义。当正常的贸易手段无法绕过关税和非关税壁垒时,跨国公司就采用出口导向型对外直接投资。

> **摘要:** 2015年7月31日消息,海信集团与日本夏普同时宣布,海信出资2 370万美元收购夏普墨西哥工厂全部股权及资产。收购后海信或将提高在美洲市场的产能和市场优势,美洲市场收入预计增加20亿美元。同时,海信将获得夏普电视美洲地区品牌使用权和所有渠道资源。这意味着海信将全面接手夏普美洲的电视业务。
>
> **关键词:** 海信;跨国并购;夏普;全球化战略;出口导向型投资

1. 交易双方

1.1 海信集团

海信集团成立于1969年,其坚持"技术立企、稳健经营"的发展战略,以优化产业结构为基础、技术创新为动力、资本运营为杠杆,持续健康发展。进入21世纪,海信以强大的全球研发人才组成的研发团队为后盾,以优秀的国际化经营管理团队为支撑,加快了产业扩张的速度,已形成了以数字多媒体技术、现代通信技术、智能信息系统技术、制冷技术为支撑,涵盖多媒体、家电、通信、智能信息系统和现代地产的产业格局。2014年海信实现销售收入980亿元。

海信拥有海信电器和海信科龙电器两家在沪、深、港三地的上市公司,同时成为国内持有海信、科龙和容声三个中国著名商标的企业集团。海信电视、海信空调、海信冰箱、海信手机、科龙空调、容声冰箱全部当选中国名牌，海信电视、海信空调、海信冰箱全部被评为国家免检产品，海信电视首批获得国家出口免检资格。

海信是国家首批创新型企业，国家创新体系企业研发中心试点单位，中宣部、国务院国资委推举的全国十大国企典型，全国唯一一家两获"全国质量奖"的企业，拥有国家级企业技术中心、国家级博士后科研工作站、国家"863"成果产业化基地、国家"火炬计划"软件产业基地、数字多媒体技术国家重点实验室。海信在青岛、深圳、顺德、美国、欧洲等地建有研发中心，初步确立全球研发体系。科学高效的技术创新体系，使海信的技术创新工作始终走在国内同行的前列。

目前，海信在南非、埃及、阿尔及利亚等地拥有生产基地，在全球设有20余个海外分支机构，产品远销130多个国家和地区。

1.2 夏普集团

夏普公司是一家日本的电器及电子公司，创业于1912年，总公司设于日本大阪，公司原称"早川电机工业"，由早川德次在日本东京创立，产品是自动铅笔，品牌是"Ever-Sharp Pencil"，取其"不用削，可永保笔芯尖锐"的意思。夏普公司的商标就是来自于此，2012年财富世界500强排名第354位。

夏普公司自创业以来，开展的业务从收音机、太阳能电池、再到液晶显示器，夏普相继推出了多个"日本首次"、"世界首次"的产品。夏普旗下的液晶电视机系列为"AQUOS"，有着"液晶之父"的美称。夏普现已在世界25个国家、62个地区开展业务，是一个大型的综合性电子信息公司。

1923年，关东大地震将早川德次的工厂损毁，于是其迁移到大阪东山再起。1962年，夏普发布了第一部微波炉；1964年开发了电子计算机；1992年发表了ViewCam家用摄影机；亦发明了可抵抗禽流感H5N1的PCI离子簇，并享有此专利权，用于空气清新机、空调等产品；随后推出第一部的超高温蒸气烤炉Healsio；近年来在日本着重液晶显示器（LCD）的发展，而且不为人知的是，最早在1987年左右夏普也开发了第一台具有汉字表现功能的电子手账（或称"电子记事簿"），其后与日本卡西欧株式会社在日本PDA市场的竞争一直很激烈，直到日本索尼株式会社也以"Clie"系列加入战局，市占率才有些变化。很多人不知道的是，苹果公司为人津津乐道的Newton系列PDA产品，此系列产品乃是委托夏普公司开发软件接口并负责制造的。

近年来，夏普开始走国际发展的道路，先后与香港、台湾的多个地区的企业达成合作关系。

2. 并购动因分析

（1）海信近期的战略目标是成为全球彩电主流品牌且稳居前三，实现这一目标需要通过技术、产能、市场等多种渠道同步进行，其中包括海信所擅长的并购。

通过收购夏普墨西哥的工厂，海信将全面进军美洲市场，并且更多地获取渠道资源，从而在美洲市场实现快速成长，增强海信在渠道以及规模上的议价能力。在美国，海信品牌电视已全部进入沃尔玛、百思买、考思特等主流渠道，朝着中高端市场发展的势头良好。在美洲市场的电视品牌的存量认知上，夏普要高于海信，收购夏普墨西哥工厂，有利于解决美洲产能瓶颈。同时，海信通过夏普品牌的授权能更多地获取渠道资源，将有助于帮助其在美洲成为有力竞争者，也标志着中国品牌寻求更大转变，在一定程度上能提高海信在美洲市场的产能和市场优势，夏普的品牌影响力有利于海信在美洲快速打开市场，并将长期促进海信自主品牌的出口业务。2014年海信集团海外业务收入增速达到26%，随着国际化的不断加速，美洲市场收入预计将增加20亿美金。

（2）收购完成后，海信会将 ULED 显示技术以及互联网交互技术移植到夏普品牌的产品上以推广该技术，促进整体显示水平的提升。

2010年，海信组织研发人员，要在 LED 背光液晶显示基础上做出"梦幻显示器"。然而 OLED 的初期良品率低、可靠性差，成本高昂。而追求更好的画质是消费的意愿。海信认为，只要在画质上达到或超过 OLED 的水平，成本又比它低，就能维持目前的格局，寻找再一次的机会。

这一布局在经历了诸多的磨难后终被突破：2014年，ULED 诞生，这项含有170多项技术专利的创新，通过背光多分区动态控制技术、峰值亮度控制技术和背光扫描控制技术，把液晶屏幕的显示画质效果提升到世界一流水平，以较低的成本，满足消费者对远期"梦幻显示器"同样的视觉追求。

这次技术平台的创新升级，得了意想不到的效果：OLED 屏的亮度有限，一般只有100nit，峰值亮度一般也只有400nit；而 ULED 后一般亮度能达到400nit以上，峰值亮度能达到900nit以上，加上 ULED 能够实现 LED 背光和液晶面板的双重控光，实现更精细的区域控光 OLED 由于电致发光，其色域最高达到NTSC93%，而 ULED 结合量子点高色域达到100% NTSC。因此，ULED 电视能获得更高的对比度、色域和黑场效果。

在高动态范围方面，ULED 电视通过中国电子技术标准化研究院赛西实验室检测，其动态对比度高达900万:1，远超普通 LED 电视1 000～3 000:1的动态对比度。如今 ULED 技术正在获得全球关注。2015年8月初，海信将在美国高调发布 ULED，同时向全球同行输出该技术，带动整体显示水平提升。收购夏普的成功将会有利于该项技术的推广与应用，并且能够有效阻击面板产业 OLED 的更迭速度，给中国企业留下成长的时间。

（3）对于夏普而言，收购能扭转其巨额亏损的局面。

2012 年 3 月，夏普公司股价跌幅接近 1/4，一度触及 30 多年的低点，公司过度依赖已饱和的液晶电视市场弊端显露，与索尼、松下等日本同行以及三星电子、LG 电子等韩国对手的股价走势相比，夏普自 2012 年 1 月以来下跌 24%，其他公司今年涨幅均超过 10%。在争做苹果新款 iPad 屏幕供应商的竞争中也无优势，年度业绩呈现公司史上最大亏损额。

有着液晶电视之父的夏普近两年也一直未走出亏损的泥塘，其主营业务液晶面板处于赤字。公开财报显示，在过去四个财年中，夏普的净亏损累计达到 133 亿美元。2015 财年，集团预计将亏损 1 800 亿日元（约合人民币 90 亿元）。2015 年 5 月，该公司宣布了一个复兴计划，包括裁减约 10% 员工，以及向银行出售优先股、出售公司总部大楼、退出一些市场等。与海信开展深度合作，夏普在强化液晶显示屏竞争力的同时，可以解决自身面临的资金困难。

中金公司分析认为，4 年前全球彩电市场中、日、韩三分天下，但日系品牌市场份额持续下降，2014 年下滑至 16%，中国品牌全球扩张是大势所趋。

3. 收购过程

2015 年 7 月 31 日，海信集团与日本夏普同时宣布：海信集团出资 2 370 万美元收购液晶电视产能达 300 万台/年的墨西哥工厂（SEMEX）全部股权及资产，并获得夏普电视美洲地区品牌使用权（巴西除外）。分析认为，这一交易标志着日本品牌"衰退"之时，中国品牌国际化步伐进一步加速。

据此前青岛海信电器股份有限公司在上海证券交易所的公告，其拟现金出资约 1 121 万美元，收购 SEMEX 49% 股权，而上市公司控股股东海信集团全资控股的美国海信拟现金出资约 1 167 万美元收购 SEMEX 51% 股权，而实现海信对其全部股权与资产的收购。

此间分析认为，相对 SEMEX 的财务状况，海信的出价并不高。中信证券研究部金星认为，SEMEX 2014 年度经审计的净资产约 3.45 亿元人民币，2014 年营收 2.05 亿元人民币，净利润约 3 073 万元，净利率约 15%。本次收购对价对比 SEMEX 2014 年市盈率仅 5 倍左右。

中金公司表示，虽然 SEMEX "净利润率 15% 的持续性需后期观察"，但目前的价格是很划算的。同时，海信还将获得授权在整个美洲（除巴西之外）使用 SHARP、AQUOS、QUATTRON 品牌销售液晶电视并获得相关渠道资源。业内人士认为,夏普的品牌影响力有利于海信在美洲快速打开市场,并将长期促进海信自主品牌的出口业务。2014年公司海外业务收入增速达到26%,国际化不断加速。虽然夏普品牌在中国国内有较高的影响力,但研究机构数字显示,夏普在美洲的市场占有率有限,已落至5%以下。夏普公司在2015财年第一季度实现营业收入6 183亿日元,营业利润为-287亿日元,亏损额迅速放大,其中以销售液晶电视为主的数字信息设备部门亏损173亿日元。

此前,富士康曾计划向夏普投资5 700亿日元,但据报道,这一投资在发行商业票据时面临困难,因为它烧钱太快,结果未能成功。2014年夏普出售了波兰彩电工厂和品牌使用权。2015年年初,据日本共同社报道,夏普将于2016年3月前后出售位于南美洲墨西哥的电视机工厂。该工厂生产的液晶电视主要销往北美市场,随着与韩国厂商的价格战愈演愈烈,业务陷入亏损,迫使夏普做出停产决定。

此前东芝和松下已分别宣布停止海外和中国的电视机生产,日本家电巨头在海外的电视机市场呈现节节败退之势。此次夏普计划把墨西哥工厂出售给电子代工企业,但若难以找到合适的买家也可能会将工厂出租。

4. 收购影响

(1) 当前全球彩电业市场持续疲软,海信收购夏普美洲业务后是否能扭亏为盈还是未知数,若持续亏损,那夏普扔给海信的可能就不是福利而是包袱。同时,收购后海信在美洲市场仍保留夏普商标,实现海信、夏普双品牌运作。市场深入和产品快销可以为海信品牌增值。

(2) 对于中国家电企业来说,国际化之路并不容易。所以进入海外市场的最佳手段,无非就是自主扩张和海外并购。因此,此次收购无疑可以看作是海信深入海外扩张之路的一种手段。通过收购海信将获得夏普墨西哥工厂全部股权及资产,并获得夏普电视在北美和南美地区的品牌使用权和所有渠道资源。而且付出的金额并不大。这一做法,不仅会提升海信在美洲市场的产能和出货量,更能够让海信依靠夏普多年来的品牌影响力和积累的渠道资源深入美洲主流市场。从这方面看,收购将为海信带来最大利好。更为重要的是,这还可以看作是海信海外业务发展和布局的一次"练兵"。

(3) 并购所产生的风险对于所有的中国家电企业而言都有警醒意义。并购外企并不是国际化的标志,而仅仅是开始。利用好优势资源,规避风险,未来或将一片光明,若企业盲目收购,那"双刃剑"带来的很可能将是企业的国际化进程受阻,伤人伤己。因此,并购之路任重而道远。对于中国家电企业来说,想要真正实现国际化,不是以代工、低端、价格战等抢占市场,而是必须打造自有品牌，掌握核心技术，快速实现产品升级和结构调整，推动企业在研发、制造、营销、服务等全流程的转型升级，加快对市场的反应速度，最终实现企业的国际化战略目标。

【思考题】
1. 结合案例谈谈中国电视品牌国际化战略的意义。
2. 如何看待巨额亏损状态下的夏普频频出售旗下业务及工厂？

【资料来源】
[1] 刘佳. 濒临破产夏普或将向政府寻求资助 [N]. 第一财经日报，2012.
[2] 刘文剑. 海信吹响彩电技术中国时代的号角 [N]. 科技日报，2015.
[3] 海信收购夏普墨西哥工厂 中国电视品牌国际化加速. 新华网，2015.
[4] 海外收购是双刃剑. 搜狐媒体，2015.

联想收购摩托罗拉

【理论链接】

多元化经营

多元化经营战略属于开拓发展型战略，是企业发展多品种或多种经营的长期谋划。企业多元化经营的形式多种多样，但主要可归纳为以下四种类型：一是同心多元化经营战略，也称集中化多元化经营战略；二是水平多元化经营战略，也称为横向多元化经营战略；三是垂直多元化经营战略，也称为纵向多元化经营战略；四是整体多元化经营战略，也称混合式多元化经营战略，指企业向与原产品、技术、市场无关的经营范围扩展。

摘要：2014 年 1 月 30 日，联想集团宣布将以 29 亿美元的价格收购谷歌旗下的摩托罗拉移动智能手机业务，其中包含摩托罗拉移动品牌和商标、3 000 多名员工、2 000 多项专利及摩托罗拉移动遍布全球的 50 多家运营商的合作伙伴。到同年 10 月 30 日，这一长达 9 个多月的收购计划正式完成。联想不仅完善了全球业务布局，也为其长远发展提供了基础。

关键词：联想；摩托罗拉；横向并购；多元化经营

1. 并购双方

1.1 联想集团

中国联想集团是全球最大的个人电脑生产厂商。2013 年其营业额达到 340 亿美元，电脑销售量居世界首位。2002 年，联想集团通过与夏华电子合作，开始进入手机市场。到 2013 年，联想居全球智能手机供应商第四位，占全球市场 4.6% 的份额。但是其地区销售很不平衡，市场主要在中国和东欧，尚未进入北美和拉美市场。其中一个重要原因是其移动业务在北美和拉美市场没有知名度。

1.2　摩托罗拉移动公司

总部位于美国的摩托罗拉移动公司曾经是世界财富百强企业之一，是移动通信行业领导者。但是，在激烈的市场竞争面前，该公司自2005年起就开始走下坡路，市场份额不断下降，资金日趋紧张，直至2011年被谷歌收购。但是，后来谷歌苦于战线过长，不愿过多涉足硬件制造领域，于是又产生将其出售的想法。摩托罗拉移动也担心在谷歌内部被边缘化，得不到足够的支持，希望找到新的支持力量。

2. 并购概述

伴随着走出去战略的实施，越来越多的中国企业走出国门收购外国企业，壮大自身实力。然而统计表明，中国企业跨国并购的失败率高达60%，几乎是风险最高的商业活动。但令人惊喜的是，联想收购摩托罗拉移动取得了初步的成功。

2014年1月30日，恰逢中国农历除夕，联想与谷歌同时宣布：前者将斥资29.1亿美元从后者手中收购摩托罗拉的智能手机业务（Motorola Smartphone）。2011年8月15日，摩托罗拉移动被谷歌以125亿美元收入麾下。这次收购，是联想自2005年并购IBM个人电脑业务后又一笔重大并购。在并购消息正式公布之前，IT界人士就已经看出了联想的意图，不过几乎所有人都认为联想会收购黑莓（Blackberry）或中国台湾宏达（HTC），而摩托罗拉却成了最终的黑马。杨元庆在接受媒体采访时说，"其实我们对摩托罗拉心仪已久，但最后的结合可以说是'闪婚'。"这位联想集团的掌舵人早在2010年就对摩托罗拉"动了心"，但后来被谷歌捷足先登。为此，杨元庆在自己家里专门宴请了谷歌董事长施密特，并明确表示，任何时候谷歌想放手这个业务，都可以找联想，两个多月前，杨元庆收到了施密特的邮件，双方迅速展开谈判，并在短期内达成了共识。

据联想集团披露的消息，本次并购包括摩托罗拉旗下的诸多品牌，比如Moto X、Moto G以及Mo-to DROID等系列产品以及智能手机产品，包括产品规划与开发。至于专利，联想将只能获得摩托罗拉移动的2 000项专利，而余下的15 000项专利还是在谷歌手中。此外，联想还将收获摩托罗拉与50多家全球运营商的合作关系以及3 500名员工。联想为此付出多达29.1亿美元，在并购完成后随即支付14.1亿美元，其中现金支付6.6亿美元，联想普通股股份支付7.5亿美元，剩下的约15亿美元则以3年期本票支付。该价格至最终达成交易可能还会有所调整。谷歌随后斥资7.5亿美元买入联想5.94%的股份，并于2010年2月7日向HKEX提交了报告。

回顾联想近年来的发展可以发现，海外并购已成为联想拓展国际市场的一种强力手段：2005年并购IBM个人电脑，2011年并购日本NEC与德国Medion，2012年并购美国Stoneware及巴西CCE，这一系列的并购使得联想产品迅速进入成熟、新兴两大市场。通过并购，联想不仅完善了全球业务布局，也为其长远发展提供了基础。

3. 收购的动因

（1）摩托罗拉在被谷歌并购后连年亏损，盈利无望。谷歌是一家创新型的软件公司，而摩托罗拉的实力则更多地体现在硬件方面。被前者收购之后，摩托罗拉并没有物尽其用，原因在于谷歌经营与管理摩托罗拉的能力不足，以至于摩托罗拉连年亏损。并购以后，摩托罗拉合计亏损早已超过10亿美元。某种程度上，谷歌是为了甩掉包袱，轻装前进，同时，出售摩托罗拉既有利于谷歌Android系统的可持续发展又安抚了众多第三方手机厂商。

（2）联想能够拿到进入北美等关键市场的"签证"。虽贵为中国IT业第一品牌，联想手机却一直无法冲出中国大陆，完全打开印度和俄罗斯等新兴市场，在北美市场占有率更是几乎为零。联想谋划进军北美市场，可谓困难重重，而摩托罗拉的出现，让杨元庆的理想一夜之间变成了现实。最近几年，摩托罗拉虽然日渐没落，但其在北美和拉丁美洲市场的影响力依然不可小觑。联想借助摩托罗拉，就可以实现华丽转身，一跃成为国际智能手机生产商，进入北美和拉美市场，甚至进军欧洲都不再是一个遥不可及的梦想。

（3）联想完成对摩托罗拉并购后，不仅可以大大提高自身的技术创新能力，而且还将摩托罗拉的明星产品Motox，Moto GHEDROID系列等收入囊中，假以时日，联想完全可以激发两大品牌各自的优势，重新布局高、中、低各条产品线。而且通过收购摩托罗拉打开了北美市场的大门，更得到了谷歌这样强大盟友的许多支持，尤其是在专利权方面的倾斜，这笔买卖也还划算。虽然无形中被小小利用了一把，但联想也获得了诸多实惠。

4. 收购后的影响与启示

4.1 收购后的影响

（1）联想将获得智能手机市场更多的话语权。据全球智能终端市场研究公司IDC称，2012年第四季度至2013年第三季度，联想手机出货量占据全球市场的4.3%，排名第五，而并购摩托罗拉之后，联想的排名将跃升为全球第三位，仅次于占 31.5% 的苹果和占 15.8% 的三星。市场份额的上升，不仅预示出货量和利润的上升，还表明联想将在智能手机市场拥有更多的话语权，更为联想的国际化战略注入新的活力。

（2）摩托罗拉是北美和拉美市场的知名品牌，颇受广大消费者的欢迎，运营渠道通畅，技术能力强，此次也可以借助联想重返中国市场，而联想是中国著名品牌，是全球 PC 业务领袖，管理水平突出，制造能力强，此次更希望借助摩托罗拉进军欧美成熟市场。联想并购摩托罗拉之后，将采取"两条腿走路"的发展模式，即：低端品牌与高端品牌协同发展，国内市场与国际市场协调互补，技术研发与产品制造皆不放松。对并购双方而言，都是各取所需，取长补短，有利于企业的发展壮大。

（3）海外并购成功的难点是企业文化整合实际上，任何成功的跨国并购，作为并购方都需要实施本土的文化战略，从这个意义上说，跨国并购中拒绝"文化强势"。相反，作为并购方首先要采取融入被并购方文化的态度，尽可能保留或吸收被并购方的先进文化，这样才有可能让被并购方员工接受这次并购，并能相互了解、彼此信任，形成对未来目标的共识。这次，面对摩托罗拉，联想如果能在短时间内解放思想，统一认识，采取措施留住人才，则意味着联想已经迈过了文化整合这道坎。

4.2　成功收购的启示

4.2.1　重视媒体宣传

在信息化与经济全球化深度融合的时代，权威媒体对企业的报道影响着企业的发展和投资者的兴趣。近年来，中国企业并购潮风起云涌，然而失败率也随着水涨船高。市场对于收购案的习惯性看淡通常会对企业的股价产生负面影响，因此企业并购时必须重视媒体的作用，与媒体建立良好的关系，让媒体恰如其分地宣传报道自己。

4.2.2　通过订立保障措施实现双赢

并购是双方自愿的行为，当事双方肯定是追求利益最大化，无疑也应该是双赢的安排和结局。但是很多并购活动因为外部环境的变化而使并购一方甚至双方利益受损。因此在收购过程中，双方企业不妨把情况想象得更严峻一些，把可能出现的各种最坏情况都考虑到，事先采取一些预防措施，准备一些补救手段来应对各种不测，并订立一些保障措施来确保某一方不要过分受到伤害，最好是实现双赢；以此为双方提供持久的合作动力和纽带。

4.2.3　采用多种支付方式确保流动资金宽裕

确保流动资金宽裕，对企业经营是至关重要的。因此收购方企业不能采取单一的现金支付方式，而应该采取多种支付方式以确保企业有足够的现金应对各种情况，比如股票和延期付款票据方式等。通过股票支付还有很多好处，被收购企业既能分得母公司的红利，也能自由地套利出局；收购企业既可以享受延期纳税和低税率的优惠，也可以使并购双方共同承担股价下降风险。除此之外企业还可以通过交换股份的方式收购上市企业，这同样可以使收购方与目标企业都持有双方的股票，从而形成利益共同体，提高收购的成功率和团结合作的动力。

4.2.4 充分发挥原有品牌优势

好的品牌是消费者对一个企业及其产品、售后服务、文化价值的一种认可和肯定，是一种信任。好的品牌是给拥有者带来溢价、产生增值的一种无形资产。当然，它也是企业长期努力的结果。因此，企业并购后要像联想集团一样珍惜双方企业长期形成的良好品牌，可以几个品牌同时运行。

总而言之，联想并购摩托罗拉，代表了IT业的一个发展趋势，即硬件和低端科技产品的制造甚至服务流向发展中国家。联想并购摩托罗拉，不仅获取了宝贵的专利授权，丰富完善了产品组合，同时依靠摩托罗拉强大的品牌影响力，以及成熟的供应商和销售渠道，为其进军国际市场奠定了坚实的基础，更为有志于"走出去"的中国企业提供了宝贵的并购经验。

【思考题】

1. 如何看待联想成功收购摩托罗拉后余下1 500多项专利权仍归谷歌所有这一问题？
2. 试分析摩托罗拉的真正价值意义。

【资料来源】

[1] 冯涛. 联想收购摩托罗拉的成功性分析 [J]. 财经界（学术版），2014.

[2] 刘兴亮. 对于联想_摩托罗拉的价值到底是什么 [J]. 中国传媒科技，2014.

[3] 刘绵勇. 联想收购摩托罗拉移动的做法与启示 [J]. 重庆科技学院学报，2015 (7).

[4] 高民芳. 从专利角度分析联想收购摩托的意图 [J]. 中国科技信息，2014.

[5] 吴定祥. 中国联想并购摩托罗拉案例分析 [J]. 对外经贸实务，2015 (4).

[6] 刘勇. 摩托并购背后的术与道 [J]. 商界，2014 (12).

锦江国际集团收购法国卢浮酒店集团

【理论链接】

现金并购

现金并购是跨国并购活动中最快捷的一种支付方式。凡不涉及发行新股票的并购都可以被视为现金并购,即便是并购方直接发行某种形式的票据完成并购也可视为现金并购。现金并购在各种支付方法中占有很高的比例,这是因为:首先,现金并购的股价简单易懂;其次,对卖方比较有利,是卖方最愿意接受的一种出资方式,因为卖方得到的是确定金额,不必承担证券市值变化风险,也不会受到并购后公司发展前景、利率及通过膨胀等因素的影响。对于买方来说,现金并购的好处是能保证现有股东的控制权,现有的股权结构不会受到影响,然而买方要承担巨大的现金流出,因此要充分考虑自己的付现能力。

摘要: 锦江国际与美国投资基金喜达屋资本集团通过各自附属公司,已就喜达屋资本集团出售卢浮集团和全资子公司卢浮酒店集团100%股权的事宜签署相关协议,2015年1月14日晚间,已停牌两个多月的锦江股份发布了并购公告,拟约百亿人民币收购卢浮集团(GDL)100%股权,以期拓展国际化战略。收购完成后,锦江股份的盈利能力和营业收入规模大幅度提升。

关键词: 锦江国际集团;卢浮酒店;现金并购

1. 交易双方

1.1 锦江国际(集团)有限公司

锦江国际(集团)有限公司(以下简称"锦江国际集团")是中国规模最大的综合性旅游企业集团之一。集团注册资本20亿元,员工5万余名。集团以酒店管理与投资、旅行服务及相关运输服务为主营业务;控股(或间接控股)锦江酒店、锦江股份、锦江投资、锦江旅游4家上市公司。集团与万豪、希尔顿、洲际、费尔蒙、雅高等世界著名酒店集团以及日本三井、英国 HRG、瑞士理诺士等 20 多家全球知名企业集团建立了广泛的合资合作关系。

"锦江"是中国驰名商标、上海市著名商标，品牌价值 172 亿元。锦江国际集团共有三大核心产业。

(1) 锦江酒店：以"锦江酒店"和"锦江股份"为主体，专业从事全服务酒店及有限服务酒店的投资营运和管理以及餐饮业的投资与经营。截至 2014 年年末，旗下营运及筹建中的酒店共 1 767 家，客房数共约 25.8 万间。在中国境内，酒店网络遍及 31 个省、直辖市、自治区约 310 个城市，酒店品牌包括 J. Hotel、锦江（Jin Jiang）、锦江都城（Metropolo）、锦江之星（Jin Jiang Inn）等系列，以完善的综合酒店服务及独特的业务模式享誉全国；海外业务方面，锦江酒店持股 50% 的美国洲际酒店集团（Interstate Hotels & Resorts, LLC）在全球 13 个国家管理了 432 家酒店。以客房量计算，在国际酒店和餐厅协会官方刊物《HOTELS Magazine》发布的全球酒店集团 300 强排行榜上，锦江酒店位列全球第 10 位。合资经营"肯德基""吉野家"等著名餐饮品牌，中瑞合作锦江国际理诺士酒店管理学院从事中、高级酒店管理专业人才培训。

(2) 锦江客运物流：以"锦江投资"为主体，从事客运、物流产业。所属锦江汽车服务公司拥有各类高、中档大客车、租赁车、出租车等 10 000 余辆，为上海同业中综合接待能力第一；锦海捷亚国际货运公司，国内、外网点近百家，其无船承运业务位于全国前列；与日本三井集团合资经营锦江国际低温物流有限公司，打造集报关报检、冷藏冷冻、仓储、分拣、理配、运输、供应链管理服务为一体的全程冷链物流运营商。

(3) 锦江旅游：以"锦江旅游"为主体，拥有上海国旅、上海锦旅、上海旅行社、华亭海外等多家国际、国内旅行社。业务涵盖出境旅游、入境旅游、国内旅游、会务奖励旅游各个方面；设有网点分公司作为专业销售公司，营业网点近 70 家；受集团委托管理"上海锦江国际 HRG 商务旅行有限公司"。"锦江旅游"作为中国旅行社行业的龙头企业之一，列全国旅行社集团十强第 7 位。

1.2 法国卢浮酒店集团

法国卢浮酒店集团总部位于法国巴黎，起源于 1855 年，曾经管理过卢浮宫所在地的卢浮宫博物馆，卢浮宫百货公司和卢浮宫大酒店。如今卢浮宫大酒店已经归属于美国凯悦酒店集团。卢浮酒店集团于 1976 年正式成立并自 2005 年被喜达屋资本以约合 32 亿美元收购。2009 年 7 月，卢浮酒店集团与荷兰金郁金香酒店集团达成联盟，目前旗下酒店数量在全球酒店集团中排名第 14 位。卢浮酒店集团是欧洲第二大酒店集团，麾下拥有和管理经营 6 个各有特色的酒店品牌：Première Classe、Campanile、Kyriad、Tulip Inn、Golden Tulip 和 Royal Tulip。通过向新兴市场拓展及强大的现有酒店网络（法国、欧洲、北非、巴西和印度），卢浮酒店集团在全球40多个国家经营超过1 100家酒店的9万多间客房。此次与锦江之星联盟合作的品牌是该集团麾下的经济型酒店品牌Campanile，该品牌共有388家连锁酒店。卢浮酒店集团还是欧洲著名奢华水晶品牌Baccarat和香水品牌Annick Goutal的大股东，目前尚不清楚，锦江国际收购的资产中是否也包括这两项资产。

喜达屋资本集团是一家美国私募投资公司，主要致力于全球房地产行业。集团总部设在格林尼治，在全球6个国家的12个城市设有办事处。自1991年巴里·斯达姆利奇开创以来，喜达屋资本集团已经筹集了近280亿美元的权益资本，目前管理的资产总价值达370亿美元。集团在全球几乎所有类别的房地产上都有投资，并因风险回报变化不断调整投资类别及地理覆盖。截至2013年，喜达屋资本已经出售了四大高端酒店品牌，其中包括法国卢浮集团和卢森堡星座酒店（Constellation Hotels）。1993年喜达屋资本公司购买了第一批酒店。1994年，喜达屋在30多家及对岸的8 000间客房拥有股份。1995年，喜达屋资本公司收购了酒店投资人信托公司，该公司被重命名为喜达屋住宿公司。在1996年，它拥有100家饭店，26 483间客房，年收入为3.853亿美元。1998年，喜达屋完成对威斯汀酒店的购并工作，并更名为喜达屋酒店集团，之后收购了ITT集团和Westin饭店。同年，喜达屋集团收购了喜来登。

2. 并购动因分析

（1）中国游客持续旺盛的出境需求以及政府的支持。

根据中国国家旅游局的数据，中国2013年出境游人次上升至9 820万人次，且每年呈平稳上升趋势，2014年超过1亿人次。其中，欧洲已成为仅次于亚太地区外的中国游客主要出境游目的地，而法国正是其中最受中国游客青睐的国家之一。这一趋势也给旅游目的地酒店的客流量带来显著提升，有限服务型酒店的市场需求也同步扩大。

（2）收购后，锦江国际集团整体资产规模将会进一步提高，营业收入和税息折旧及摊销前利润会出现较大增长。

2011年年末至2014年上半年，锦江股份的资产负债率分别为19.15%、20.82%、38.15%和38.32%，呈逐渐上升趋势；本次交易切割完成后，其负债率将升至82%。而这也意味着，虽然本次收购利用了较高的财务杠杆，随着后期运营的逐步磨合和品牌整合的完成，利润释放空间较大，但短期来看，锦江股份需面对银行借款而承担较高的利息支出。本次收购中，对虽然标的公司卢浮的估值偏高。然而若收购成功，则卢浮酒店的资产价值很有升值空间，且根据卢浮系列品牌在欧洲的高知名度，不需做太大整改，只要维持目前的经营，今后一旦出售，会给锦江酒店带来很高收益。

（3）促使锦江国际集团完成品牌输出、轻资产化的转型道路。

锦江股份表示，公司与目标公司的主要业务领域均属"有限服务酒店"定位，本次交易完成后，公司将努力实现国内现有业务与卢浮酒店集团业务之间的优势互补和协同效应。

（4）中国企业正在大规模扩张酒店资产，且卢浮酒店集团一直以来与锦江集团保持着良好的合作伙伴关系。

锦江收购法国卢浮酒店正值中国企业大规模扩张酒店资产之际。中国安邦保险曾宣布斥资 19.5 亿美元从希尔顿全球手中收购历史悠久的纽约著名地标建筑华尔道夫酒店。总部位于香港的开元控股近期也曾收购巴黎香榭丽舍大街万豪酒店。

在此次并购达成之前，卢浮酒店集团一直以来与上海锦江保持着良好的合作伙伴关系。2011 年，两家公司曾经在法国和中国运营复合品牌来满足两国之间游客的需求。前期良好的合作也为此次交易奠定了基础。

（5）卢浮酒店集团的大股东喜达屋资本非常专注于酒店产业交易且卢浮酒店目前亏损严重。

喜达屋资本在出售卢浮集团之前先进行了资产处理，部分优质资产已剥离，尽管如此，卢浮的市盈率（调整后净利润）仍显著高于欧洲同业公司平均市盈率。出售过后不仅能防止卢浮集团亏损对整体财务的影响并且能借机推进卢浮酒店集团下属酒店品牌进入亚太市场，锦江股份下属酒店品牌进入欧洲市场。建立在对方主要市场的企业知名度，并推动中法之间的酒店和旅游业发展。

3. 收购过程

2015 年 1 月 14 日晚，已停牌两个多月的上海锦江国际酒店发展股份有限公司（锦江股份）发布公告称，拟现金收购卢浮集团（GDL）100% 股权。按公告，这次交易预计将达到 12.5 亿~15 亿欧元（按 1 欧元对 8.3946 元汇率计算，合计 104.9325 亿~125.919 亿元），扣除借款协议偿付金额后，应支付给交易对方及其关联方的交易对价约为 9.6 亿~12.1 亿欧元（80.58816 亿~101.57466 亿元）之间。本次交易为现金收购。本次交易的资金来源为自有资金及银行贷款，其中自有资金不低于 30%。

2011 年 11 月锦江股份公告，公司全资子公司锦江之星已与卢浮酒店集团举行《品牌合作框架协议》的签约仪式。双方约定，双方签署品牌授权协议，互相提供品牌许可，供对方的合作酒店在协议规定期限内无偿使用。锦江之星从中国境内的直营酒店中挑选 15 家"锦江之星"品牌连锁酒店作为合作酒店,卢浮酒店集团从法国境内的直营酒店中挑选 15 家"Campanile"品牌连锁酒店作为合作酒店。

2012 年 3 月两家酒店同时表示结盟仅是第一步,资本运作计划才是之后更实质性的举措。卢浮酒店的大股东是喜达屋资本,喜达屋资本有意向锦江酒店方面出售卢浮酒店部分股权,而锦江酒店在收购美国洲际成功后,对海外收购颇有兴趣,在锦江酒店看来,卢浮酒店的控股权或许才是真正吸引人的。喜达屋资本掌握了卢浮酒店集团约 80% 股权,而收购、出售是喜达屋资本最喜好的事情,2012 年 3 月,喜达屋资本已接触过锦江酒店的管理层,表示了出售卢浮酒店集团约 20% 股权的想法,不过锦江酒店并未马上接盘,因为在锦江酒店看来,最重要的是控股权,假如喜达屋资本愿意出售控股权或者更多,则锦江酒店会非常乐意考虑,双方的洽谈还在进行中。曾有公开消息称,锦江酒店上市时曾计划将招股规模大约 10% 的股份出售给喜达屋资本。

2014 年 11 月 12 日,锦江国际集团和美国喜达屋资本集团联合公布,双方已就喜达屋资本出售卢浮集团和全资子公司卢浮酒店集团 100% 股权签署相关协议。谈判完成后,锦江国际向旗下经营酒店的上市公司锦江股份发函,征询是否作为收购方参与该项目。2005 年 1 月 14 日,停牌两个多月的锦江股份发布公告:拟以百亿元人民币巨资收购卢浮集团 100% 股权。对此,锦江股份方面称,此番收购有利于其拓展国际化战略。

在交易架构上,锦江国际集团避开与其他 6 家潜在收购方同台竞标,与喜达屋资本单独直接进入实质性股权转让合同谈判。为避免资产交割时的风险,锦江国际集团一改传统资产尽职调查方案,设立相关法律技术条件保证,设计了保证性托底条款和高额违约金。先期谈判完成后,锦江国际集团发函给旗下两家经营酒店的上市公司锦江酒店和锦江股份。最终,锦江股份方面确认收购。

据公告,锦江股份此次通过在境外设立全资子公司作为收购主体,现金收购喜达屋资本拥有的卢浮集团 100% 股权的股权交割工作已完成,购买价款为 13 亿欧元减去交割净财务债务后的余额。在扣除银团贷款合同偿付金额后,锦江股份方面支付给交易对方及其关联方的交易款项为 9.96 亿欧元。最终购买价款还将根据《股份购买协议》约定的价格调整机制而相应调整。

4. 收购影响

(1) 从政府政策和上市公司资本运作的角度看,锦江股份的此番收购明确体现了上海国资委的支持以及锦江层面出海的战略意图。然而,锦江集团旗下的锦江国际旅行社或将借此发力,与酒店业形成上下游产业链,将境内外资源进行整合，充分把握海外机遇。现时，锦江酒店在11个国家拥有和经营约1 700多间酒店及旅行社，预计收购进一步加强该公司在国际市场上的实力。

（2）标的公司卢浮集团却在2014年亏损2 247万欧元。卢浮集团自2013年起开始资产重组而产生了不同程度的非经常性处置利得或损失，影响了其盈利能力。在面临高利息支出的同时，购买亏损企业后，锦江在净利润方面压力很大。

（3）锦江系共有四家上市公司，"一拖三"格局上市。锦江酒店是锦江投资、锦江股份和锦江国旅的控股股东。卢浮酒店集团同锦江股份定位相当，以经济型酒店收入为其主要收入来源。收购完成后，锦江股份运营的客房数量将激增，卢浮运营的91 154间客房届时将被悉数纳入旗下。分析师称，锦江股份的盈利能力和营业收入规模还将大幅得到提升。2013年7月1日至2014年6月30日，锦江股份营业收入由28亿跳至66亿元人民币，EBITDA由10亿元人民币增至19亿元人民币。据官网介绍，2014年，卢浮集团财年非经常性损益前的营业利润为6 264万欧元。

【思考题】
1. 结合案例谈谈锦江股份收购卢浮酒店后的喜与忧各是什么？
2. 评价国内经济型酒店的核心竞争力及发展趋势。

【资料来源】
[1] 锦江股份收购卢浮的喜与忧：高利息支出等压力不小. 网易财经，2015（4）.

[2] 王楠. 经济型酒店核心竞争力分析——以锦江之星为例 [J]. 中国市场，2009.

[3] 乐琰. 锦江之星结盟法国卢浮酒店意在控股 [N]. 第一财经日报，2012.

[4] 王齐. 锦江集团将收购卢浮酒店集团 [N]. 东方早报，2014.

四川腾中重工收购悍马

> 【理论链接】
> 混合并购
> 当并购企业与被并购企业分别处于不同的产业部门、不同的市场,且这些产业部门的产品没有密切的替代关系,并购双方企业也没有显著的投入产出关系,其中目标公司与并购企业既不是同一行业,又没有纵向关系,那么称这种并购为混合并购。

> **摘要**：2009年6月四川腾中重工机械有限公司表示,已与相关政府部门就收购悍马一事展开沟通,同时,四川省发改委方面也透露,正在进行此次收购的前期工作。然而几经磋商后,通用汽车于美国东部时间2010年2月24日在底特律总部宣布四川腾中重工未能按期完成对悍马的收购,此项收购交易失败,通用汽车将逐步关闭对悍马的运营。
> **关键词**：腾中重工；通用公司；悍马汽车；混合并购

1. 交易双方

1.1 四川腾中重工机械有限公司

四川腾中重工机械有限公司,原名四川腾中机械设备制造有限公司,注册于2005年1月,2008年1月更名为四川腾中重工机械有限公司。作为一家民营企业,四川腾中重工机械有限公司自2005年成立以来,通过一系列成功的兼并收购迅速拓展业务领域,现已发展成为一个在全国各地拥有众多销售和服务中心的民营企业。

四川腾中重工机械有限公司是中国桥梁支座、伸缩缝装置、预应力体系、筑养路机械老牌生产基地。公司分别与1997年取得ISO9001国际标准认证,2004年取得全国首批工业产品生产许可证,2006年首批通过CRCC铁路支座产品认证。一大批创新型新产品频频创中国企业纪录。桥梁支座荣获四川省名牌产品称号。其产品主要用于长江、黄河、跨海大桥,市政桥梁和轻轨工程,建筑场馆,航空基础设施,重点高速公路,水利水电领域,并出口国外。

2005年,公司收购四川长电电力公司并改名为腾中电子有限公司。四川长电电力公司于1965年成立。2006年,腾中电子有限公司更名为四川腾中工业有限公司。同年,腾中重工收购了于1958年成立的广元建筑机械集团。2007年,公司于四川省新津创立一个生产基地,公司更名为四川腾中重工有限公司。2008年,腾中重工从中国交通建筑公司收购了新津筑路机械厂,现为新津腾中筑路机械有限公司。同年,腾中重工进入能源设备制造领域。与此同时,公司正待整合甘肃兰通机械厂。

1.2 通用汽车公司

美国AMG公司以生产悍马而世界闻名。AMG公司的创始人是一位自行车制造商,1903年成立越野汽车部。并于1912年成立威利斯—越野汽车公司,生产威利—骑士汽车。1953年,商人凯赛购买了威利斯—越野汽车公司,更名为凯赛—吉普公司。1970年,美国汽车公司购买了凯赛—吉普公司,又更名为吉普公司,该公司由商务汽车部和政务汽车部等两个独立部门组成。1971年,政务汽车部成为美国汽车公司子公司——AMG汽车公司。1980年,AMG承接美国军方另一宗军车设计任务,设计出悍马军用越野汽车。1983年,美国LTV公司从美国汽车公司手中购入AMG汽车公司。1992年,AMG又转入了Renco集团。同年,借助于在海湾战争中的优异表现,第一辆民用悍马面世,即悍马越野车,立刻赢得了众多青睐。由于优异的运行性能,被业内外人士誉为"越野车王"。

1999年,通用汽车公司从AM General取得了悍马的商标使用权和生产权。通用汽车公司(GM)成立于1908年9月16日,自从威廉·杜兰特创建了美国通用汽车公司以来,通用汽车在全球生产和销售包括雪佛兰、别克、GMC、凯迪拉克、宝骏、霍顿、欧宝、沃克斯豪尔以及五菱等一系列品牌车型并提供服务。2014年,通用汽车旗下多个品牌全系列车型畅销于全球120多个国家和地区,包括电动车、微车、重型全尺寸卡车、紧凑型车及敞篷车等。

公司下属的分部达20多个,拥有员工202 000名。分布在六大洲150多个工作地点,其产品销售于全球120多个国家和地区。通用汽车公司是美国最早实行专家集团管理和股份制的特大型企业之一,尤其重视质量把关和新技术的采用,因而其产品始终在用户心中享有盛誉。凭借在电池、电动汽车和动力控制等方面的突破,通用汽车不断扩大其在汽车电气化的领先地位。同时,通用汽车还积极推进高效节能技术的进步,包括可变气门正时、直喷技术、六挡变速、柴油发动机、涡轮增压以及优化空气动力学设计等。

2. 收购动因

（1）在全球金融危机的背景下，通用公司270亿美元的无担保债券的债转股方案失败使得通用濒临破产。

2009年6月，刚过百年的通用内忧外患，外有全球性的金融危机，内有公司270亿美元的无担保债券的债转股方案失败，使得通用濒临破产，不得已申请破产保护以求得新生。随之崩塌的还有美国汽车工业帝国的梦想和通用77年蝉联全球最大汽车制造商的历史。在申请破产保护之后，通用首先做的就是将悍马从公司中剥离，全力打造四大核心品牌。因为悍马以前是军用越野车，1991年海湾战争时大显身手，并由此进入军民两用车领域，悍马定位是高级豪华越野车，客户是富豪或个性张扬的年轻人。2006年，悍马在美国市场销量超过7万辆。但"高油价时代"来临预示着悍马噩梦的开始。2009年上半年，悍马在美国市场销量暴跌，6月只售出2 032辆，比去年同期下降60%，2009年入不敷出不能保本，亏损严重，只能寻求整体企业重组、品牌出售。而且随着环保运动高涨，美国社会逐渐形成了"反悍马风潮"。在环保人士眼中，悍马是高耗油车的典型代表，开悍马车等同于浪费能源。

（2）悍马是高度知名的、全球性的独特品牌，并且悍马拥有资深练达的领导团队和出色的车辆设计能力。

腾中重工方面认为悍马业务在美国和全球都有良好的发展机会，悍马品牌展示的是一种勇于探索、自由和奔放的精神，并相信腾中重工的投资将有助于加速下一代节能车型的问世，满足客户的需求和达到未来监管方面的要求，使得腾中重工向多领域多层次多角度的方向发展。腾中重工计划对悍马品牌和产品研发能力投入资源，从而满足美国和全球市场对提高燃油效率的新产品的需求，在向悍马注入活力同时，提高四川国际知名度。并且悍马有着稳定的客户群和巨大的增长潜力。

3. 收购过程

2009年6月29日，四川腾中重工机械有限公司表示，已与相关政府部门就收购悍马品牌一事展开沟通，同时，四川省发改委方面也透露，正在进行此次收购的前期工作。这意味着此项收购案已开始进入审批程序。有海外媒体称，腾中重工于29日正式与发改委有关部门进行协商，四川省商务厅和四川省发改委已经就此分别向商务部和国家发改委上报。而国家发改委外资司的相关处室的工作人员表示，尚未接到关于此事的申报，对此事不知情。此前，商务部发言人姚坚也在例行发布会上表示，还没有收到有关四川民营企业宣布收购悍马的申报。

2009年7月初，四川腾中重工收购悍马一事将进入政府协商阶段。通用相关人士表示，通用和腾中重工将于7月初与中国监管当局进行商谈，期望监管层批准四川腾中在9月底前收购悍马品牌。该协商或将持续数周，腾中重工已与通用就收购悍马达成了临时谅解备忘录，但通用表示在获得政府批准前不能签署任何协议。腾中重工正通过四川省商务厅向国家商务部上报其交易情况。

2009年7月15日腾中重工表示，公司已经向发改委提交申请，公司现在正在积极配合国家相关部门审核，这是腾中重工首次就审批进展正式对外表态，这一消息得到发改委相关官员的证实，此举意味着腾中重工收购悍马一事正式进入官方审批阶段。对于腾中重工收购悍马一事，收购资金来源和环保风险均是发改委考虑的因素。收购悍马的资金来源，将是由自有资金加银行贷款及部分个人投资者的资金构成。而此次收购审批中的另一关键部门——商务部依然表示，目前尚未收到腾中重工的申请文件。

据了解，腾中重工与通用汽车将于7月28日至8月5日之间签订收购条约。而腾中重工收购悍马的资金总额将确定在3亿美元以下，将由摩根士丹利足额提供。对收购悍马和悍马国产两个步骤的审批，分别由商务部和发改委负责。目前，商务部已经亮起绿灯。但悍马国产方面，发改委态度尚待明确。不过，悍马已经在天津中汽研做过测试，结果良好，悍马新一代的发动机技术已经在节能方面有了优秀的表现。而油耗问题，恰为悍马国产能否通过发改委的关键问题。如果最终发改委通过悍马国产审批，那腾中重工将会把此项目放在四川德阳。

2009年8月24日，商务部、国家发展改革委有关负责人表示，迄今为止，腾中收购悍马没有获得任何政府部门的同意。国家发改委已经彻底回绝了腾中的收购申请，理由为腾中上报的收购报告中，仅收购悍马的品牌，不属于发改委核准项目。

外媒称，悍马表示双方继续谈判，并没有严格的截止日期。一旦悍马品牌出售给中国腾中重工的交易敲定，悍马计划将新总部迁到密歇根州的底特律。悍马表示，计划在新的总部创造300个职位，包括设计、营销、工程学和销售方面的人员。密歇根州预计，与此相关的零部件供应、工程承包和其他行业可能还会创造600个职位。此外，悍马承诺五年内向新总部投入940万美元，密歇根州则承诺未来10年提供260万美元税收优惠。

2009年10月9日，腾中重工与通用汽车宣布，双方就通用汽车旗下高端全路面品牌悍马业务的出售签署最终协议。腾中将以1.7亿美元左右获得悍马品牌、商标和商品名称的所有权，同时，拥有生产悍马汽车所必需的具体专利的使用权。买方还将承接悍马与现有经销商签订的经销协议。

腾中悍马在中国的运营团队已经在上海成立,前奇瑞销售公司常务副总、奇瑞国际公司常务副总黄志强负责腾中悍马的总体运营。该运营团队将主要负责进口悍马在华的分销工作。而瑞信和花旗,则是此则交易背后,腾中操持此事的合作者。据悉,腾中光在此方面,就已经花费3 500万~4 000万元人民币。腾中将通过设立一家投资公司来完成对悍马的收购,并将拥有该投资公司80%的股权,私人企业家索郎多吉先生持有其余20%的股权。他目前还拥有包括芒硝生产公司旭光资源在内的其他业务。协议的财务条款不对外披露。交易的生效还有待常规交割条件的完成以及中国和美国主管部门的审批或审查。这一最终协议的签署,使双方有条件向前推进相关的监管审核程序。

就在外界认为此事尘埃落定之时,美国时间2010年2月24日,通用汽车总部宣布四川腾中重工未能按期完成对悍马的收购,此项收购交易失败,通用汽车将逐步关闭对悍马的运营。由于在双方商定的期限内未能获得中国相关监管机构对悍马交易的批准,腾中重工经与通用磋商,宣布停止推进交易的相关行动,并终止签署的最终协议。对于此项收购以失败告终,通用和腾中双方均表示遗憾。

4. 收购失败原因

4.1 日渐萎缩的消费市场不支持商业收购

随着石油价格的上涨,耗油型产品在市场上的销售出现一定萎缩。相对于小排量的经济型轿车来说,悍马是豪华型汽车的代表。在同等条件下,小排量的汽车以相对低的维护成本和相对低的运营成本、相对低的折旧与损耗成本,满足与悍马同等程度的代步要求,且不必支付高额的维护和运营的成本。悍马作为豪华型车来说,无疑带有炫耀性消费和奢侈性消费的性质,主要消费对象是高收入阶层。但是相对于其他类型的豪华型车辆来说,悍马的不足表现在大排量的高能耗上。对于宝马、奥迪、奔驰等豪华型车来说,悍马的运行成本偏高。除了支付更多的燃油费用之外,还会因体重较大、体型较大产生诸多停车、上路的额外成本。尤其是,在全社会普遍重视节能的情况下,车主使用悍马会损及个人或者企业的公众形象,这会对潜在的购买者产生影响。

4.2 收购后的运营难度巨大

相比1.5亿美元的购买价格来说,买下悍马之后,腾中重工的后期投入更是一笔庞大的开支。首先就是人力资本,悍马的生产地仍以美国为主,这就需要腾中为美国工人的高福利、高工资买单。除此之外,高层管理人员的整合运营成本、额外报酬以及技术研发成本,所有这些投入加在一起无疑是一个天文数字。

除了资本投入，并购之后的整合也充满了困难。此前，腾工从未涉足乘用车生产行业，他的业务主要集中在道桥构件、建筑机械等产业。交易完成之后，悍马车的生产以及大部分业务将保留在美国本土，总部也在美国，对于腾中重工来讲，悍马未来的跨国运营难度很大，如何更好地协调境内外的运营，融合两国两企业的文化，让重金收购的悍马真正为企业创造价值，都是腾中需要解决的问题。并且悍马高油耗高排放的特点使其与世界汽车业的总体趋势不符，腾中重工必将走上艰难而漫长的研发之路。

4.3 军工产品引进受限

通用公司曾明确指出，军用悍马不在收购之列。也就是说在收购之前，军用悍马已经从悍马系列中剥离出去。在伊拉克战场上，美军使用的军用悍马以其优越的性能赢得了全球军事观察家与爱好者的赞美。中资企业收购悍马，不排除有转型生产特种军用车辆的考虑。但在美方进行信息披露后，生产军用悍马的可能性为零，商业利益无疑受到很大限制。

4.4 腾中重工并不具备汽车生产资质

2010年年初，底特律车展上，通用汽车（中国）总裁甘维文表示，腾中收购悍马最大的障碍是腾中不具备汽车生产资质。首先要解决这个问题才能完成交易。汽车产品涉及人身安全，国家对汽车实行严格的生产准入制。经过国家有关部门审核批准的企业才有资格生产汽车。目前国内具有整车生产资质的企业有一百多家。腾中是一家以生产搅拌机等筑路机械为主的企业，不具备汽车生产资质。

4.5 腾中重工屡次冲撞政策底线

根据国家发改委2004年颁布的《境外投资项目核准暂行管理办法》，国家对境外投资资源开发类和大额用汇项目实行核准管理。在开展对外谈判之前要向国家发改委报备，得到确认函后才能进行谈判。腾中收购悍马，收购资金超过1亿美元。这种大额的境外投资项目，国家发改委审核后还需报国务院核准。然而，2009年6月腾中宣布收购悍马后，才去向主管部门汇报收购相关事宜。腾中方面发现如果按照最初的打算根本通不过审批，于是才通过四川省发改委向国家发改委申报，只是收购悍马品牌不收购股权也不在国内生产。

按照最初计划，腾中将获得悍马品牌、商标和商品名称的所有权，同时，拥有生产悍马汽车所必需的具体专利的使用权。买方还将承接悍马与现有经销商签订的经销协议。从协议内容来看，腾中并没有放弃在国内生产悍马的打算。还买下了悍马的经销权，这已经不是收购品牌，而是收购经销渠道，超出了服务贸易的范畴。可以看出，腾中用各种方式规避政府监管。

【思考题】
1. 结合案例分析为什么通用公司在破产之后首先想要剥离悍马？
2. 简要分析腾中重工收购悍马失败的原因。
3. 腾中重工收购悍马的失败的案例带给我们哪些启示？

【资料来源】
［1］卜小玲. 从四川腾中收购悍马看企业的跨国并购. 2010.
［2］钱婵娟. 是悍马还是憨马［J］. 车坛众议，2010.
［3］周民良. 从悍马收购案看中国企业跨国并购的策略选择［J］. 公司与产业，2009.
［4］耐人寻味交易夭折腾中买"马"三大疑点. 2010.

清华紫光 25 亿美元收购惠普子公司

> 【理论链接】
>
> 绝对控股与相对控股
>
> 要拥有国外企业的控制权,需要持有其股份并达到控股水平。控股又分为绝对控股(50%以上)和相对控股(成为第一大股东)。对于相对控股,国际货币基金组织在《国际收支手册》中认为,在所投资的企业中拥有25%以上的投票股可以认为在所投资的企业中拥有控制权,而美国商务部规定,美国公司对国外投资时如拥有某公司股权超过10%即视为直接投资。这是因为在现代企业制度下,股份公司的股权通常是高度分散的,拥有10%的股权就有可能是最大股东,从而实现相对控股。

> **摘要**:清华控股与惠普公司2015年5月22日在京宣布达成合作,清华控股旗下紫光集团下属子公司紫光股份有限公司,以不低于25亿美元收购惠普公司旗下华三通信51%的股权,成为该公司的控股股东。此举开创了国内外IT厂商合作新模式,同时,这也将成为跨国企业在中国本土化的新路径。
>
> **关键词**:惠普;清华紫光;IT新模式;国有控股

1. 并购背景

1.1 北京紫光电子公司

北京紫光电子公司隶属于清华紫光集团,成立于1992年8月,位于北京市海淀区清华大学东门,公司以清华大学的科技与人才优势为依托,先后开发出国家级重点新产品,主要产品集中于信息技术,电子产品等几大领域。Uniscom(紫光)电脑及配件系列主要从事紫光品牌PC的研究开发、生产制造和市场销售。紫光电脑定位于国产精品,产品系列化。紫光电脑贯彻"品质高于一切"的质量方针,所有产品都经过严格的测试和检测。紫光电脑选件精良,全部配件都由世界著名厂商提供。从基本的兼容性测试到产品定型，以至每一个成熟产品的推出都尽一切可能提高性能价格比。凭借清华紫光的品牌优势，形成了金牛商用系列、紫竹工作站系列、紫丁香家用系列、点睛图形工作站、紫荆花服务器系列等计算机产品；公司依靠清华大学强大的科技和人才优势，不断致力于产品创新，并借助清华紫光的软件、光盘、扫描仪和网络等计算机应用技术优势，充分满足广大用户在应用领域中的诸多需求，为用户提供软、硬件一体化的解决方案。

1.2 惠普

惠普是世界最大的信息科技（IT）公司之一，成立于1939年，总部位于美国加利福尼亚州帕洛阿尔托市。惠普提供的产品涵盖了IT基础设施、个人计算机及接入设备、全球服务，面向个人消费者、大中小型企业的打印和成像等领域。惠普致力于探索科技和服务如何帮助人们和企业解决其遇到的问题和挑战，并把握机遇、实现愿景、成就梦想。运用新的思想和理念来打造更简单、更有价值、更值得信赖的技术体验，不断帮助客户改善其生活和工作方式。其在 UNIX 服务器、Linux 服务器、Windows 服务器、磁盘存储系统、存储局域网系统（SAN）、外部 RAID 存储系统、工作站、台式机、笔记本电脑、手持设备、喷墨打印机、激光打印机等多个市场领域占据领先地位。旗下子公司华三通信成立于2003年，最初由华为与3Com合资组建。2006年，3Com收购了华为所持有的华三通信全部股份，在2010年3Com被惠普收购，至此华三通信成为惠普旗下的全资子公司。数据显示，2014年，华三在中国交换机市场份额达30.9%，并且有着在中国企业级无线网络设备市场份额保持第一，在中国路由器市场份额保持第三的优秀成绩。目前华三通信是IT基础架构产品的龙头企业之一。

2. 并购概述

2015年5月下旬，中国IT业界如同被扔进了一颗重磅炮弹，至今余波未了——清华紫光宣布与中国惠普合作，全力打造一个融合华三通信全部业务与中国惠普所属服务器、存储和技术服务业务的"新华三"。届时新华三将成为清华紫光集团的一个子公司，拥有超过8000名员工，超过5700件专利，合计销售规模将超过30亿美元，在全球的交换机和路由器市场均位列第二。

此次合作，"新华三"包括了惠普公司的全资子公司华三通信与惠普中国有限公司的服务器、存储和技术服务业务，总估值约45亿美元（不含现金及负债）。而惠普中国仍将继续100%拥有其在华的企业服务、软件、HP、Helion云、Aruba网络产品和打印与个人系统业务。收购完成后，"新华三"将成为惠普服务器、存储、网络产品和硬件支持服务在国内的独家提供者。预计此次交易将于2015年年底完成，以紫光股份股东大会批准、并完成相关政府部门审批等为前提条件。

经过多年的辛勤耕耘，华三通信在国内网络市场取得了优异的成绩。IDC数据显示，2014年惠普华三以30.9%的市场份额占据在中国交换机市场第一的位置。同时惠普华三保持着中国企业级无线网络设备市场份额第一，以及中国路由器市场份额第三的领先地位。对此，IDC企业级系统研究部研究经理胡向东表示："过去，华三通信的研发、生产和市场均在国内，而其母公司惠普却是一家外资企业，这让其在政府主导的网络设备采购中处于不利地位。收购完成后，新华三将卸掉包袱，正式以国内厂商身份参与到竞争中。未来的中国网络设备市场的竞争将变得更加激烈。"

作为最先进入中国市场的IT品牌之一，惠普始终是中国服务器和存储市场的重要厂商。IDC的2014年度跟踪报告数据显示，惠普以15.0%的份额位居中国服务器市场（包括x86服务器和非x86服务器）第3位，以7.4%的份额位居存储市场第4位。对于新华三来说，股权的变化将带来远期的利好，国有控股的身份将使得他们可以更好地应对国产化趋势的挑战。但是短期来说，新华三也面临一系列的问题。首先是产品研发的延续性问题。作为HP投资但并不控股的中国公司，如何传承和发展HP全球的产品研发和技术，相信惠普和紫光将会有进一步的计划。在继承HP产品的设计和面向中国的特色定制之间如何选择，将是未来令人关注的重点之一。其次是新华三与惠普全球的销售、服务策略一致性问题。惠普的客户中有大量跨国公司在华的分支机构，这些企业需要供应商的全球服务支撑能力。如果不能解决全球策略一致性的问题，惠普不但可能面临国内用户的流失，甚至可能会导致这些跨国公司转向那些能够覆盖全球的其他供应商。最后是应对过渡时期的整合和竞争对手的挑战，新华三需要更好地维护既有的渠道和客户。IDC企业级系统研究部高级研究经理周震刚认为："在政府倡导自主可控的大背景下，国内服务器和存储厂商市场份额大幅增长，对惠普等国际厂商造成了一定冲击。通过本次收购，新华三将转变为国有企业控股，大大提升了在政府和国有企业相关行业的竞争力，改变旧有的服务器存储市场竞争格局。如果能够顺利解决收购中产生的一系列问题，新华三将成长为企业级市场极有竞争力的供应商。"

3. 并购分析

目前，外界给出的预判出奇地一致，认为华三通信将进一步巩固自身在新IT体系行业应用企业级市场的领导地位，并将借力在海外市场的既有渠道优势，继续铺就自己的全球化之路。可以说，这次并购对于华三通信来得正是时候。"互联网+"的时代风潮为中国信息产业的发展提供了得天独厚的历史机遇，华三通信势必借由本次并购在新的历史时期大展身手。

3.1 新华三的自主创新将会提速

创新，一直是华三通信核心竞争力的关键构成要素。自2003年成立以来，华三持续坚持自主可控的产品研发和技术创新道路，到目前为止已经申请中国专利超过5 700项，其中85%以上为发明专利。也就是说，在过去的11年里，华三通信平均每个工作日提交1.5件项专利申请。而本次并购，则将强化华三通信的创新优势。其原因不言自明，清华紫光的背后是清华大学雄厚的科研力量、丰富的人才资源和多学科综合优势，而紫光本身亦即是国家重点高新科技企业和国家863计划成果产业化基地——因此，对于新进加入紫光集团的华三通信来说，其本土创新之路必定是越走越宽阔。

3.2 新华三的行业渗透将会提速

2014年年初，华三通信在"新IT"理念的基础上提出了向"新IT基础架构解决方案供应商"转型的目标，并做出了相应战略布局。其实自2003年以来，华三通信已几经资本层面变更，但不论股权如何易手，华三通信始终保持了公司战略与发展方向的延续性。本次收购，外界认为，会帮助华三的转型更为顺畅。

目前，国内半数以上的中央部委和各级省、市电子政务网均由华三通信提供，而中国500强企业的400多家也均已成为华三通信的客户。这样的成绩，在新华三时期，极有可能再锦上添花——譬如在制造业行业，华三通信帮助中联重科搭建了企业云平台，以成功的业务模式快速灵活地吸纳新生业务，并节约了大量成本。我们完全可以期待新华三将加快新一代信息技术与制造业深度融合，推动中国制造业智能化方面建功立业。

3.3 新华三的海外扩张即将提速

在全球市场，华三通信通过惠普渠道已经取得了不俗的市场业绩，公司40%的业务收入来自海外，其中海外市场年销售收入的80%来自欧美市场的高端客户。此次股权变动之后，惠普为新华三海外市场的独家渠道合作伙伴，新华三能够了解到来自全球高端客户的IT基础架构建设需求，量身定制保持产品及解决方案，保持全球市场的领先优势。

这是明智的抉择。善于开发与利用多种资源，是目前已迈出全球化脚步的中国企业的共同特点。作为中国IT产业"走出去"的代表，新华三必将更好地借助中国政府"一带一路"之机，统筹海内海外资源优势，应和中国全面崛起的鼓点，有望成为 IT 领域率先完成全球化布局的企业之一。因此，完成股份变更的新华三，优势更为明显，以华三通信 11 年的优质积累为原动力，以清华紫光与惠普的双重优势为助推力，在"互联网+"来临的天时地利之中，会迎来一个更为耀目的新华三时代。

4. 并购影响

作为 A 股上市公司，紫光股份两年前已将公司业务发展战略聚焦于 IT 服务领域，并希望打造"云—网—端"产业链，向云计算、移动互联网和大数据处理等行业应用领域发展，全面覆盖 IT 和服务在中国市场的占有率较高。因此，紫光股份才全力以赴争取此次收购，希望通过收购使其产业链更加完善。随着中国经济的快速发展和第三平台技术的不断渗透，中国服务器、存储和网络设备市场将继续保持稳定而强劲的增长速度。同时，在 IT 技术国产化的大趋势下，国内厂商和国际厂商的合作将更加紧密。对此，IDC 中国区总裁霍锦洁总结道："本次紫光与惠普的收购协议对中国 IT 市场的影响意义深远。"它开创了国内外 IT 厂商合作的新模式，将会为下一阶段中国企业级市场的激烈竞争揭开新的篇章。整合后的新华三将会拥有完整而优秀的企业级产品线和国有企业控股身份，成为中国 IT 市场新的巨头，向以华为和联想为首的国内企业提出强有力的挑战。

【思考题】
1. 国际直接投资与国际间接投资的最主要区别是什么？
2. 分析并购后"新华三"的横空出世对紫光集团在中国 IT 产业内的影响。

【资料来源】
[1] 清华紫光官网. 2015.
[2] 惠普卖华三通信股权清华紫光将成大赢家 [J]. 前瞻网, 2015 (6).
[3] 新华三新 IT_塑造中国信息产业新格局. 2015. 6.
[4] 紫光收购华三通信公司和惠普中国区企业业务. 2015.

明基并购西门子手机业务

【理论链接】

企业文化风险

企业文化是指在特定环境下，企业及其员工在生产经营过程中形成的价值观念、共同意识和道德行为准则等意识形态的总和。它体现了一个企业的经营理念与价值取向，是在企业发展的过程中自然形成的一种深沉、稳定的文化现象，它可以引领员工为了企业的发展而努力奋斗，贡献自己的一份力量，是企业的灵魂所在。在并购的过程中，企业和员工常常会面临来自于双方文化差异的巨大挑战，尤其是在进行跨国并购时，除了企业价值观层面的差异，并购主体还会面临不同国家之间的文化差异。在这种情况下，并购企业与被并购企业之间的文化冲突难以避免，并购双方的企业文化能否完整的融为一体并共同发挥作用影响着企业生产运营的各个方面。

摘要：2005年9月，明基高调宣布收购德国西门子手机业务，将一跃成为全球第四大手机制造商。当时，这笔交易曾被外界视为很值，明基不但分文未出，西门子手机业务还另外补贴给明基2.5亿欧元，西门子还承诺将购买明基价值5 000万欧元的股权。但在2006年12月8日下午，明基电通股份有限公司董事长李焜耀公开承认，自2005年收购西门子手机业务至今，明基已亏损8亿欧元，然而，导致明基并购西门子手机业务失败的主要因素及根本原因在于不同国家之间的文化冲突、明基与西门子的企业文化差异。

关键词：明基公司；西门子手机业务；文化差异；企业文化风险

1. 交易双方

1.1 明基电通股份有限公司

明基电通股份有限公司成立于1984年是台湾最大的手机制造商，曾是摩托罗拉、诺基亚等多加家通信企业的ODM代工厂商。2001年年底，明基告别宏碁单飞，并正式发表自己的自有品牌"BenQ"，以"时尚产品网络化"为核心发展理念，涵盖液晶显示屏、CRT显示器、液晶电视、投影机、笔记本、DVD、光驱、刻录机、手机、宽带等多元化产品线。从2002年起明基总营业收入快速增长，从当年的30亿美元上升到2004年的50亿美元，自有品牌部分在总营业收入的占比也从24%上升到40%。公司在全球有4大制造基地、11个工厂以及中国、欧洲、美洲和亚太的4个营销中心。

1.2 西门子

西门子是全球电机与电子产业界的标杆企业，总部位于德国柏林和慕尼黑，拥有员工440 000名，业务遍及世界190多个国家，公司以消费者为中心，致力于产品研发、制造和设计。公司创立150多年，业务主要集中于6大领域：信息和通信、自动化和控制、电力、交通、医疗系统和照明，全球业务运营分别由13个业务集团负责。2004年，西门子全球营收达752亿欧元，净利34亿欧元，其中80%的销售额来自德国境外。从公司创立以来，可持续性就一直是西门子公司的显著特征。在西门子，可持续性意味着长期的经济成功以及一个好的企业公民所应具备的环境意识和社会责任感。

2. 并购过程

2003年第二季度，受制于新品推出速度慢、产品缺乏时尚卖点、部门经营未能规模化和本土化缓慢等原因，西门子手机部门截至3月底手机业务又亏损了1.38亿欧元，连续3个季度的亏损，带来了超过5亿欧元的净亏损，在该季度西门子共出售了930万部相比上年同期的1 280万部下降了27.3%，销售额也同比下滑了30%，降至8.42亿欧元，2004年第二季度西门子的手机就已经被挤出全球手机市场的前十名。与此同时，西门子由于集团战略转型的要求，开始更加关注机械系统和基础建设的行业市场，面向终端消费品市场的手机业务已经不是公司战略的中心，为了摆脱过高的成本，西门子开始出售旗下的手机业务部门。

在经历了20多次谈判后，2005年6月8日，明基正式宣布并购西门子手机业务。在并购协议中，西门子将在2005年9月底将手机部门无负债的净资产交与明基，此前手机部门的5亿欧元的负债由集团公司偿还，西门子还向明基提供约2.5亿欧元的现金与服务，并以5 000万欧元购入明基2.5%的股权，成为明基战略股东。明基将免费使用西门子所有与手机相关的1 000项专利，其中有几十项属于国际专利技术。而且从2005年10月1日起，明基在18个月内的技术获得型跨国并购中有使用西门子手机品牌商标的权利，明基西门子共同品牌也将保留5年。但明基必须承诺一年内不动德国手机厂的员工。但是收购完成后，明基始终无法整合西门子移动，该部门一直处于亏损状态。2006年第二季度，根据Strategy Analytics分析，2006年6月，明基移动的手机在全球的市场份额从5.5%跌到了3.1%，市场占有率下降为全球第6，同比2005年初下跌了近一半的市场份额。并购西门子手机业务不仅没让明基跻身世界第一手机阵营，而且过去3个季度给它造成了6亿欧元的亏损。2006年8月底，明基实施业务与组织重组，将公司分为西门子手机业务内通事业群、数字媒体、制造代工三大部分，手机业务的亏损由西门子手机业务内通事业群承担，而不是整体的产业来背负。2006年9月末，明基宣布，自9月28日起明基将不再为德国的明基移动提供流动资金，并交出其经营权，向德国当地法院申请无力清偿保护。至此，明基在并购西门子手机业务中亏损达8.4亿欧元，创下国内科技业者经营品牌的亏损纪录。

3. 并购失败的直接原因

第一，并购前对手机市场风险判断不准。明基是我国台湾地区从代工厂发展起来的明星企业，在20多年的代工和自主品牌创设中，积累了一定的资金和管理经验，获得了市场广泛认可。因此，明基迫切期望通过收购西门子手机业务，实现短期跨越式发展——打造高端品牌和缩短品牌成长周期的目的。从明基面临的国际竞争环境和自身经济状况看，此次并购的出发点和预期符合国际并购总体架构。但是，明基在并购前对西门子手机业务和品牌信息的了解不足，过于盲目乐观。虽然西门子集团品牌众多、实力雄厚，是拥有完全自主知识产权的国际知名企业，西门子这一知名品牌，在德国、欧洲乃至全世界都享有盛誉，但其手机业务却不尽如人意。在明基并购西门子之前，西门子的手机业务不仅处于亏损状态，而且产品在用户中口碑不高，手机在欧洲仅售：90欧元，与售价近千欧元的其他品牌手机相比，已跌入欧洲低端产品行列。

第二，对产品市场风险防范不力。西门子手机业务发展状况与明基的收购意图并不完全吻合，明基几乎是一厢情愿。明基并购西门子手机业务时的市场发展状况是：2006年全球手机业务已趋饱和，即使品牌产品也难以有所作为，而明基企图通过西门子这一百年品牌扩大自己的品牌效应，从而由代工厂过渡到品牌研发阶段，实在是勉为其难。残酷的市场竞争现实，决定了明基试图借助西门子手机品牌和研发团队，跻身全球手机市场主导地位的期望，并不具备实现的条件。尤其是全球手机品牌迅速增加和市场快速分割，加之明基产品松散无力，导致西门子手机产品销售难以为继。然而并购协议中未对可能出现的市场风险予以法律规避，貌似西门子将一块大"蛋糕"免费送给明基，其实是西门子将潜在的有巨大风险的衰败业务甩给了明基。

第三，对德国法律制度风险认识不足。明基的领导层虽然有全球视野，但是对欧洲特别是德国的法律制度影响、并购的风险估计不足。欧洲企业包括德国企业对员工的保护十分充分，优厚的福利待遇、良好的工作环境等要件规定，严重阻碍了西门子手机产品业务部门的竞争力，明基并购后，西门子德国总部3 000人巨额的工资、福利及其他支出，都大大超出预算，仅1年时间，明基移动通信就将8亿欧元的最高预算亏损殆尽。

第四，未建立有效的内部管理制度。明基在并购合同中，未明确约定并购后西门子手机业务内部管理制度，特别是生产、销售、资产管理制度，导致明基新委派的管理人员不能有效开展工作，无法贯彻执行明基的管理理念和指令，无限延长了磨合期，管理制度混乱。在并购初期，明基派出由15位精英组成的团队进驻西门子手机业务部，分别安插在重要部门，配合原西门子手机业务留任的CEO尤科盟的工作。孰料，绝大多数原西门子手机业务部的德国员工从不向明基的新主管汇报工作，而仍向尤科盟汇报，这种管理程序毫无效率。一位德国分析师对明基并购失败作了总结："在接受西门子手机部门后，明基不仅无力改变西门子拖沓的管理模式，反而因做事方式和文化不同，增加了新成本，加速了并购失败进程。"

第五，在并购协议中，西门子提出的收购前提就是保证不动德国员工，明基欣然接受，但这也意味着明基将全部接受西门子手机业务在德国的6 000名员工，而这6 000名员工的人力成本是中国企业的3倍，相当于在中国的18 000人。而德国法律规定的辞退员工的补偿标准应按照"合同余期执行"，也就是说如果当初订立的合同是3年的，在裁员时还有2年，明基公司不得不补偿这剩下2年的平均工资。正是保证不裁员的承诺，以及德国近乎苛刻的劳动法，导致了明基西门子手机业务居高不下的人力成本和整体业绩的亏损。

4. 并购中的文化风险

明基并购西门子手机部门宣告失败，在国际化并购舞台上留下了太多的遗憾。明基的后台掌控者、宏碁创始人施振荣承认，不同国家之间的文化冲突、明基与西门子的企业文化差异，是导致明基并购西门子手机业务失败的主要因素及根本原因。

企业文化体现了一个企业的经营理念与价值取向，是在企业发展的过程中自然形成的一种深沉、稳定的文化现象，它可以引领员工为了企业的发展而努力奋斗，贡献自己的一份力量，是企业的灵魂所在。当我们结合本案例分析时就会发现，明基并购西门子手机业务失败主要源于以下三大系统性文化差异：

一是创业型与管理型文化的冲突。明基是一家传统中国企业,强调集体主义,个人成就是建立在组织成就之上的,同时明基是典型的创业型公司的文化,追求任何可以成功的机会,讲究快速弹性。与其相反,168岁高龄的西门子是属于管理型、预算型的文化,追求控制、安全,同时德国文化更强调个人主义,强调企业与社会的关系,注重员工福利待遇和权益保障,因此德国员工经常通过工会组织表达自己对工作时间延长和福利待遇降低问题的不满,二者要磨合到彼此包容,不是短时期内就能办到的。

二是系统型公司与消费电子公司的冲突。明基以生产消费电子产品为主,强调创新和速度,该产业允许产品放到市场上"试错",在探索中慢慢完善,而西门子以生产大型电器设备为主,强调可靠和程序,是一个系统型公司,基础产业的东西不允许有一个错误,规定好的事情没有任何可商量的余地,而市场中的手机产品更新换代速度之快让制造商心惊,西门子的表现无异于老牛拉破车,因此导致交货期拖延而成了亏损的主因。

三是不同国家之间的文化冲击。就民族性来看,亚洲人,尤其是华人,做事积极有弹性,往往看了大方向后,先做再说,欧洲人则非常尊重人性,花很多时间在做人与人之间的沟通,决策时,即使有一小部分的人有不同意见,也要尽量达成共识,以求执行时的一致性,更何况明基面对的是以严谨著称的德国人。而反映在两个企业上,则是西门子属于成熟的管理型组织,具有复杂的组织结构和非常细致的分工,企业建立完善的规章制度是为了更好的控制员工行为,存在沟通比较困难、反应迟钝的问题。明基是一个年轻的企业,员工都是第一代创业者,对企业有很强的归属感,企业的规章制度比较灵活,对决策反应迅捷,富有创新。这种不同国家之间的文化冲击是导致失败的另一关键因素。根深蒂固的文化差异是明基始料不及的,连李焜耀自己也承认:"虽然我看过很多数字,但还是不能完全了解,组织内部那些没有反映成数字的一面,还存在很多问题,需要花很多时间去解决。"

事实证明,对文化差异的重视程度与并购成败直接相关。同时在企业的并购中,文化整合是一个相当重要的因素,只有将文化整合贯穿于企业并购的全过程,并购才是可行的。凭借从更为实在的行为方式出发,可以归纳出一些原则性的东西:积极大胆,努力寻求并购企业的认同;灵活善变,对不同的并购做不同的文化整合;睿智果断,正确决定人和物的去与留,才能并购成功。

【思考题】
1. 明基并购西门子手机业务失败的直接原因有哪些?
2. 明基公司与西门子公司的企业文化差异具体表现在哪些方面?

【资料来源】

[1] 牛志民. 并购要防范风险"明基"并购失败分析及对"三一重工"并购的建议 [J]. 经营与管理, 2012 (5).

[2] 陈智盈. 技术获得型跨国并购中控制权配置模式研究 [D]. 东北财经大学, 2012.

[3] 张文明. 明基输给了德国文化 [J]. 西部论丛, 2007 (8).

[4] 孙孜文. 中国企业跨国并购文化整合的案例研究 [J]. 经营与管理, 2012 (2).

上海电气收购日本秋山

【理论链接】

企业整合管理

并购后的企业整合管理是指对整个流程进行监控，不断改进企业业务运作，对现有业务进行精简和压缩，形成管理上的扁平，从而快速响应外部变化的市场局势，增强企业的生存能力。企业整合管理要围绕企业对外部环境变化的快速响应方面进行，依据企业现存的环境提出合理的实施方案，对实施方案进行评估并将评估中发现的问题进行优化和改进。

摘要：2002年1月，上海电气集团和美国晨兴集团联手，成功收购了原日本秋山公司包括土地、厂房、技术、设备和专利等在内的全部资产，收购后新公司更名为秋山国际株式会社。这也开创了作为国有资产的印刷机械行业成功参与收购发达国家的先进企业的先河，在国内外引起了强烈反响。

关键词：上海电气；日本秋山；整合管理

1. 交易双方

1.1 上海电气集团股份有限公司

1993年，上海印刷包装机械总公司与世界500强国际著名的美国晨兴集团合资成立上海紫光机械有限公司。上海电气集团股份有限公司是中国装备制造业最大的企业集团之一，具有设备总成套、工程总承包和提供现代装备综合服务的优势。自20世纪90年代以来，销售收入始终位居全国装备制造业第一位。高效清洁能源、新能源装备是上海电气集团的核心业务，能源装备占销售收入70%左右。"上海电气"是中国装备制造业领袖品牌。在"亚洲品牌500强"评选中，上海电气为亚洲机械类品牌排名第五名，中国机械类品牌第一名。上海电气正在成为一个主业突出、优势明显,可持续发展的现代化、国际化大型装备集团。

1.2 日本秋山公司

日本秋山公司是国际上著名的单张纸胶印机制造企业,成立于1948年,在世界单张纸胶印机发展史上有着不可磨灭的地位。其印机的高技术产品在日本曾经拥有高达50%的市场份额,它在国际市场上也有很高的知名度,欧美就是其重点销售市场。最重要的是秋山公司在单张纸胶印机,尤其在技术研究方面,一直处于世界领先水平。日本秋山印刷机制造株式会社是一家有着悠久历史的世界著名单张纸胶印机制造公司,拥有一流的胶印机技术、多项国际专利和全球知名品牌及销售网络。由于日本经济长期疲软和企业管理中长期存在的重大失误等原因,曾经辉煌的秋山印机公司在2000年已步履维艰,陷入入不敷出的艰难困境,到2001年,已负债约76亿日元,于3月向日本东京地方法院申请"民事再生"。

2. 并购过程

2001年5~12月,在日本上海电气株式会社的协助下,上海电气集团与其在上海合资经营印刷机械制造企业的合作伙伴晨兴集团,组织了精干的项目工作组,聘请国际一流律师和会计师事务所为项目顾问,对秋山公司进行了彻底的法律和财务审慎调查,并编制了详尽的可行性研究报告。经过充分论证后,双方果断决策,各持股50%,为项目投入900万美元,联合收购秋山公司经营权,包括技术、专利、品牌、市场、土地、厂房、设备等有形和无形资产。2002年1月,收购后的新公司在日本宣告成立,更名为秋山国际株式会社。

实际上,引起外界和媒体震惊也好,怀疑也罢,秋山国际的成立,不过是中国国有企业成功收购境外名牌企业的序幕——从新公司挂牌开始,它不同凡响的超常发展,是世界认识印刷业境外收购案例真正意义的起步。

收购当年,秋山国际平静地实现了扭亏为盈,实现税前净利1.6亿日元,盈利150万美元。第二年,即2003年,秋山国际的销售收入增长了50%,达到65亿日元,即5 800万美元,人均销售收入达到40万美元。2004年,其销售收入攀升到80亿日元,实现了再次增长50%的目标,税前净利已相当可观。2005年,秋山的销售收入已经超过95亿日元,折合8 500万美元。同时,秋山品牌的高档胶印机正从上海电气旗下企业源源不断地销往世界。短短几年,日本秋山株式会社的收购经历了被一些媒体从曲解到认可赞扬的过程,日本众多媒体先后多次进行报道,称其为:"日本国内外资经营最成功的企业之一。"日本经济产业界的评价则是:"(这是)日本技术先进企业应用国际资源(包括中国),使面临倒闭困难企业走出困境、重塑辉煌的典范。"美国《华盛顿邮报》特意派记者先后调查了3个多月,结论是:"秋山国际虽然规模不大,但其经营团队的理念和公司研发能力,却是全球先进的。"

3. 并购成功的原因分析

3.1 把握收购时机

互联网的出现,让传统印刷进入到一个痛苦的转型升级期,中国如此,世界上很多发达国家同样如此。依靠单纯地为客户提供加工服务,企业已经很难挣到钱,加之产能大于需求,竞争日趋激烈,因此唯有为客户提供更多的增值服务,帮助客户挣到钱,企业才有可能从客户身上分得一杯羹。产能过剩必然导致部分缺乏先进理念或必要资金的企业选择退出,这就为具有资金实力又期盼着发展的企业提供了机会。

敏锐果断地把握机遇,成功的并购始发于成功的机遇。在并购日本秋山的数年前,上海电气集团已经在日本设立了上海电气株式会社,作为在日本的窗口企业。这一窗口发挥了在日本直接建立业内外社会关系网络,第一时间获得各类信息的作用,还可以更深入地了解当地法律法规、商业文化。

至于收购目标,必须具备战略发展眼光,绝不能单纯地为价格所左右,最终出钱收了别人的"落脚货"。收购是为了企业的持续发展,所以要收购的产品必须是属于在市场中有一定发展前途的产品,如果用较低的价格收购了即将被市场淘汰的产品生产线,看似捡了便宜,实际上是帮别人消化掉即将退出市场的剩余物资,帮助出让者承担了残余成本。市场上有句行话:便宜无好货。虽说确有独具慧眼的人能在市场中"捡漏",获得别人不识的好货,但这种机遇毕竟难得,市场上更多强调的还是物有所值。选择收购目标,还必须充分听取懂技术的行业人士的意见。拍板收购的虽然是领导,但在拍板前,领导要放下架子虚心听取与市场接触的一线人员的意见。同时,基层干部要出于公心敢于提出不同意见,不可唯领导马首是瞻,或者因为怀有公司资产是国有资产,即便出现问题也不会损失自己口袋里的钱这样的思想而置之不管。中国从计划经济走向市场经济的时间还不长,现时,我们更多的是在实践中学习。对于新事物,我们自然需要勇气,但也需要谨慎,在收购事项上似乎也应该如此。

3.2 代谢性吸收

收购的目的是为了快步进入先进领域,获得别人的先进技术,因此,收购后对新技术的消化吸收、融会贯通就显得更为重要,否则,你仅得到了其一,但没有获得收购后继续进步的动力。换句话说,代谢性吸收比选择性收购更为重要。

国内企业在收购海外企业或者有关技术、产品后，应该明确，收购的目的并非只是为了取得有关制造技术，就中国印机业的发展而言，更为重要的是获得国内印机制造领域还缺乏的设计、加工、装配技能，获得印刷机制造的核心技术，并在此基础上推出新一代产品。所以，相比于收购，消化吸收别人的东西需要的时间更长，难度也更大，而在此基础上进一步推出属于自己的新产品是收购工作的本质所在。做好这一点，不光要求领导具备清醒的理念，更重要的还是靠全体员工，从骨子里渗进"客户至上、质量第一"的意识，并付诸自己的行动。

而本案例中成功的关键也在于此，日本秋山在单面和双面胶印机制造上处于国际一流水平，上海电气下属的印包机械集团在胶印机上的技术水平与日本秋山的差距超过20年。如果获得日本秋山的技术储备，印包集团就能在短期内获得跨越式发展。因此，上海电气集团在获得日本秋山申请民事再生的信息后，立即着手对日本秋山进行技术、市场、财务、法律等方面的细致调研，迅速做出了全力收购日本秋山的决定。而在时间上，从上海电气集团第一次派人员去日本接洽日本秋山收购事务，到完成调研报告、做出收购决策，总共只用了约4个月时间。

3.3 企业整合管理

上海电气公司将其与秋山的结合看作为"中国式低价"与"日本式高质"的结合，力图以此建立起未来印刷行业的世界标准，而目标的实现靠的是并购后两家企业在价值链上的整合。上海电气公司跨国技术并购后进行的价值链整合主要体现在技术、人力资源、经营管理、企业文化和市场等五方面的企业整合管理，而这也是并购成功最关键的部分。

3.3.1 技术价值链整合

技术价值链整合使双方都获得了技术利益，秋山拥有发展尖端技术的能力，但苦于前几年连续亏损，缺乏资金投入；上海电气集团资金实力雄厚，却缺乏发展尖端技术的平台及人才。收购后，秋山通过继承、消化、吸收原公司的先进技术，在上海电气的资金支持下迅速恢复了制造设计能力，并建立起了跟踪世界先进印刷技术的研发基地。新设的"秋山国际"拥有35项专利、特许权和商标权，另有审查中的21项特许权，开发出了又一种全球领先的高速印刷机：XT单面机，速度可达15 000张/小时。为更好地发挥秋山的技术作用，上海电气集团还投资在日本东京成立了"上海电气研究中心"。先期从秋山引入中国的产品BT单面机已经达到90%以上的国产率，时机成熟时上海电气可以把更多的相关技术引入国内，获得共赢的效果。

3.3.2 人力资源整合

企业的核心竞争力最终体现在人才上。上海电气一方面尽可能保留秋山原有员工，鼓励在并购前后流失的技术核心员工返回岗位；另一方面对人员结构进行了一定的调整，强化了对原"秋山"员工的绩效考核，"辞退"了一些生产力低的员工。同时，人力资源整合使收购双方都获得了很大利益。并购后，公司加强了国内与"秋山国际"间核心技术人员的交流。秋山掌握较先进的核心技术，每年定期派工程师到国内工作，进行技术指导。秋山的技术人员通过与中国技术人员的交流增加了对中国市场的了解，有助于提高其科研针对性。上海电气也定期派遣核心技术人员到"秋山国际"学习和参观访问，并实施一定的培养计划。其中上海电气集团与中科院"产学研"项目合作，与西安研究技术学院博士点合作中的一些年轻人才已被派遣到"秋山国际"实地学习，他们还跟随一些有丰富技术经验的部长甚至社长学习先进的技术与理念。集团还定期组织中日技术人员交流，使中日技术人员在技术上获得共同进步。

3.3.3 经营管理整合

成功组建"秋山国际"后，公司派出了一支精干的管理团队。新成立的秋山国际的管理层分为：代表执行议员，董事会代表，日方总经理。其中，日方总经理负责公司日常经营和管理。新管理团队在秋山的生产、管理等方面彻底实施削减成本战略，大胆引进了新的人事制度，积极导入"能力主义"，采取"双向选择，择优录用"方针。针对秋山采购成本居高不下的顽症，管理团队力排重重阻力，辞退了秋山原采购经理，采取"比价采购"方式，同时将采购目标扩展到全球。这一重要改革是一举使秋山摆脱亏损的重要原因。

3.3.4 企业文化整合

秋山国际170名员工中只有3人是中国籍，98%以上的员工都是日本籍。对中国与日本文化差异的重视与对日本文化的研究成为中方管理者管理"秋山国际"的重要环节。中方管理者发现，日本文化是一种"力争完美与优秀"的文化，强调忠诚于企业，员工工作非常认真。因此，中方在管理中尽力做到尊重日本文化，同时发扬中华文化精华，同时坚持原则。比如，在取消论资排辈的年龄工资制、实施绩效考核、提拔青年干部等改革措施实施初期，日方人员都表现出一定的抵制情绪，中方管理者一方面积极真诚地沟通，同时让老员工参与到改革决策之中，让他们给候选人打分，最终消除反感情绪。中方通过学习日本优秀企业文化，也进一步增强了自身企业的凝聚力。

3.3.5 市场整合

无论从产品还是从市场地域分布上，上海电气和秋山的整合都有广阔的空间，上海电气的印刷机械产品主要面向中低端客户，秋山的产品面向高端市场，两者在产品上形成互补；上海电气的印刷机械产品主要市场在国内，秋山的市场主要在日本、欧洲和美国。随着中国市场的高速发展，开始出现了一批高端客户，他们是秋山最佳的目标客户群。上海电气以其在中国市场的地位，绝对拥有这批客户的渠道，为秋山产品在中国高端市场上战胜欧美产品奠定了基础。而秋山拥有的品牌美誉度和在日本、欧洲和美洲的销售渠道，也是上海电气走向国际的重要战略资源。双方在市场上的整合使其真正成为具备国际竞争力的印刷机械制造商。

不管外界怎样看待这次收购，它的最终效果归根结底要体现在产品质量和经济效益上，而收购后品牌价值能否提升，要看战略确定后每一步战术的细节管理和每一项工作坚持不懈地努力，以此促进和提升企业的市场运行效率。

【思考题】
1. 请简要概括上海电气收购日本秋山成功的原因。
2. 分析上海电气收购日本秋山后是如何进行企业整合管理的。

【资料来源】
[1] 潘晓东. 选择性收购代谢性吸收 [J]. 印刷工业, 2014 (9).
[2] 刘学智. 筱原破产启示录 [J]. 印刷经理人, 2012 (1).
[3] 上海电气收购日本秋山的成功案例. 中国设备网, 2007-7-18.
[4] 一枫收购秋山. 为我国印机业打一片江山 [J]. 今日印刷, 2003 (1).
[5] 王玉. 自主创新路径及技术并购后价值链整合. 收购日本秋山印刷机械公司案例分析 [J]. 管理案例, 2007 (3).

中国财团并购国际飞机租赁公司

> 【理论链接】
> 股权收购
> 股权收购是指通过购买目标公司股东的股份或目标公司发行在外的股份,也可以向目标公司的股东发行收购方的股份来获取经营权。换取其持有的目标公司股份(又称吸收合并)是通过上述方式进行的。收购使资金流向目标公司股东的账户或者通过这种不产生现金流的收购实现合理避税。

> **摘要:** 2012年12月9日,美国国际集团宣布将旗下飞机租赁公司——国际租赁金融公司的90%股权出售给新华信托牵头的中国企业集团,这笔交易的价值高达52.8亿美元,这也成为中国企业在美国的最大一笔股权收购交易。本次收购中,就中国财团这种金融业在产业发展过程中的作用而言,金融对民用航空工业发展应具有的纽带和带动作用。从金融结构的角度来看,由于各个国家金融体系不同,因此,各国在对本国民用航空工业的服务过程中产业政策、财政和金融手段的运用也有所差异。
> **关键词:** 国际租赁;中国财团;股权收购;证券

1. 并购双方

1.1 中国财团

中方财团由三家机构组成,分别是新华信托、国家航空产业投资基金和私募股权投资机构 P3 Investments Ltd。三家公司将首期以42.3亿美元的出价收购国际租赁金融公司80.1%的股权,并获得另外收购9.9%股权的选择权。上述并购集团还可能扩大,包括新华人寿、工银国际旗下一个子公司将参与其中,不过这需要获得监管层的批准。该笔交易由新华信托董事长翁先定牵头与 AIG 进行谈判。出手收购 ILFC 的中国买家 JUMBO 公司实为新华信托、国家航空产业基金和 P3

Investments 三家中国公司投资组成、专用于本次收购交易的公司，"此前有部分中文媒体报道称 Jumbo 的投资方之一为'中国航空产业基金'，这与事实不符。实际上，'国家航空产业基金'才是 Jumbo 的投资方之一"。国家航空产业基金是中国政府最早批准、规模最大的航空类产业基金，也是本次财团中唯一一个具有产业背景的机构。

1.2 国际租赁金融公司

国际租赁金融公司（International Lease Finance Corp；ILFC）为国际金融集团（AIG）旗下企业，提供全球航空业机组、航线、营收与产品分析，协助航空业产品开发、谈判与执行，并提供结构性融资。目前为全球最大飞机租赁公司，拥有近 1 000 家飞机。由于金融危机重创 AIG 经营事业，AIG 才考虑出售国际租赁金融公司，但由于其债务庞大，交易复杂度高，AIG 可能优先选择出售部分机队。其中 ILFC 拥有近千架飞机，手持 200 余架飞机订单，是全球飞机租赁业务的第二大公司，债务规模近 300 亿美元，近年飞机资产减值撇账近 40 亿美元，持续账面亏损。美国最大保险公司 AIG 在金融危机后需要将其业务集中在保险板块，剥离非核心资产，其中就包括 ILFC。

2. 并购过程

2012 年 12 月 9 日，AIG 与中国收购财团达成协议，向后者出售旗下专营飞机租赁业务的 ILFC 80.1% 的股权，对价约 42.3 亿美元，此外收购方还有额外收购 9.9% 股权的选择权。该笔交易在 2013 年第二季度完成。交易后，AIG 计划保留在国际租赁金融公司的近 10% 股权，而后者仍保留其现有的管理配置，其洛杉矶总部也不会搬迁。美国国际集团 CEO 罗伯特·本默切表示，飞机租赁业务对于 AIG 的保险业务而言不是核心业务。该笔交易所带来的流动性和信用状况，将使得 AIG 能更加专注于核心业务。不过，该笔交易还需要得到监管部门的批准，这包括所有可能的美国和中国审查和批准。2013 年 6 月 5 日，AIG 公告确认，目前已经收到中方财团购买 ILFC 多达 90% 股权的定金近 5 亿美元，美国国际集团和这家中国集团于在 8 月中旬完成此笔交易。

本案例也是 2012 年中国企业在美国的最大一笔股权收购交易。我们知道，股权收购是指通过购买目标公司股东的股份，或者收购目标公司发行在外的股份，或向目标公司的股东发行收购方的股份来获取经营权的方式。而收购的客体包括实物资产和无形资产，实物资产是国际直接投资中最主要的客体。近年来，随着国际直接投资方式的不断创新，所涉及的实物资产的广度和深度也不断得到发展。而无形资产的运营方式，就是通常所说的国际技术转让或转移方式，它是指跨国公司等国际投资主体将其所拥有的专利、专有技术等无形资产以有偿转让或转移的形式实现其价值增值，获取投资收益的直接投资方式。股权既可参与实物资产的运营也可参与无形资产的运行。本案例中，AIG与中国收购财团达成的协议中，向后者出售旗下专营飞机租赁业务的ILFC 80.1%的股权，占比之大可想而知。此外收购方还有额外收购9.9%股权的选择权，也因此本案例成为2012年中国企业在美国的最大一笔股权收购交易。

3. 并购前景展望

3.1 民用航空与金融业分析

相对于国民经济的其他产业，虽然迄今为止民用航空工业的规模并不大，即使在发达国家（如美国），其所创造的GDP大多年份也不足整个国家GDP的1%，但因其具有显著的产业关联效应，对国家安全、科技进步及综合国力的提高均具有重大影响，发达国家如美国、欧盟等均将民用航空工业列为战略产业。

从国际视角审视，航空产业在整个生命周期中，具有民用与国防活动联系紧密、产业周期长、资本密集程度高、规模效应显著、民营化情况普遍、生产全球化等特征。对于民用航空工业的发展，各国政府均通过财政、金融、直接管制、制度的设立与废止、行政指导等手段进行调控，其中金融手段处于重要地位。产业政策中金融手段的运用突出地表现在扶持、调整特定产业和对产业组织的影响上。

在本次收购中，就中国财团这种金融业在产业发展过程中的作用而言，金融对民用航空工业发展应具有的纽带和带动作用。从金融结构的角度来看，由于各个国家金融体系不同，因此各国在对本国民用航空工业的服务过程中产业政策、财政和金融手段的运用也有所差异。

3.2 国际飞机租赁业发展分析

在经营租赁方面：20世纪70年代中期，经营租赁的市场被创造出来。1973年，美国Interiease公司（后来更名为国际租赁金融公司，简称ILFC）创造出飞机经营性租赁的模式。在简单、清晰的经营租赁交易结构中，航空公司可以根据自身的需要，灵活选择租赁交易的时间、机型、维修保养等交易条件。90年代，出口信贷和经营租赁第一次结合起来。1992年，GPA航空租赁公司（后来被通用电气航空金融公司收购）第一次将出口信贷（出口信贷的名义还款人是出租人，而不是承租人）引入经营租赁的结构中，借助出口信贷完成巧架A320飞机的经营租赁。1996年，GPA的子公司G以Airbus完成了对229架飞机、价值46

亿美元租赁资产的证券化。2000年之后，经营租赁企业开始新一轮的证券化浪潮。在1996年GPA上市之后，航空租赁业上市和证券化陷入停顿。但是2006年两家租赁公司Aircastle和Genesis公司的证券化和成功上市打破了停顿状态。

美国的飞机租赁经过40多年的发展，交易组织形式、交易关系和交易结构不断完善，已形成一个较为完整的交易系统，美国也已成为世界上最发达的飞机租赁市场。但在2008年金融危机期间接受了最大规模援助的美国国际集团已经出售了在全球范围的大量业务以偿还政府贷款，也由此产生了2012年AIG向中国收购财团出售旗下专营飞机租赁业务的ILFC 80.1%的股权，公司在之前表示，在1990年购入的国际租赁金融公司并不是核心业务，而从金额结果来看，此项交易是2012年中国企业在美第二大收购交易，规模仅次于当年双汇国际对美国史密斯菲尔德食品公司的收购。

4. 并购后的影响

此次并购搅动了中国飞机租赁市场。国际租赁金融公司是全球第二大飞机租赁公司，目前拥有或管理超过1 000架飞机，并另有239架新型节能飞机的订单，还有再购买50架节能飞机的潜力。根据AIG提交的监管文件，国际租赁金融公司截至第三季末的账面价值为79亿美元。中国是国际租赁金融公司最大的单一市场，其在华机队共有180架飞机，目前其所占市场份额为35%。此前，AIG一直都希望能通过IPO的方式让国际租赁金融公司上市，但糟糕的市场环境迫使其屡屡推迟此计划。由于飞机租赁涉及资金量庞大，目前国内多为金融系租赁公司开展此类业务。国银租赁、工银租赁、民生金融租赁等为国内开展飞机租赁业务中居于前列的公司。而中国银行在2006年收购了新加坡飞机租赁有限责任公司，即中银航空租赁。

业内资深人士沙泉表示，目前国内飞机租赁主要由外资垄断的原因在于，航空公司采购飞机多由国家统一采购，而国内的租赁公司多无自由采购权。在进行飞机境外采购之时，也就多由境外飞机租赁公司进行服务。目前，虽然国内几家金融租赁公司均开展了飞机租赁业务，但以国银租赁为例，其主要进行的是飞机售后回租业务，而民生租赁则做的是公务机等通用航空业务，均未实质性地开展大型飞机的经营性租赁业务。中国银行此前收购新加坡飞机租赁公司的案例非常成功，相信对此次交易有一定的借鉴意义。

【思考题】
1. 请简述国际飞机租赁公司吸引中国财团收购的原因。
2. 现金收购与股权收购的主要区别是什么？

【资料来源】

[1] 苗得雨. 我国民用航空工业的金融服务系统研究 [D]. 同济大学, 2008.

[2] 中国财团52亿美元收购AIG飞机租赁公司国内竞争格局临变 [N]. 上海证报, 2012-12-11.

[3] 中国财团47亿美元收购全球第二大飞机租赁公司. 中国网, 2012-12-18.

[4] 卢海印. 中国民用航空制造业目标定位及发展路径研究 [D]. 北京交通大学, 2015.

[5] 曹维. 我国发展航空租赁业的政策建议 [J]. 航空港湾, 2013 (4).

中国铝业收购澳大利亚力拓集团

【理论链接】

政治风险

政治风险（Political Risks）是指在国际经济往来中，由于未能预期到的政治因素变化而给国际投资活动可能带来经济损失的风险。包括国有化风险、战争风险、政策变动风险、资金移动风险等。政治风险难以识别，政府对经济活动的任何干预都会在不同程度上影响企业的价值。因此，跨国公司在进行投资决策时必须重视对政治风险的预测、评估和管理。

摘要：2008年2月1日，中铝公司携美国铝业以140.5亿美元参股矿业巨头力拓英国公司12%股权，震动全球，随后中铝公司再次注资力拓195亿美元。其中包括提高持股比例以及购买力拓在西澳的一些矿产的股权。这笔交易已经通过了包括美国、加拿大、中国在内的投资审查，唯独缺少在澳大利亚的投资审查，其余的一些行政和法律上的手续也已办妥，但经过澳大利亚投资审查委员会对此项目的审批和延迟审批，直到2009年6月，中铝公司不得不宣布投资力拓失败，并宣布投资152亿美元与必和必拓成立铁矿石合资公司，至此，中铝与澳大利亚力拓的195亿美元"世纪大交易"宣告失败。这也告诫我们，国企应该制定完备的预防措施和应急方案以便应对可能出现的情况，以防陷入诸如此类的被动之中。

关键词：铝矿业；力拓集团；投资审查；政治风险

1. 并购方介绍

1.1 中国铝业公司

中铝集团即中国铝业股份有限公司（简称"中国铝业"）是中国最大的氧化铝生产商，同时也是中国规模最大的原铝生产商，而中国是世界上增长最快的大型铝市场。中铝公司是中国铝业最大的股东，在全球发售以后将持有中国铝业

44.4%的股份。中国铝业公司成立于2001年2月23日，是中央直接管理的国有重要骨干企业。公司主要从事矿产资源开发、有色金属冶炼加工、相关贸易及工程技术服务等，是目前全球第二大氧化铝供应商、第三大电解铝供应商，铜业综合实力位居全国第一。公司的中长期发展战略是做强铝业，做优铜业，做精稀有稀土，其他相关业务为三大核心主业提供服务和保障，加快向产业链前端和价值链高端转型，提高国家战略性矿产资源和国防军工材料的保障能力，建设具有国际竞争力的世界一流企业。

1.2 澳大利亚力拓

力拓集团成立于1873年，是全球最大的矿业集团之一，2007年位居世界销售额500强，集团总部设立在英国伦敦，并在澳大利亚墨尔本设有代表机构，在英国与澳大利亚两地上市。力拓矿业在世界各地从事矿物和金属的供应，帮助满足全球需求，为各地区人民生活水平的提高做出贡献。1962~1997年，兼并了全球数家有影响力的矿业公司。力拓公司是一家集矿产资源勘探、开采及加工于一体的跨国集团，其生产经营活动遍布全球，主要资产分布在澳大利亚和北美洲，同时在南美洲、亚洲、欧洲和南非也有大量业务。力拓集团是全球最大的资源开采和矿产品供应商之一，世界第二大铁矿石生产商，在勘探、开采和加工矿产资源方面的全球佼佼者。

2. 并购过程

2008年2月1日，中国铝业携美国铝业以140.5亿美元参股矿业巨头力拓英国公司12%股权，震动全球，与此同时，业界还传出中铝将进一步注资力拓的消息。2009年2月2日，力拓与中国铝业双双确认谈判合作事宜，随后中铝、力拓发布公告达成战略合作协议。而就在短短的几个月后，2009年6月5日，力拓董事会撤销了对2月12日宣布的双方战略合作交易推荐，并将依据双方签署协议向中铝支付1.95亿美元分手费。

追溯失败的经过，主要源于在2009年2月签署的中国铝业投资力拓的协议中，明确指出交易必须获得中国、加拿大、美国以及澳大利亚的相关监管机构的审查批准。由于当时力拓因为金融危机，股价狂跌，中国铝业在投资140亿美元购买力拓9%的股权后又一次投资力拓195亿美元。其中包括提高持股比例以及购买力拓在西澳的一些矿产的股权。这笔交易已经通过了包括美国、加拿大、中国在内的投资审查，唯独缺少在澳大利亚的投资审查，其余的一些行政和法律上的手续也已办妥，但经过澳大利亚投资审查委员会对此项目的审批和延迟审批，直到2009年6月，中铝公司不得不宣布投资力拓失败，并宣布投资152亿美元与必和必拓成立铁矿石合资公司,至此,中国铝业与澳大利亚力拓的 195 亿美元"世纪大交易"宣告失败。

3. 失败原因

中国铝业收购力拓这种典型的战略国际化要素收购其实是存在着重重阻力的。在 2009 年新的经济形势下,在不同国家文化竞争的新特征层出不穷的情况下,中国铝业收购力拓失败的主要原因分析有以下几点。

3.1 政治风险

由于中国铝业存在着中国国有企业特有的与政府特殊管理的企业性质和背景,这给西方的经济政治带来了巨大的冲击。也因此将澳大利亚中铝收购的市场行为抹上了政府行为的色彩,所以很多澳政府议员反对这笔收购,这使得一起商业收购变为了政治事件,这让中国企业收购的难度加大。很多澳大利亚人抵制将澳企业出售给中国企业,巨大的政治压力增加了收购的难度。

结合案例我们不难发现,我们无法回避澳大利亚模糊的国家利益。虽然澳大利亚是一个经济体制比较成熟的国家,但在海外矿业投资过程中仍需考虑自身的国家利益,带有一些政治取向,这从澳大利亚反对党一直以来对我国投资项目的抵制以及现任政府制定的海外投资项目政策上的变化就可以看出。但实际上,投资企业的国有身份常常受到特别的"关注"。在澳大利亚投资审查原则中特别提到"必须考虑投资项目是否独立于投资国的政府"。而在我国,对外能源投资的大部分企业都是国有企业,虽然它们一再强调这是纯粹的商业活动,但有一些因素也要被澳大利亚政府所考虑,比如以低价出口方式将利润间接地转回投资国;投资活动被赋予了谋求国家利益的活动等。这些都构成了对于审查我国国有企业投资项目时的"潜台词"。由此可见,我国国有企业作为海外投资主体被置于高度有偏见的审核原则下。而在案例中,中国铝业投资力拓的同时,必和必拓也在和力拓进行商谈,最终大部分力拓股东选择了同样是澳大利亚公司的必和必拓,而澳大利亚政府也非常赞同这个做法。正是由于澳政府的以国家利益为核心,从而导致了这次投资的失败。这也正是我们忽视了的政治风险,从而导致了收购失败。

3.2 市场风险

由于 2008 年经济危机的影响,世界各国的经济都处于阵痛之中,当时力拓正处于金融危机的影响下,这使得收购的可能性和风险性同时下降,而当时中国铝业的收购策略则是坚持等待,经过了 4 个多月的僵持,最终由于经济形势有所好转失去了收购的最佳时机。而中国铝业收购力拓英国公司的 12% 的资金已经遭受了巨大的亏损，此后力拓的扩股使得中铝处于了两难的地步，完全处于了被动地位。中国铝业由最好的收购时机逐渐被推向了两难的境地，这也是因为市场的风险没有很好地控制。

3.3 法律风险

中国铝业收购力拓本来就有了 195 亿元的巨额收购协议意向，但是最后澳方力拓单方面毁约的做法虽然违背了之前的协定，但是由于只需要支付 1.95 亿美元的赔偿金，即可与中国铝业"分手"，这是中国铝业始料未及的。在收购过程中，中国铝业对于收购过程的盲目乐观，和对于国际经济法律的运用不合理，致使力拓单方面有了可以违约的机会，更导致收购在一定情况下发生了这种"毁约"的情形。中国铝业没有在法律上，对违约提出更高限制的法律约束。

4. 经验总结

4.1 中国铝业收购力拓的积极意义

（1）争取国际资源市场定价权，打破国际矿业巨头的垄断。中铝集团收购了力拓英国公司的 12% 股份，总共持有力拓 9% 的股份，这使得中国成为力拓的最大股东。从一定的程度上来看，这对于中国有着重大的意义。中国作为世界上最大的铁矿石资源进口国，对于资源价格的波动影响巨大。中铝争取到了世界上最大的资源类公司企业的股权，有权参与资源市场的定价。也由此中铝成功地打破国际资源巨头的垄断，中国铝业有权参与力拓以及最后力拓与必和必拓之间的合并和共同出资经营等商业活动的表决权，这些都有利于保护中国在铁矿石消费领域的利益，并且中国铝业也有权分享垄断得来的高额利益。

（2）探索了中国国企国际化的途径，探索了国企全球化之路。国际投资的方式多种多样，但是中国国企在国际化的手段方面是极其缺乏的，而中国铝业的收购为中国国企尝试与世界上最重要的大公司之间的合作并购提供了重要的借鉴意义。中国庞大的外汇储备，需要中国企业通过充分发挥其对外投资的途径，进而合理利用这些资源。国企经过多年的探索经历了很多次的失败，这些教训也必将使中国企业在未来的对外投资风险把握方面变得更加合理，开创多样化的国际途径，探索中国企业走出去的合适道路给予积极的借鉴。

4.2 中国铝业收购力拓的失败教训

（1）中国国企的战略决策和国际并购的风险控制能力有待提高。中国国企在对外收购中的战略不成熟,在收购过程中,没有合理利用战略收购的有利时机,而是由于犹豫不决,导致其错失最佳收购的机会。中国铝业与力拓,必和必拓以及巴西的淡水河谷等矿业巨头的博弈谈判使得对于力拓收购的精力分散。这充分表现出中国国企的战略仍然不能成熟运用,导致其收购的风险增大,最终在并购战略实施的过程中,给了对手机会,而使得自己在收购中处于了两难的境地。这也给我们带来启示,需要央企提出明确可行的战略决策并高效率地执行,有效地控制市场风险,以增加企业对于市场本身的灵敏反应。

(2) 政府应该放权让权,改变央企形象。中国国企与国家有着重要的联系,所以国有控股占主导地位,政府对于国企的控制虽然在近几年的国企改革中有所放宽,但是由于国企的背景特殊,常常在国际化的过程中,遭到外国的政治敌意和反对。常常使得普通的商业收购转换成为政治敌意,导致外国误以为是中国政府的行为,这将导致收购的难度增加,代价加大。企业的海外投资并购能力虽然强大,但面临的阻力也很大。例如,我国海外矿业投资的主要力量一般都是我国的国有企业,而国有企业也是最有能力进行海外矿业投资的。根据国家统计局以及国资委的统计,2009 年全国规模以上的企业资产为 431 306 亿元,中央企业就占到 2 105 817 亿元,但我们应该看到,中央企业仅有 129 家。由此可见,海外矿业投资中,无论从资金实力还是投资规模看,我国国有企业的投资能力毋庸置疑是最强的。因此,政府应该转变职能,充分发挥市场的作用,放权让权,努力树立央企作为市场主体的形象。

(3) 注重履行协议过程中的细节问题。在国际经济环境中,国际法律环境是调节当事人双方问题的重要依据。而在中国铝业收购案中,体现出来的中国国企对于法律的运用缺乏前瞻性,对于违约条款等运用不当,这些都导致了澳方单方面毁约的情况出现。与此同时,外国政府对待矿业投资的审批也越来越严格。近些年来,随着我国对外矿业投资的力度加大,外国政府对我国海外矿业投资的审批的严格程度也在加大,如 2005 年中海油投资优尼科和 2010 年鞍钢投资美国钢铁公司这两项投资,都被美国政府宣布审查不通过。中国铝业投资力拓以后,澳大利亚政府为了加强对本国矿业投资的监管审查力度,发布了《澳大利亚矿业投资指引》,要求外国投资者在投资澳大利亚矿业的时候,占股比例不得超过15%。因此,中国国企更应该注重履行协议中的细节问题,随时注重依靠法律约束违约行为的发生。

(4) 中国企业应该有应急方案和预备方案。中国企业对于力拓的突然宣布拒绝履行交易推荐的单方面毁约行为,具有相当大的突然性。中国铝业在国内外媒体和本身的盲目自信下,并没有做好准备面对收购失败的应急方案。当力拓采取后来的股权认购时,中国铝业处于两难的地位,一方面不可能放弃已经收购的 9% 的股权;另一方面中国铝业收购又需要巨额的资金比例投入以确保其份额不会降低，这使得中国铝业相当的被动。也告诫我们，国企应该制定完备的预防措施和应急方案以便应对可能出现的情况，以防陷入诸如此类的被动之中。

【思考题】
1. 结合案例，谈谈政治风险对跨国并购的影响。
2. 简要概括中铝并购澳大利亚力拓失败的原因。

【资料来源】
[1] 蒋乐. 中铝收购力拓的国际化思考 [D]. 四川经济学院，2010.
[2] 刘纪鹏、刘妍. 中铝收购力拓的启示 [J]. 国际经济评论，2009（2）.
[3] 张阳. 我国在澳大利亚矿业投资的法律准入问题研究 [D]. 郑州大学，2013.
[4] 李秀芳. 透视澳大利亚力拓事件涉华报道的背后——以《澳人报》为例 [J]. 新闻记者，2010（6）.
[5] 中铝、力拓"世纪大交易"失败. 金融界网站报道.

TCL 收购汤姆逊

【理论链接】

绿地投资与跨国并购

跨国投资有两种主要方式。一种是新设投资，即所谓的"绿地投资"，是指投资者在东道国设立新的企业，新设的企业可以是独资企业也可以是合资企业。另一种投资方式是并购投资。相比并购投资，绿地投资可以直接增加东道国的资本存量，从而在促进东道国经济增长、提高技术和管理水平及扩大就业等方面起到积极作用。而绿地投资的缺陷是其前期的筹建工作比较长，投资者需要花费大量的时间、精力和资金，而其投资收益产生较慢，面临的风险也相对较大。

摘要： 2004年1月28日，TCL与汤姆逊签订了正式的合作合同，中国时间2004年1月29日凌晨，TCL董事长兼总裁李东生与法国汤姆逊（Thomson）集团CEO达哈利在法国总理府签订共同成立TCL–Thomson电子有限公司的合同。中法两国政要出席了签约仪式。2004年7月29日，TCL与法国汤姆逊合资组建了全球最大彩电企业——TCL–汤姆逊电子有限公司。然而，这次并购到最后有些仓促，没有很好地利用本土化、专业化的眼光对企业进行估值和预算，专注于能够带来的利益、高估了收购能够带来的效益，不够理性地做出了最后的决定，进而导致在并购后的下一年，TCL股票大幅下跌，经营上遭遇巨亏，昭示着并购失败。

关键词： TCL；汤姆逊；跨国并购；风险；目标公司评估

1. 并购双方

1.1 TCL 集团

TCL集团股份有限公司创立于1981年，是中国最大的、全球性规模经营的消费类电子企业集团之一，旗下拥有三家上市公司：TCL集团、TCL多媒体科技、TCL通讯科技。经过近三十年的发展，TCL借中国改革开放的东风，秉承敬业奉献、锐意创新的企业精神，从无到有，从小到大，迅速发展成为中国电子信息产业中的佼佼者，1999 年，公司开始了国际化经营的探索，在新兴市场开拓推广自主品牌，在欧美市场并购成熟品牌，成为中国企业国际化进程中的领头羊，TCL 确立了在自主创新方面的优势和能力：在 TCL 诞生了中国第一台免提式按键电话、第一台 28 英寸大彩电、第一台钻石手机、第一台国产双核笔记本电脑等，很多具有划时代意义的创新产品。2008 年，TCL 全球营业收入 384.14 亿元人民币，4 万多名员工遍布亚洲、美洲、欧洲、大洋洲等多个国家和地区，在全球 40 多个国家和地区设有销售机构。目前，TCL 已形成多媒体、通信、家电和泰科立部品四大产业集团，以及房地产与投资业务群，物流与服务业务群。

1.2 汤姆逊公司

汤姆逊是法国最大的国家企业集团，是全球四大消费电子类生产商之一。有四个主要业务方向：网络、消费产品、零部件、专利许可。集团以 Technicolor、Grass Valley、Thomson 及 RCA 等品牌分销产品。2003 年年底，汤姆逊在北京和广东的佛山、东莞、深圳均有大屏幕彩电、背投、彩管、音响、DVD 零部件工厂，总投资高达 4 亿美元，年产值 80 亿元以上，并在广州拥有 70 多人的研发中心，在进入中国后相当长的时间里，汤姆逊只通过将显像管卖给中国企业，再通过外销国内企业贴牌机获利。有着有优秀企业文化的汤姆逊公司，是一个崇尚产品细节、一般不接受外来文化的大型公司，这也正是法国人所拥有的强大文化优越感。

2. 并购过程

2004 年 1 月，TCL 与法国汤姆逊公司共同组建 TCL–汤姆逊电子有限公司（简称 TTE），共同开发、生产及销售彩电及其相关产品和服务。TCL 集团把其在中国内地、越南及德国的所有彩电及 DVD 生产厂房、研发机构、销售网络等业务投入合资公司；而汤姆逊则投入其所有位于墨西哥、波兰及泰国等国的彩电生产厂房、所有 DVD 的销售业务以及所有彩电及 DVD 的研发中心。在合资公司里，TCL 国际控股和汤姆逊公司分别拥有 67% 和 33% 的股权，并约定 3 年内不出售各自在 TTE 中的股份，TTE 的总部位于深圳并于 2004 年 7 月正式营运。双方此次重组涉及的总资产规模达到 4.7 亿欧元，新合资公司彩电年总销量达到 1 800 万台，成为全球最大彩电企业。新的 TTE 公司在全球拥有 5 个盈利中心、5 个研发中心和 10 个生产基地。全球销售网络网点超过 2 万个，员工总数达到 2.9 万人。在当时，按照 TCL 集团 2003 年年报显示，2003 年 TCL 集团主营业务收入 282.54 亿元人民币，同比增长 27.75%，净利润高达 5.71 亿元人民币，同比增长34.37%。按照这份增长预期，在不考虑其他因素的情况下，不用几年 TCL 就有能力将 TTE 扭亏为盈。然而2004年 TCL 手机业绩大幅缩水，导致 TCL 集团2004年净利下跌56.9%，第四季度的净亏损为3.784亿港元，年终净利润仅为2.46亿元人民币。

3. 并购动机

(1) 汤姆逊的品牌影响力可帮助 TCL 避免自建品牌的风险及长周期。

虽然使用汤姆逊的品牌需要承担汤姆逊的一些包袱，但 TCL 却可以借助汤姆逊在欧美市场尚属一线品牌的号召力，一举进入欧美的主流渠道。TCL 和和汤姆逊就品牌已经达成协议，在亚洲及新兴市场以推广 TCL 品牌为主，在欧洲市场以推广 Thomson 品牌为主，在北美市场以推广汤姆逊的另一个品牌 RCA 为主。TCL 通过利用汤姆逊的品牌，节约了时间成本，赢得了先机，用1~2年时间完成了其他企业5~10年的国际化进程。

(2) 汤姆逊庞大的海外销售渠道可以帮助 TCL 进入北美及欧洲市场。

经济全球化不可避免，TCL 要进一步发展，就必然要加快国际化经营的步伐。2002年 TCL 总裁李东生给 TCL 提出了很高的奋斗目标：用10年的时间，把 TCL 建成为一个真正具有国际竞争力的世界级企业。具体来说就是，TCL 要在2010年实现销售额1 500亿元，进入国际型大企业行列。为了实现其战略目标，TCL 选择了跨国并购战略。新成立的 TTE 彩电产能将达到2 200万台以上，销量1 800万台，将成为全球最大的彩电供应商，近而实现打造国际化企业的梦想。

(3) 提高规模效益，扩大高端产品的市场份额，增强两者的全球竞争力。

中国企业由于缺乏自主知识产权，大都处于产业链的低端。由于没能掌握 DVD、电视、手机等行业核心技术，中国企业都需要向国外企业交纳专利费用。随着各国对知识产权保护的加强，是否拥有核心技术已成为制约中国企业成长的重要因素。与汤姆逊彩电业务合并之后，TCL 共享"彩电鼻祖"34 000项彩电专利技术。TCL 的制造优势，配合汤姆逊的尖端科技及研发能力，定能提高规模效益，扩大高端产品的市场份额，进而增强两者的全球竞争力。

(4) 绕过欧洲及美国市场专利和反倾销两块巨大的绊脚石。

反倾销是中国企业进入欧美市场时普遍遇到的问题。TTE 在国外有5个生产基地，分别位于法国、墨西哥、波兰、泰国和越南。TTE 可以利用其在法国和波兰的生产基地，使产品绕过贸易壁垒，直接进出欧盟市场；同样，TTE 可以利用其在墨西哥的生产基地，使其产品自由进出北美市场，从而绕过欧洲及美国市场专利和反倾销两块巨大的绊脚石。

4. 并购失败的原因

在合资企业 TTE 中，TCL 与法国汤姆逊共同出资 4.7 亿欧元，其中汤姆逊持有 33% 的股份，TCL 占 67% 的股份，重组双方的彩电和 DVD 业务，组建全球最大的彩电供应企业。跨国并购后也就是 2005 年，TCL 股票大幅下跌，经营上遭遇巨亏，昭示着并购失败，其并购后失败的主要原因有以下几个方面。

4.1 没有适当地规避风险

TCL 没有适当地规避成本风险、财务风险和技术风险。在成本风险方面，TCL 虽然拿到了 TTE 2/3 的股份，但重组的成本几乎完全由 TCL 承担。汤姆逊的资产主要是厂房等设施和专利、知识产权等无形资产。虽然汤姆逊在法国、波兰、墨西哥、泰国设有工厂，但这些地区内的产品并不具有低成本优势。在财务风险方面，据汤姆逊公布的 2003 年度业绩报告显示，其彩电和 DVD 等电子业务共亏损高达 1.2 亿欧元，而 TCL 集团在 2003 年的利润大约在 5.6 亿元人民币。如果 TTE 无法在预期时间里实现扭亏为盈，那么 TTE 将成为 TCL 的严重包袱。不仅使 TCL 的国际化进程遭受严重打击，甚至危及 TCL 自身未来的生存问题。在技术风险方面，TCL 与法国汤姆逊的合作涉及的技术都是低端技术，而高端技术仍然掌握在法国公司手里，其高端技术并没有放到合资公司里，而且其最有价值的海外销售网络并没有放进来。TCL 与他们的关系既是合作关系，又是竞争关系。

4.2 人事问题、文化、法律、制度环境的差异

并购后人才流失比率是正常情况下的 12 倍，而且大多是企业核心人物高管，这大部分源于双方文化的差异，文化差异越大，并购失败的概率就越高。管理的难度增大，本土员工怕接下来会有越来越多的中国员工进入削弱他们的情况而恐慌，但最重要的是核心员工的流失对刚组建的企业来说打击是巨大的。文化、法律、制度环境的差异也是非常明显的，即使尽可能的透明化管理，但文化语言的障碍、财务报表的差异、公司传统的不同等等都会造成信息和交流的不对等，这些都使得双方在企业文化、交流上发生冲突，这让整合起来非常困难。

4.3 对并购评估不足

跨国并购目标公司评估的重点一般包括产业、法律、运营、财务等方面，而

目标公司价值评估是指对目标企业的股权或资产作出价值判断，从而影响并购方的出价与融资方式的选择。一般可分为三个阶段：目标选择与评估阶段、准备计划阶段、公开或协议并购实施阶段。其中目标选择与评估是并购活动的首要环节，而目标评估的核心内容是价值评估，并购目标选定后，就要对其进行评定估价，其中以货币为基础的目标企业价值评估最为重要，这是决定并购活动是否可行的先决条件。

而本案例中，当时的汤姆逊是一家年亏损额达1.3亿欧元的老企业，并且在并购前的评估中也发现了一些问题，但并购这一世界级的大型企业对TCL充满诱惑，加之TCL之前在越南有让一个连续亏损18个月的公司起死回生的案例，使得他们想放手一搏。这次并购到最后有些仓促，没有很好地利用本土化、专业化的眼光对企业进行估值和预算，只专注于能够带来的利益、高估了收购能够带来的效益，不够理性地做出了最后的决定。除此之外，对市场预估的失误也导致其并购失败，TCL希望从汤姆逊那里得到领先的技术优势，但是对市场预估失误，短短几个月日韩的液晶平板电视革命使得传统的电视产业受重创。汤姆逊所掌握的显像管技术已经落后于时代，传统彩电在欧洲的销量骤跌，平板电视席卷了市场当TCL的平板电视开始大规模供应上市时，其他的竞争对手已经开始降价了，这导致TCL失去市场，出现巨额的亏损。

5. 并购启示

在进行跨国并购时，企业应胆大心细、充分考察市场，对自身以及面对的风险做客观评估，要有长远的规划，合理持股，不可因为国际化的野心而忽略遇到的问题。学习相应的市场规则和法律规范，更好地进行贸易。企业文化和人员的整合是经营中必经环节，在充分了解双方企业文化的情况下，相互融合发展才能够达到强强联合的效果。团队也应尽快培养起来，团队能力要在短时间快速提高，才能使得整个并购过程比较成功。中国企业进行跨国并购要尽量避免押宝，小心为"核心技术"所伤。对尖端技术要学会适当规避风险，歌德有言："一旦系错了第一个纽扣，你就不可能扣好其他的纽扣。"

【思考题】

1. 请结合本案例，简要分析跨国并购时应如何做好目标公司的价值评估。
2. 假如TCL未对汤姆逊公司采取并购的方式而是在法国直接建厂进行绿地投资，会达到预期的结果吗？分析原因。
3. 试对TCL并购汤姆森公司进行风险评估。

【资料来源】

[1] 廖旭东. TCL 集团跨国并购案例分析 [D]. 暨南大学，2009.

[2] 滕海. TCL 并购汤姆森公司的风险分析 [J]. 信阳农业高等专科学校学报，2008（4）.

[3] 武勇. TCL 并购汤姆逊公司的动机、风险与整合 [J]. 管理现代化，2005（4）.

[4] 任同莲. TCL 并购汤姆逊的案例分析 [J]. 现代妇女（下旬），2013（10）.

[5] 姜汝祥. 从 TCL 亏损看中国企业国际化之忧 [J]. 企业文化，2005（8）.

[6] 倪奕雯. 中国企业海外并购研究 [D]. 同济大学，2007.

港交所收购伦敦金属交易所
抢夺大宗金属货物定价权

> 【理论链接】
>
> 国际投资的作用
>
> 从全球经济发展角度来看,国际投资的作用主要体现在:促进了资本输出国产业结构不断优化,促进技术进步,国际投资已成为开发高、新、尖端技术产业的重要手段,成为实现产业结构调整目标的战略措施;促进了生产及资本等要素国际化,加强了国际分工与合作,推动了各国经济、技术的发展;成为政府宏观政策的一项重要手段,国际投资的广泛展开,能促进各国合理利用资源,加速生产要素的优化组合,发展信息产业、高科技产业,并注重把高科技成果转化为生产力,以推动经济的发展;开拓了发展中国家的新市场;国际投资促进国际经济区域化、一体化的发展。

> 摘要:2012年12月6日,香港交易及结算公司(港交所,HKEx)对伦敦金属交易所(LME)的收购已通过全部监管机关的审核,英格兰及威尔士高等法院已经批准该公司收购伦敦金属交易所(LME)的协议计划,并确认相关的削减股本内容。港交所收购LME至此收官,此举对改善当前我国大宗金属商品期货交易的现状,推动人民币国际化进程具有十分重要的意义。
>
> 关键词:港交所;伦敦金属交易所;期货交易;国际投资

1. 并购双方简介

1.1 收购黑马——港交所

港交所全称为香港交易及结算公司(Hong Kong Exchanges and Clearing Limited,HKEx),是全球市值第二大的交易所集团,2012年6月市值已经超过1 183亿港元。香港交易所营运两家交易所以及三家结算所,现货以及衍生产品市场的交易所参与者有 688 人，结算所参与者有 779 人，旗下成员包括香港联合交易所有限公司、香港期货交易所有限公司、香港中央结算有限公司、香港联合交易所期权结算所有限公司及香港期货结算有限公司，还包括世界首屈一指的基本金属市场——英国的 London Metal Exchange（伦敦金属交易所，简称 LME）。

香港交易所是一家控股公司，于 2000 年通过合并香港联合交易所有限公司（联交所）、香港期货交易所有限公司以及香港中央结算有限公司而成立，并于同年在联交所主板上市。港交所作为交易所以及结算运营结构以及市场监管机构，负责监管上市公司并提供四个核心业务的服务：现货市场、衍生品产品市场、结算以及市场数据。港交所旗下的市场机构成功带领香港金融服务业由本地主导的市场，发展成为亚洲区内吸引世界各地投资基金的中央市场。在运营中，港交所在加强其作为贯通中国与国际市场的国际交易通道时，其中一个战略便是拓展至商品、货币以及利率产品。另外，港交所近年来看到亚洲对金属商品交易的巨大需求，希望开拓市场以应付日益增长的金属消耗量和交易量，且当前港交所受其 IPO 资源枯竭的拖累，核心业务面临下降的趋势。但是港交所如果零起步进入金属期货交易则受到芝加哥商业交易所（CME）、洲际纽约泛欧交易所（ICE - NYSE）等巨头的竞争，发展困难重重。因此，港交所希望在此次收购中，一举打开金属期货交易市场，开拓新的业务局面。此次战略的开展，进一步推进了人民币国际化进程，并从中提高公司的赢利水平以及影响力。香港交易所旗下所有主要市场、设施和服务均兼容人民币。此战略的核心在于从股本证券进一步拓展至其他产品系列，包括定息产品、货币以及商品。收购交易是港交所为建立商品平台所踏出的第一步。

1.2 百年"老店"——伦敦金属交易所

伦敦技术交易所即 London Metal Exchange，成立于 1887 年，总部位于伦敦金融城中心，是世界最大的有色金属交易平台，伦敦金属交易所的价格和库存对世界范围的有色金属生产和销售有着重要的影响。伦敦金属交易所公开发布的成交价格被广泛作为世界金属贸易的基准价格。世界上全部铜产量的 70% 是按照伦敦交易所公布的正式牌价为基准进行交易的，另外，LME 是全球最大的基础金融期货市场、是全球定价市场，其价格为全球实物金属交易的标准和基础。LME 在全球拥有 732 个认可仓库，分布在 14 个国家 37 个地区，在欧美和亚洲均有交付地点；拥有 93 名会员，均为全球主要金融机构、期货经纪以及金融交易商及生产商。

LME 作为交易双方直接交易的市场，只有其不同类别的会员公司才可使用其交易平台进行直接交易。LME 会员为实体产业提供了参与市场渠道、风险管理工具以及交付机制。2011 年，LME 完成合约成交量和成交额均创历史新高，合约成交数量增加 21.9% 至 1.466 亿张，名义价值上升 32.8% 至 15.4 万亿美元。LME 电子交易平台 SELECT 于 2011 年年底进行改造升级，将进一步助力 LME 业务。LME 长期以来以限制盈利模式经营，维持低收费且将营业利润大部分返还给会员，所以在一定程度上限制了 LME 的发展，这也成为 LME 寻求新买家的原因之一。

2. 并购动机

2.1 港交所

需求业务转型与突破。长期以来，港交所的业务核心为首次公开募股（IPO），而 2012 年香港股市半年 IPO 融资额仅为 32 亿美元，而 2011 年全年达 354 亿美元，2010 年创下 678 亿美元的历史纪录。港交所当前面临的主要问题是，其传统的 IPO 来源，中国大型国有企业正日渐枯竭，大多数已在过去 10 多年完成了上市工作，其发展创业板块也不够成功。而港交所原有业务是以股票交易为主，虽其利润和市值在全球交易中名列前茅，但是 IPO 市场的不稳定性和上市资源的枯竭使港交所前景担忧，改变当前的盈利模式，多元化收入是港交所未来发展的突破点。

2.2 LME

实现自我战略目标，开拓中国市场。LME 与世界大型期货交易所不同，长期以来都以"会员制非盈利"模式运营，大部分利润都通过折扣和交易费用返还给会员，因此利润微薄，限制了 LME 后续发展。2011 年 4 月，由于 LME 使用清算系统跟不上发展需求，LME 提出建立独立的清算所，选择出售是要走市场化路线，使长期经济效益最大化。

近年来，中国对全球金属消费市场的影响越来越显著。市场状况虽是中国占全球金属消费总量的 42%，其中铜消费的 40%~60% 与海外有关，但国内金属行业并未全面开放，因此 LME 在中国交易量占比很小，而不少企业、投资者都通过 MFG 进行代理交易，市场潜力巨大。因此，为摆脱 MFG 破产影响 LME 将眼光投向中国。对于 LME 而言，收购后不仅可以拓展 LME 在亚洲及中国据点，还可以应用港交所资源、基础设施以及网络，在亚洲拓展业务以及营运，增加营收。

3. 并购进程

3.1 并购进程发展

2011 年 4 月，由于 LME 所使用的清算系统无法满足当前业务的发展需求，

LME 提出建立独立的清算所，此项决议令美国洲际交易所（ICE）兴趣十足。

2011 年 5~8 月，ICE 管理层与 LME 接触，希望能够收购 LME，以 LME 现有的强大清算系统做支撑，可和 ICE 在伦敦的清算所直接对接，以满足 LME 升级清算系统的需求。ICE 出价 9 亿英镑至 10 亿英镑，随后 LME 希望通过公开竞争以提高出售价格。

2011 年 9 月，LME 向全球公布出售意图，随即引来了包括美国、新加坡、中国香港等地 15 家大型交易所的争相竞购。

2011 年 12 月底，LME 公司公布计划竞购的金融机构名单，正式启动出售历程。

2012 年 2 月初，15 家竞购者正式向 LME 提出报价。在一个月时间内，LME 先后对此次报价进行两次筛选，在分别参考了竞购者的报价、实力以及未来发展前景之后，做出具体由私家竞购者参与的尽职调查，分别为纽约证券交易集团、芝加哥商品交易所、洲际交易所和港交所。此为二轮竞价名单。

2012 年 5 月 17 日，在完成尽职调查后，4 家交易所分别给出各自第二轮报价，纽交所资金匮乏，无法满足 LME 大量的融资需求而推出竞价，剩余三家除港交所外均为国际大宗商品交易巨头，其中以 CME 最负盛名。

2012 年 5 月底，CME 在随后竞争中出局，究其原因是由于 CME 在早期发展过程中与国际大投行发生利益冲突，一直以来，CME 股东摩根大通和高盛拒绝向其出售 LME。港交所和 ICE 分别向 LME 董事会陈述收购计划和未来发展战略。ICE 主打清算，这与 LME 所需相吻合。由于 ICE 与股东摩根大通、高盛等美国大银行在业务上存在千丝万缕的联系，ICE 旗下的诸多交易平台股东都有此类大银行的身影，因此 ICE 在整个竞购过程中都被看好。

2012 年 6 月，港交所李小加等在伦敦与 LME12 家股东人员会见，详细探讨了港交所的承诺和发展思路。此期间，摩根大通和高盛两家最大股东被成功说服，为最后胜利奠定了基础。7 月 25 日，港交所收购计划获得 LME 股东大会通过。LME 召开股东会，代表 99.63% 股权的股东同意港交所以 13.88 亿英镑的价格收购 LME。该项目经英国金融监管部门批准后，于 12 月 6 日根据相关法院命令完成送交相关注册文件。

3.2 并购方式及资金来源

港交所以 13.88 亿英镑（约合 166.73 亿港元）的对价，收购 LME100% 的普通股本，此次交易全部以现金交付。港交所从国家开发银行、德意志银行、汇丰银行和瑞士联合银行获得短期和长期贷款融资合计至少 11 亿英镑。并购之后，LME 仍是英国金融业管理局管理下的认可投资交易所。董事会将由 9 人组成，包括两名现任 LME 独立董事，通过协议计划，并购后保留并壮大 LME 现有管理团队,港交所将保持现有股息政策。

4. 收购方效益分析

根据港交所 2013 年上半年业绩,受惠于投资回暖,公司上半年实现净利润 23.28 亿港元,较上年同期增长 5%,其中二季度盈利 11.7 亿港元,好于预期。此外,去年伦敦交易量也保持着强劲增长势头,成交量较去年增长 9% 至 8 680 万手,成交交易费 4.36 亿港元,占总收益的 9.8%。港交所对 LME 收购效益可以分为短中长三期分析。

短期效益:此次收购按市值溢价 180 倍收购,是近几年大型交易所并购中最贵一例。高价收购一个会员制公司且承诺维持原有模式不变,这对港交所的短期盈利带来不小压力。

中期规划:港交所收购 LME 后可以把 LME 产品推向亚洲市场,退出亚洲时区交易,并在亚洲建立交割仓库,实现收入的多元化。在可预见的未来把交易品种拓展至铁类金属,并进军非金属商品,并通过金砖国家联盟扩大全球覆盖面,构建全面商品交易平台,进而打造成为全球首屈一指的交易所。

长期前景:长期内,用人民币定价大宗商品,加快人民币资金流入香港,并加强人民币交割,间接加快货币产品的增长、场外结算,便于资本账户开放,可以极大地促进人民币国际化并充分分享人民币国际化所带来的益处,成为联通中外投资者发行人和金融机构、企业最重要的桥梁。此外,此次收购可以增加中国在基础金属定价方面的话语权,让内地更多的实体企业参与到期货交易中,倒逼中国建立更加开放的交易平台。

5. 并购意义

首先,此次收购有助于为亚洲国家提供风险管理服务。港交所并购 LME 之后,会根据中国和亚洲的需要,上市新产品,将 LME 交易打造为真正意义上的全天候交易,在亚洲时区为亚洲国家提供风险管理服务;有助于将香港发展成为人民币离岸中心;有助于投资者和经济商交易风险的降低和市场的稳定,规避欧美市场的金融冲击。

其次,此次收购有利于提高中国在国际大宗商品市场上的话语权。作为全球第二大经济体,我国要确定相应的国际金融中心地位,就要逐步建立国际化的大宗商品期货交易市场。在全球定价中心逐渐东移的大趋势下,港交所将逐步确立能够反映亚太地区供需的大宗商品以及金融衍生品的价格体系,推动中国期货市场的建设实现跳跃式的发展,有助于提升中国在大宗商品贸易上的定价权,显著提升港交所的国际地位。

最后，此次收购有助于期货交易的规范化。收购 LME 后，港交所要着手消除 LME 现存壁垒，使当前 LME 产品可以做大，且在当前监管规划之下，在交易的进出口部门引入人民币估算及计价，着手将 LME 商业化、现代化、电子化，将交易简单化。

【思考题】
1. 谈一谈港交所收购 LME 之后所面临的挑战。
2. 结合案例阐述一下此次收购对人民币国际化有何意义。

【资料来源】
[1] 时娜. 人民币产品崭露头角　港交所上半年盈利 23 亿港元 [N]. 上海证券报，2013-8-16.
[2] 胡俞越. 港交所缘何收购 LME [J]. 中国视野，2013 (3).
[3] 胡俞越，孙超. 港交所收购伦敦金交所意味着什么 [N]. 上海证券报，2012-7.
[4] 李北新，翁鸣晓. 我国期货行业竞争格局分析 [N]. 期货日报，2014-4.
[5] 马险峰，姚远. 港交所并购伦金所的启示与对策. 中国证监会网站，2013-03-25.
[6] 赵安娜. 基于企业兼并下的中国期货交易所发展趋势 [D]. 安徽财经大学，2013.

美的并购开利拉美空调业务

【理论链接】
研究开发型投资
先进技术是跨国公司在国际市场竞争中获胜的重要因素。研究开发型投资是指通过向先进国家进行投资,在东道国建立高技术子公司或控制已有的高技术公司,并将其作为科技研究开发和引进新技术、新产品和新工艺的前沿阵地。跨国公司从事研究开发型投资,主要是为了打破竞争对手的技术垄断和封锁,获得一般的贸易或技术转让许可证协议等方式得不到的高新技术。

摘要:2011年11月6日,美的电器发布公告宣称美的公司收购开利拉美空调业务公司51%权益,已获得国家发改委审批并经广东省商务厅备案,完成了该项交易所需的一系列基于股权架构的新公社的调整。至此,美的电器成功收购开利拉美空调业务,开利拉美成为美的与开利的合资公司,作为美的在拉美主要国家开展业务的平台。另外,美的方面表示,产品销售以自有品牌为主,依托美的中国国内工厂、开利巴西与阿根廷工厂,开拓拉美市场。据悉,借此收购巴西和阿根廷将成为美的空调在海外的第三、第四大生产基地,新基地对美的完善全球布局,发展自由品牌将起到积极作用。

关键词:美的;开利拉美;空调;横向并购

1. 交易双方

1.1 美的集团及旗下广东美的电器股份有限公司

美的集团是一家以家电制造业为主的大型综合性企业集团,于2013年9月18日在深交所上市,拥有美的、小天鹅、荣事达、威灵、华凌、安得、美芝等10余个品牌。在全国各地设有强大的营销网络,并在海外各主要市场设有近30个分支机构。美的集团创建于1968年,是一家以家电业为主,涉足照明电器、房地产、物流等领域的大型综合性现代化企业集团，旗下拥有四大产业集团，是中国最具规模的白色家电生产基地和出口基地之一。

1980年，美的正式进入家电业，1981年注册美的品牌。美的集团有员工15万人，旗下拥有美的、小天鹅、威灵、安得等10余个品牌。集团在国内建有广东顺德、广西临汾、江西贵溪、河北邯郸等16个生产基地，辐射华南、华东、中南、华北五大区域；在越南、白俄罗斯、埃及、巴西、阿根廷和印度6个国家建有生产基地。美的主要家电产品有家用空调、商用空调、大型中央空调、冰箱、洗衣机、微波炉、风扇、洗碗机等家电产品和空调压缩机、电机、磁控管、变压器等家电配件产品。现拥有中国最完整的空调产业链、冰箱产业链、洗衣机产业链、微波炉产业链和洗碗机产业链，拥有中国最完整的小家电产品群和厨房家电产品群；在全球设有60多个海外分支机构，产品远销200多个国家和地区。美的集团一直保持着健康、稳定、快速的增长，20世纪80年代平均增长速度为60%，90年代平均增长速度为50%。21世纪以来，年均增长速度超过30%。2013年，美的集团整体实现销售收入达1 209.75亿元，同比增长17.91%。2013年"中国最有价值品牌"评价中，美的品牌价值达到653.36亿元，名列全国最有价值品牌第5位。

1.2 开利拉美空调业务公司

美国联合技术公司（United Technologies Corporation，UTC）为美国纽约证券交易所上市公司，开利公司为UTC的子公司，UTC公司旗下的空调业务均由开利公司负责管理，开利公司是全球领先的暖通空调和冷冻设备供应商，运营覆盖全球六大洲170多个国家，在业界享有"全球空调专家"的美名。

目前由开利公司实际管理的UTC在巴西、阿根廷、智利三个拉丁美洲地区国家的空调业务（简称开利拉美空调业务公司），将整合成由目标公司及其子公司来控股。整合完成后，目标公司将拥有巴西的Springer Carrier Ltd.、Climazon Industrial Ltd. 两家公司81.86%的权益；拥有阿根廷Aro S.A.、Carrier S.A. 和Carrier Fueguina S.A. 三家公司100%的权益；拥有智力Carrier（Chile）S.A公司100%的权益。开利的产品生产遍布全球六大洲，2010年其销售额达到114亿美元，居行业领先地位。

开利与中国的缘分可以追溯到20世纪30年代，当时繁华的上海一些公用建筑成为开利空调在中国的最早一批受益者。80年代初，开利成为第一家携带资金、技术、产品和先进管理经验进入中国的美国空调设备制造商。1987年，开利在上海设立了在中国的第一家合资企业。如今，开利在中国员工人数超过2 500名，全国范围内有超过60个销售及售后服务机构为客户提供优质的产品。美的公司与开利公司的战略合作早在1999年就开展起来，彼时美的电器与东芝开利合作经营空调压缩机业务并成立美芝压缩机公司；2004年，美的电器与东芝开利在家用空调，商用空调业务上全面合资合作；2008年，美的电器与开利在中国合资建立开利品牌的空调工厂；2010年，美的收购开利埃及Miraco公司的32.5%股份。

2. 并购过程

家用空调属于美的电器的主营业务，美的本次收购开利拉美空调业务的目的在于看中拉美市场空调容量的增长潜力，拓展海外市场以进一步完善全球布局、发展自由品牌，属于横向收购。双方公司通过协商以收购目标公司51%的股份形式达成收购协议，属于善意的协议收购。本次交易涉及总价格约为2 233亿美元，收购价格依据开利拉美空调业务公司的赢利水平、净资产规模并综合考虑其市场地位、增长空间及美的与开利的长期战略合作关系，由协议双方协商确定。其中，对开利巴西与智利空调业务的定价依据EBIT倍数法确定，对开利阿根廷空调业务的定价依据其净资产确定。

美的电器在2011年8月6日发布了关于收购开利拉美空调业务的公告，其董事会已于公告前一日审议通过了收购议案并与获得UTC授权的开利公司签署了《股权购买协议》。尽管收购案无须股东大会批准，但是需要国家发展改革委员会审批并经广东省商务厅备案，历时3个多月，于2011年11月16日美的公司收购开利拉美空调业务公司51%权益事宜已获得国家发展改革委员会审批并经广东省商务厅备案，完成了该项交易所需的一系列基于股权构架的调整。至此，美的电器成功收购开利拉美空调业务的51%股份。

3. 并购后效益分析

2012年是美的集团战略转型结构调整的重要时期。10月29日美的集团发布第三季度报显示，当年美的电器前三季度公司实现营业收入538.33亿元，同比下滑34.25%。尽管营业收入大幅下滑，但是公司毛利率为22%，同比上升4.2%。由此可见，美的集团的战略目标从"上规模"转变为"保利润"后，产品结构持续优化，赢利能力得到了显著的提升。

根据美的电器2012年半年报提供的美的主营业务分行业情况所示，此阶段美的主营业务空调业务占有80%的比例，空调业务的毛利率为22.19%，可以看出及时在销售收入大幅下降的情况下，空调业务仍然是美的电器营业收入的主要来源。而半年报所显示国内市场营业收入较去年同期减幅巨大，达到-50.38%，海外市场则与去年持平。其中，国内市场营业收入大幅下降的原因除了美的电器自身产业结构调整以外，受国内经济增长放缓，原有家电政策退出，持续房产调控及海外市场疲软等多重因素影响，整个家电市场呈现出下滑趋势影响明显。

开利拉美所带来的品牌效应助力美的集团赢得了 2014 年世界杯体育场制冷工程的供应权，这其中包括位于里约热内卢的著名马拉卡纳体育场、位于第三大城市萨尔瓦多的冯第诺瓦体育场等，且马拉卡纳体育场除了举行 2014 年世界杯除外，还将承办 2016 年奥运会的主会场。本次中标为美的集团带来总价值超过 200 万美元的商用空调订单，以及为体育场内的新闻中心、更衣室等提供空调设备。此次中标的胜利，是拉美合资公司成立以后业务拓展的新的里程碑。但是现在还无法完全评价美的的收购为成功，跨国企业并购后在整合阶段和新市场开拓进程中总是存在的诸多不稳定因素。一方面，对于美的而言，拉美市场潜力依然是未知数；另一方面，拉美动荡的政局也会增加美的未来在拉美发展的不确定性。

4. 并购动因分析

4.1 满足构建全球版图需求

2010 年 10 月，美的宣布收购埃及 Miraco 公司股权项目完成，并成为该公司第二大股东，标志着美的公司国际化布局提速。时任美的集团董事长方洪波强调，此次收购只是美的未来 5 年国际化布局的第一步，时隔一年，美的将目光投向拉美的巴西、阿根廷等市场。在此之前，美的电器在越南、白俄罗斯、埃及等地已经布局，分别辐射南亚和北非地区，此次收购使美的在海外的生产基地增加至 6 个。

本次收购开利拉美空调业务是美的加快深入推进全球化战略的关键步骤，是美的完善全球布局，拓展自由品牌，强化本土营销，培育海外制造能力，培养储备优秀国际化人才，积累全球化与海外拓展经验的必然选择。

4.2 瞄准拉美家用电器市场的巨大潜力

拉美地区具备较大规模的经济总量以及较高的人均 GDP，是全球经济增长最为迅速的地区之一。目前拉丁美洲约有 5 亿人口，以拉美地区平均为 4 口人家为例，则整个拉美市场约有 1.25 亿家庭。按照每户 1.5 台空调的保有量，10 年为一个更新周期，则整个拉美市场饱和时家用空调的更新需求为 1 876 万台。2010 年，拉美家用空调市场容量约为 800 万套，其中巴西作为第一大市场，家用空调市场容量超过 400 万台并保持着持续增长的势头。而阿根廷作为拉丁美洲第二大市场其消费潜力也不可忽视。

4.3 利用现有资源促进自我发展

开利公司的核心业务已经从家用空调业务转移,事实上开利公司在全球的发展战略已经开始逐步淡出家用空调市场,这为美的集团与开利在拉美地区的合作提供了一个良好的契机。另外,开利拉美空调业务公司经过多年的经营,在巴西、阿根廷、智利长期位居家用空调、商用空调行业领先地位,并已建立本土化的、高效率的经营平台和系统的运营能力。本次收购完成后美的不仅可以共享开利拉美空调业务公司现有的销售渠道,而且可以共享开利拉美空调业务公司在巴西与阿根廷的制造工厂,依托本地制造的优势规避贸易壁垒持续增多给美的的海外销售带来的不利影响。同时,美的公司可将自身在制造、研发等方面的优势与开利所提供的渠道便利结合起来,加速自助品牌的建设进程,走向真正的国际化。而美的与开利之间悠久的合作历史,也使开利拉美公司成为美的与开利的合资公司后,双方公司在经营管理方案的调整上可以减少不必要的决策摩擦。然而,长期良好的合作关系将使得美的能够在开利的帮助下,尽快适应拉美当地的劳工法律、消费习惯,减少海外并购"水土不服"的风险。

【思考题】
1. 请简要分析美的收购开利拉美空调业务后面临的潜在威胁与挑战。
2. 运用横向并购理论,简要分析美的公司收购开利拉美空调业务的原因。
3. 结合案例谈一谈你认为美的收购开利拉美空调对于中国企业"走出去"战略的实施有哪些借鉴经验。

【资料来源】
[1] 广东美的电器股份有限公司. 广东美的电器股份有限公司关于收购开利拉美空调业务的公告, 2012.
[2] 张豫. "美的"迷局 [N]. 华夏时报, 2012-3.
[3] 姜凝. 美的收购开利进军拉美市场 格力在发达国家筑高墙角御敌 [J]. IT时代周刊, 2011 (3).
[4] 郭荣村. 美的完成收购开利拉美空调业务. 每经网, 2011-11-16.

长江基建全资控股英电网络业务

> 【理论链接】
>
> 　　国际投资环境
>
> 　　国际投资环境（International Investment Environment）是指在一定时间内，东道国（地区）拥有的影响并决定国际投资进入并取得经济效益的各种因素的有机整体。它是开展国际投资活动所具有的外部条件，是国际投资赖以进行的前提。与国内投资相比，国际投资要面对更加广阔的区域、涉及不同的国家，各个国家的政治法律制度、经济发展状况、民族习惯、语言文字、宗教信仰等都不尽相同，面临着更多的风险和不确定性。因此，国际投资环境是影响国际投资的各种政治因素、经济因素、社会因素和自然因素相互依赖、相互完善、相互制约所形成的矛盾统一体。国际投资环境的特征表现在以下方面：客观性、综合性、动态性、主观性、差异性。

> 　　摘要：2010 年 7 月，由李嘉诚名下长江基建集团有限公司牵头，财团以约 600 亿元人民币（大约 58 亿英镑）成功收购法国电力集团旗下子公司英国电力网络业务 EDF Energy 100% 的电网资产。此次收购使李嘉诚掌控了英国市场 1/4 的电力分销渠道，这也是截止交易日以来李嘉诚进行的最大金融收购项目。为今后的跨国收购打了一支强心针。
>
> 　　关键词：英电网络；长江基建；收入多元化；跨国并购

1. 参与各方

1.1　负债重重的法国电力

　　法国电力集团是欧洲最大的电力生产商，在 2008 年以 125 亿英镑收购英国能源集团，并掌管英国的电力网络，为英国南部和伦敦地铁、英吉利海峡隧道等主要基础设施供电，供电覆盖 780 万人，供电能力约占全英总电力的 1/4，是为全英最大的电力供应商。

按欧盟要求，为使英国对可再生能源的依赖从15%降至2%，英国电网需要实施大规模的升级方案：在2012年前耗资140亿英镑、2020年前投入135亿英镑，进行全方位的电网技术改造和扩大覆盖范围。但是法国电力集团前期大规模收购行为已经使之负债累累。2010年上半年财报显示法国电力盈利急剧下滑，从2009年同期的31亿欧元骤减至16亿欧元，只是电网建设缓慢，部分建设延缓至2018年才能并网，这无疑让英国可再生能源发展目标受阻。因此，自2009年10月开始，法国电力集团开始制订计划出售英国配电业务，以缓解当前的困境。

1.2 力不从心的竞争对手：麦格理财团

自法国电力集团有意出售英国电网后，同年12月，由澳大利亚麦格理、阿拉布达比投资局和加拿大养老金计划组成的财团（简称麦格理财团）准备竞争这笔巨额的基础设施交易。在长达一年多的时间里，普格里奥接受嘉德奈成为法国电力集团的新任CEO后，对出售英国电力集团这项交易持犹豫态度，外界媒体也对此项交易是否顺利引来了不少揣测。此外，由于受到信贷危机爆发的影响，麦格理财团出价相对保守，在第二轮竞争投票中出价落后于长江基建，最后逐渐败下阵来。

1.3 长江实业，重锤出击

长江基建是一家致力于交通、能源及基建材料的公司，香港电灯是香港主要的电力供应商之一，两者同属于长江实业。近年来，不少香港公用服务公司遇到发展"瓶颈"问题，因此长江实业把目光放置海外市场，以拓展利润空间。

英国电网的出售引起李嘉诚的极大兴趣，加上李嘉诚认为全球经济已经开始触底反弹。他曾经表示：无论什么项目，只要在政局稳定、有法律保障的国家都有可能投资，关键看投资项目的回报率与稳健性。分析预计，英国电网的投资回报率高达15%，也有相关消息称该项并购将会使长江基建在英国的业务翻倍。

面对新任CEO普格里奥的犹豫，长江实业重锤出击，以收购价较其评估价溢价27%，一举击倒麦格理财团。2010年7月30日，长江实业向法国电力集团正式交付以不可撤回要约形式发出的收购要约。此举是李嘉诚在英国的第五次投资，也是长江实业有史以来最大规模的海外收购案例。

长江基建的主要业务含有能源和基建材料，香港电灯专长是能源基建项目，长江基建借助香港电灯优势，联手发展能源基建业务。长江基建与香港电灯在业务上多次合作，不仅因为有合成效益，也可节省税务支出。早在1994年，李嘉诚通过和黄将英国第一货柜港Felixstowe纳入旗下。近6年来，长江实业开始谋划英国公用事业的庞大版图：2004年8月，长江基建以5.575亿英镑收购北方燃气网40%的股权，同时香港电灯以2.773亿英镑收购该公司19.9%的股份，长江实业共持有北方燃气网59.9%的权益；2009年11月，长江基建和香港电灯增持北方燃气网的股份至88.4%，涉资约7 580万英镑；2010年5月，长江基建和香港电灯增持北方燃气网的股份至88.4%，涉资约7 580万英镑；2010年5月，长江基建以20 117亿英镑收购电力供应商Seabank Power 50%的权益，6月将其中25%的权益转手香港电灯。据统计，此次收购后长江实业将控制英国约25%的电网配送市场、约10%的天然气供应市场以及5%的供水市场。

2. 并购动因及过程

2.1 动因

（1）开拓海外市场：近年来香港公用服务发展进入"瓶颈"时期，长江实业将目光转向国外市场。该交易是长江实业英国布局的重要一步，对于已拥有英国剑桥水务公司以及转让燃气网的长江实业来说，取得优质成熟电网资产将提升长江实业的业务协同效应。

收购成功之后，长江实业将控制英国约1/4的电网配送市场，输电量约890亿度，客户数目约780万，服务范围达到29 165平方公里，覆盖英国伦敦、英国东部及东南部地区。这些地区的经济生产总值约占英国GDP的40%。该电网还为伦敦4个机场、伦敦地铁、海峡隧道连接铁路、伦敦证券交易所及著名景点、高效等重要公共设施供电，这些地区的输电业务为长江集团带来稳定的收入。

（2）调整收入结构：长江实业积极走国际化道路，除了顺应规模扩张的需要，更主要的是通过业务全球化来分散其投资风险。不同的市场由于受经济周期影响不同、行业竞争程度差异，市场发展阶段也有先后。长江实业利用这种地域差异来增加其投资的灵活性，降低风险，确保整体回报令人满意。长江基建并购前约60%的收入来自香港电灯，40%的收入来自海外，而岘港电灯75%的收入来自香港。长江实业此次收购完成后，将大大增加长江实业从香港以外获得的投资权益。

此外，基建和电力属回报期长的业务，特点是受当前经济状况影响较小，收入稳定，但资本投资较大。英国电力市场号称全球最自由的电力市场，主要体现在电力企业竞价上网，而负责电力运输的电网部分，依靠固定的电力运输费，投资效益相对稳定。在自由市场中，能通过收购取得稳定回报，也将有助于集团其他业务的发展，化解遇到困难时出现的财务危机。

2.2 并购经过

2010年7月，李嘉诚旗下的长江基建集团有限公司、香港电灯联合李嘉诚基金会及李嘉诚（海外）基金会以 600 亿元人民币（约合 58 亿英镑）击退阿布达比投资局、加拿大退休金计划投资局以及澳大利亚麦格理集团组成的财团，向法国电力集团（EDF）收购旗下英国电力网络业务 EDF Energy 100% 的英国非受规管的电网资产。

在交易作价中，70% 由项目融资支付，其余 30% 分别由长江基建、香港电灯及李嘉诚基金会各负责 40%、40% 以及 20%，三方出资成立新公司 UK Power Networks 管理英国电网资产。该项并购成为香港上市公司对英国资产最大的收购案例，也是长江实业史上最大金额的收购项目。此次收购交易将作为长江实业海外扩张计划的一部分，丰富长江实业从香港以外获得的投资收益，事后，李嘉诚对此次收购的回报预期约为 11%。

3. 并购背后

3.1 效益

在欧美债务危机、全球通胀升温的背景下，此宗并购案为长江实业海外并购打了一针强心剂，以全球业务化降低投资风险，投资公共事业使长江实业受惠。此外，长江实业财务状况良好，公众相信其继续拓展海外公共业务的能力，并购也为集团盈利带来了增长动力。

并购后投资收益乐观。目前，长江基建在英电力并购整体顺利，并购后效益已经初步显现。根据长江基建最新年报，英国电网资产 2013 全年向长江基建贡献 58.65 亿港元盈利，整个英国业务已经占长建总盈利水平的一半。长江基建并购前约 60% 收入来自香港电灯，而香港电灯 75% 收入来自香港。为拓展英国投资市场，突破发展瓶颈，长江基建早在英国有燃气及水务项目，收购进一步令当地业务多元化，丰富海外投资组合，通过这些具备吸引力的资产，推动收益增长。此外，电网属回报周期长业务，电网覆盖地区的经济生产总值约占英国 GDP 40%，地区中多处重要公共设施为输电业务将带来稳定收入。此次收购中 90% 为资产回报率较低的受规管资产，回报稳定且理想，余下包括机场电力供应及隧道业务的非规管业务，回报率较高，估计每年可带来 6 000 万~7 000 万英镑的未计利息、税项、折旧及摊销前盈利。

3.2 意义

从长远来看，长江基建收购英国电力网络业务，为今后的跨国收购打了一支强心针。结合此前长江基建在英国的燃气及水务项目，此次收购使当地业务多元化、丰富投资组合。此次收购的电网分布地区经济生产总值占英国 GDP 40%，收购英国优质电网资产，加上长江实业此前在英国投资方面有良好口碑，预计回报率高达11%。

电网属回报期长的业务，受到英国2020年电网技术改造目标影响，长江基建除了并购费，还需要在今后的改造、管理上不断投入。英国为保证自由贸易，于2002年颁布了《企业法》，其中规定新的并购控制制度，并设立公平贸易办公室，长江基建此后再收购电网业务可能将变得困难。

跨国并购需要考虑地理、法律、市场、过往事件等外因，也要注意收购过程中双方企业战略、文化、管理模式、员工习惯等内因，做到真正让两个企业融合，才让企业走上可持续发展道路。

【思考题】

1. 在当时欧美金融危机背景下长江基建在英国经营面临哪些挑战？
2. 结合英国的投资环境，谈谈对中国企业在英国投资应注意哪些问题。

【资料来源】

[1] 长江基建伙港灯完成收购英国电网业务 [J]. 财经, 2010 (10).

[2] 目漱枫. 长江基建收购英国电力网络业务 [J]. 资本交易, 2010 (10).

[3] 陈清. 审时度势700亿港元鲸吞英国电网 李嘉诚瞄准公用事业再扩版图 [J]. IT时代, 2010 (12).

[4] 李嘉诚: 收购英国电网回报约11% [N]. 二十一世纪经济报道, 2010-8.

[5] 张燕. 基于财务战略的中国企业跨国并购 [J]. 韶关学院学报, 2014 (5).

[6] 胡珂. 李嘉诚选择英国的"阴谋" [J]. 小康, 2014 (5).

工商银行并购南非标准银行

【理论链接】

协同效应

协同效应（Synergy Effects）是指并购后竞争力增强，导致净现金流量超过两家公司预期现金流之和，或者合并后公司业绩比两个公司独立存在时的预期业绩高。并购产生的协同效应包括：经营协同效应（Operating Synergy）和财务协同效应（Financial Synergy）。经营协同效应主要指实现协同后的企业生产经营活动在效率方面带来的变化及效率的提高所产生的效益，其含义为协同改善了公司的经营，从而提高了公司效益，包括产生的规模经济、优势互补、成本降低、市场份额扩大、更全面的服务等。财务协同效应是指协同的发生在财务方面给协同公司带来收益：包括财务能力提高、合理避税和预期效应。例如在企业并购中产生的财务协同效应，就是指在企业兼并发生后，通过将收购企业的低资本成本的内部资金投资于被收购企业的高效益项目上，从而使兼并后的企业资金使用效益更为提高。

摘要：中资银行的海外扩张正在如火如荼地进行，而这其中规模最大即中国工商银行收购南非标准银行。据最新调查显示，中国工商银行已经成为全球市值最大的商业银行，而南非标准银行又是非洲规模最大的银行。在中非贸易快速发展时期，中国工商银行选择和南非标准银行进行合作不仅能够为中资企业赴非洲投资提供了更多的资金支持，而且也为中国工商银行自身寻求在非洲投资机会提供了更多的保障。

关键词：中国工商银行；南非标准银行；海外并购；协同效应

目前，中国银行业国际化已经成为中国银行业的首要战略目标。银行业国际化包括两个方面：一个是外资银行"走进来"，另一个是中国银行"走出去"。因此，要想适应当前的经济形式，中国银行业必须"走出去"，进而可以充分利用世界金融资源，发展国际业务，从而真正实现中国银行业的国际化。国际银行业的经验表明：跨国并购是实现跨国经营的最佳途径。

2007年10月25日，中国工商银行与南非标准银行（以下简称"工商银行"

与"标准银行")联合宣布达成一项战略合作。合作内容是工商银行出资366.7亿南非兰特（约54.6亿美元，408亿人民币），并购标准银行20%的股份，成为其第一大股东。并购时，工商银行按照市值估算约为34 000亿美元，超过花旗集团成为全球市值最大的银行，标准银行按照市值估算约为215亿美元。到目前为止，这次并购是中国规模最大的一次对外直接投资，对南非而言也是规模最大的一次外国直接投资。

1. 并购双方

1.1 中国工商银行

中国工商银行（Industrial and Commercial Bank of China，ICBC）成立于1984年，是中国五大银行之首，也是中国规模最大的商业银行。2005年10月28日中国工商银行正式改制为中国工商银行股份有限公司，并于2006年10月27日正式在上海证券交易所和香港联交所同时上市，成功融资219亿美元，成为全球最大的IPO。在国内，工商银行不断地寻求技术和服务上的突破，并且积极的推出多样化的金融产品。截至2013年年末，总资产达到189 177.52亿元，总负债达到176 392.89亿元，全年实现净利润2 629亿元，平均总资产回报率为1.44%，加权平均总资产收益率为21.92%。其业务包括：公司金融业务、个人金融业务、金融资产服务业务、资金业务等，在全球业务方面更是从来不曾停下前进的步伐，目前已拥有境外分行及其分支机构32家、境外控股公司及其分支机构294家、境外中心及代表处2家。

1.2 南非商业标准银行

1862年，南非标准银行（Standard Bank）在南非注册成立，当时作为英国标准银行南非分支机构来运营。1969年，南非标准银行集团成立，成为南非标准银行的控股股。当年标准银行和渣打银行合并，成立了标准渣打银行。1970年，标准银行在南非证券交易所JSE上市。1987年渣打银行撤出，把持有的39%股份出让，南非标准银行成为完全的南非本土银行。现在，标准银行集团已成为一家全球新兴市场银行，总部位于南非约翰内斯堡。它的基本经营战略为：扎根非洲、关注新兴市场，重点是实现非洲大陆业务的持续增长。它在非洲17个国家设有分支机构，拥有广泛的政府和商业资源，是非洲最大的银行.该集团业务包括个人和商业银行、公司和投资银行、财富管理。其在中国北京设有标银投资咨询（北京）有限公司，在中国上海设有标准银行（中国）商贸有限公司，主要为中国公司在非洲的投资提供各种咨询和融资服务。

2. 中国工商银行并购动机

国际银行业的并购浪潮在 1988 年达到高峰，之后进入低谷。从 2003 年开始国际银行业并购重新升温，由于目前国际银行业竞争的加剧，以及中国银行业全面对外开放，工商银行并购标准银行的主要原因包括以下几个方面。

2.1 追求协同效应

协同效应包括经营上的协同效应（规模经济）财务上的协同效应和管理上的协同效应。

2.1.1 经营上的协同效应

并购的一个必然结果就是带来规模的增大，而在一定的范围内规模增大必然会带来成本的下降从而产生规模经济。通过并购实现区域和业务范围的扩展可以达到规模经济降低成本的目标。银行跨国并购也不例外，通过规模增大和业务扩展，在一定的范围内必然会产生规模经济。例如：资产达 7 930 亿美元的摩根大通银行并购资产达 2 900 亿美元的第一银行，合并后的新银行在资产规模上成为美国第二大银行。所以，工商银行并购标准银行，通过对非洲业务的整合，不仅扩大了工商银行在非洲的业务规模，而且降低了工商银行在非洲扩展业务的管理成本和操作成本，进而获得经营上的协同效应。

2.1.2 财务上的协同效应

财务协同效应主要体现在：跨国并购给银行在财务上带来的种种利益，这种利益的取得不是因为效率的提高而得到的，而是由于税法、会计处理以及证券交易等内在规定的作用而产生的一种纯货币上的收益，它主要来自低成本的内部融资和外部融资。如果一家银行有充裕的现金但只有较少的贷款机会，而另一家银行却有较多的贷款机会和不足的现金流，那么通过两家银行并购就可以实现优势互补，从而产生财务上的协同效应。从目前来看，工商银拥有大量的现金，但缺乏较好的投资机会，标准银行在许多新兴市场国家拥有分支结构，而且投资机会尚佳，因此，两家银行并购后预期会带来财务上的协同效应。

2.1.3 管理上的协同效应

管理的协同效应表现在，如果低效率的银行并购了高效率的银行，通过吸收高效率的银行的管理经验、管理理念以及人力资本，最终可以提高自己的管理效率。银行的竞争力不仅体现在资金规模和业务发展上，还体现在管理水平上，尤其体现在是否拥有丰富的管理经验，管理技术以及优秀的管理人才方面。标准银行由于继承了英国银行的管理方式，其管理经验是十分先进的。工商银行通过并购不仅能够学习到先进的管理制度和经营方式，更重要的是可以提高工商银行领导层的管理水平以及员工的整体素质。

2.2 分散风险

"不要把鸡蛋都放在一个篮子里",一个非常简单的道理,通过跨国并购高效率的银行可以使银行的业务多元化、利润来源多样化,并且减少对单一市场的过分依赖。从国际金融界的经验我们可以看到,在当前金融一体化的大背景下,资本实现了自由化。虽然中国现在对资本市场还没有完全开放,但在不久的将来中国的资本市场会完全开放,而资本自由化将会带来金融市场尤其是证券市场的规模扩张。国际资本频繁流入流出一国资本市场,将会带来一国金融资产价格:如利率、汇率、股价波动频率及幅度加大,最终必然会给银行的经营带来风险,工商银行并购标准银行后,可以通过多元化的业务来分散风险。

2.3 规避风险、实现混业经营

通过并购可以迅速完成综合化的混业经营,根据最近公布的 Thomason Financial 2007年上半年全球投资银行业务记分牌,银行金融控股公司与独立投资银行各占半壁江山,在这些银行金融控股公司中,除了德意志银行外,其他如花旗集团、摩根大通、瑞银集团、瑞士信贷第一波士顿银行主要都是通过并购快速壮大投资银行业务的。然而,中国的金融业主要实行的是分业经营,而综合性业务开展缓慢并且受到较为严格的管制,尽管实行分业经营的目的是降低风险,但风险降低的同时收益也会减少。因此,工商银行并购以混业经营为经营方式的标准银行可以规避管制,进一步拓展综合性、多元化业务,从而增加银行的利润空间,同时也为将来在中国进行混业经营做好准备。

2.4 满足企业客户的需求

在全球经济一体化的背景下,中国的企业也正积极地向海外进军,这必然会需要银行为其提供配套的服务。工商银行的企业客户也不例外,工商银行为了能够保留原有客户,必然需要通过海外发展来满足客户的需求。根据国际银行业经验,进行跨国并购是最为有效的方法。此次工商银行并购标准银行的重要原因之一是工商银行大量企业客户到非洲寻求发展,为了满足这些企业的需求,工商银行就要拓展其在非洲的业务,这直接导致了工商银行并购了非洲第一大银行——标准银行。

2.5 解决大量现金留存问题

工商银行通过在香港和大陆的上市共筹集了约220亿美元,由于国内没有很多好的投资项目,大量现金留存,资金成本相当之高。通过这次并购,工商银行可以很好地解决现金留存问题。此次工商银行并购标准银行共花费了56.4亿美元，占其筹集资金的1/4。

3. 并购过程

2007年10月25日，中国工商银行和标准银行联合宣布，双方已就股权交易和战略合作事宜达成协议，工商银行将支付367亿南非兰特收购标准银行20%的股权，成为该行的第一大股东。具体方式为：①标准银行向工商银行定向发行相当于扩大后股本总数10%的新股，发行价格为每股104.59南非兰特；②工商银行按比例向标准银行现有股东协议收购相当于扩大后股本总数10%的股份，收购价格为每股136南非兰特。两种方式互为前提条件。交易实施后，工商银行将拥有标准银行届时股本总数的20%。收购之前标准银行的股份构成为：最大的股东是公众投资公司，持有13.9%的股份；第二大股东Old Mutual是南非最大的保险集团，持股8.2%。并购后，工商银行持有股份20%，为单一第一大股东。

4. 并购后情况

在收购股权完成之后，中国工商银行还与标准银行进行了其他合作。双方战略合作的领域包括公司银行、资源银行、投资银行、全球市场和资金业务、风险管理、直接投资、个人和中小企业银行业务及基金管理。标准银行在北京设立了一个专业团队与中国工商银行总部密切合作，旨在把握中国、非洲和其他新兴市场之间巨大的贸易和投资增长潜力。中国工商银行借调了一个团队派驻约翰内斯堡进一步加强管理，通过积极运作互惠业务加深双方合作。中非合作论坛的推动和我国政府鼓励企业到非洲投资的政策，使越来越多的中国企业正在或者即将跨出国门，走向非洲。而这些都为中国工商银行在非洲的发展提供了更多的业务和发展机会。因此，有理由相信，中国工商银行在与标准银行达成协议之后必将展现良好的发展前景。

5. 启示

除了中国工商银行之外，近年来越来越多的中资银行希望跨出国门、走向世界，但并不是所有的并购都以成功而告终，我们可以从中国工商银行成功收购标准银行20%的股权得到以下启示：

首先，应把目标瞄准新兴市场国家而非欧美等发达国家。新兴市场国家大多处于经济快速发展阶段，投资机会较多。另外新兴市场国家不像欧美发达国家那样进入门槛较高。事实证明，在进入欧美发达国家的市场时，我国的银行及企业往往话语权很少甚至完全没有话语权，即使付出了很大的成本，也往往收不到较好的效果。我国与很多新兴市场国家都有很好的贸易往来和合作关系，根据追随客户的原则，中资银行选择开拓这些国家的市场成功几率较大。

其次，并购之前应对被并购对象进行充分的尽职调查，尤其是调查被并购企业的财务状况。众所周知，民生银行投资美国联合银行失败的案例就是因为事前没有发现被并购企业财务报表中隐藏的问题而盲目出手，导致直接损失8亿多元人民币。

再次，在选择并购对象时应该以自身的发展路径和战略目标为主要依据，而不应该人云亦云，盲目投资，往往容易陷入圈套甚至陷阱。

最后，并购要遵守国家的法律法规和政策。关注与投资和我国有重点合作项目的国家和地区，这样不仅可以获得政策上的扶持，还可以在相应的法律法规上获得帮助。

【思考题】

1. 应用协同效应理论，试总结工商银行成功收购的影响因素。
2. 工商银行收购成功对中国银行业海外拓展有何意义？

【资料来源】

[1] 康晓丽. 中国工商银行成功并购南非标准银行经验及启示 [J]. 对外经贸, 2014 (10).

[2] 邓小东. 从跨国并购看中国银行业国际化——基于中国工商银行并购南非标准银行的思考 [J]. 金融与投资, 2009 (8).

[3] 刘思. 浅谈中资银行海外并购的财务风险及对策——以民生银行并购美国联合银行为例 [J]. 财务管理, 2014 (2).

[4] 招商证券. 从南非标准银行成长之路看中国金融的发展. 证券研究报告.

[5] 路杨. 中国工商银行海外并购分析 [J]. 财经视点, 2010 (8).

华为收购美国 3COM

【理论链接】

战略性收购

战略性收购是指出于企业发展战略利益的考虑,以获取经营协同效应为目标的并购。目前国内很多企业的产业已经发展到一定规模,这些企业的现金流本身能够保证现有产业的正常发展,但基于规模效应的考虑或者产业协同的考虑而产生扩张的需求。这种扩张的需求是对相同行业企业或者产业链上下游企业的收购需求。战略收购包括行业整合和产业链整合两种类型。行业整合是指收购方对同行业企业的收购,这种收购通常是基于扩大市场份额,抢占市场龙头地位的考虑,是以产业为核心的点状辐射。产业链整合是基于降低单个产业的经营成本、增加企业抵抗行业系统风险而进行的对产业链条上下游收购。

摘要: 中国企业在走出去过程中面临着形形色色的困难与挑战,而中国威胁论所带来的负面影响便是影响企业走出去的重要因素之一。华为公司收购 3COM 失败案例是近年来一起典型的因"国家信息安全"为由而引发并购失败的事件,华为公司正常的商业活动被冠以间谍的身份致使华为公司并购失败,这不仅仅使此次收购付诸东流,更对企业声誉造成极大影响。本案例对此次收购进行了系统介绍,并认为中国企业应当在提升自我实力的基础上,提高企业透明度,来赢得别国认可和尊重。

关键词: 华为;3COM;三方合作;战略性收购

1. 并购方介绍

1.1 华为公司

华为技术有限公司成立于 1988 年,专门从事通信网络技术与产品的研究、开发、生产与销售,致力于为电信运营商提供固定网、移动网、数据通信网和增值业务领域的网络解决方案,是中国电信市场的主要供应商之一,并已成功进入全球电信市场。目前正专注于4/3G（WCDMA/CDMA2000/TD-SCDMA）、NGN、光网络、xDSL、数据通信等几个领域，希望通过持续投入和努力成为这几个领域的全球领先者。华为目前有员工24 000多人，其中外籍员工3 400多人。2003年，华为的销售额为317亿元人民币。2004年实现销售额462亿元人民币，其中，海外销售额22.8亿美元。华为在全球建立了8个地区部、55个代表处及技术服务中心，销售及服务网络遍及全球，服务270多个运营商，其中包括世界电信运营商50强中的22家，产品已经进入德国、法国、西班牙、巴西、俄罗斯、英国、美国、日本、埃及、泰国、新加坡、韩国等70多个国家。据Dittberner统计，华为NGN系统全球市场占有率为18%，全球排名第一，交换接入设备全球出货量连续3年居第一；据Gartner统计，华为DSL出货量全球排名第二；据RHK统计，华为光网络市场份额全球排名第二；华为是全球少数实现3G WCDMA商用的厂商，已全面掌握WCDMA核心技术，并率先在阿联酋、中国香港、毛里求斯等地区获得成功商用，跻身WCDMA第一阵营，成为全球少数提供全套商用系统的厂商之一。华为在美国达拉斯、印度班加罗尔、瑞典斯德哥尔摩、俄罗斯莫斯科以及中国北京、上海等地建立了研究所。研发系统普遍实施CMM管理，印度、南京、上海研究所及中央软件部通过CMM5级国际认证，北京所通过CMM4级国际认证。华为每年将不少于销售额的10%投入研发，长期注重知识产权的积累和保护，据国家专利总局统计：华为是中国申请专利最多的单位，其中的85%属于发明专利，专利申请连年高于100%增长，年度专利申请量突破1 000件，三年内获四项国家科技进步奖，TELLIN智能网荣获一等奖，光网络与GSM系统分获3项二等奖。华为在坚持在自主开发的基础上进行开放合作，现在已经与TI、摩托罗拉、英特尔、AT&T、ALTERA、SUN、微软等世界一流企业广泛开展技术与市场方面的合作。从1997年起，华为开始系统地引入世界级管理咨询公司，建立与国际接轨的基于IT的管理体系。在集成产品开发（IPD）、集成供应链（ISC）、人力资源管理、财务管理、质量控制等诸多方面，华为与Hay Group、PWC、FhG等公司展开了深入合作。经过多年的管理改进与变革，以及以客户需求驱动的开发流程和供应链流程的实施，华为具备了符合客户利益的差异化竞争优势，进一步巩固了在业界的核心竞争力。

1.2 3COM公司

创建于1979年，位于美国马萨诸塞州马堡。曾是现代网络通信技术的始祖之一，其创始人鲍勃梅卡夫（Bob Metcalfe）是以太网技术的发明人。1999年收购US Robotics公司，2000年分拆旗下Palm掌上电脑业务，2004年收购网络安全公司Tipping Point，均被认为是失败之举。其核心业务面向中小企业的数据网络通信设备销售额亦连年下滑，从21世纪初的50亿美元左右下降到最近2007财年的 13 亿美元。

1.3 贝恩资本

贝恩资本创建于 1984 年，是美国最大的私人股权投资基金之一，管理着超过 500 亿美元的资金。曾伙同海尔集团竞购美国美泰公司，伙同中移动竞购国际移动运营商 Minicom 均未果。近年来，参与多宗百亿美元以上的大型收购案。其创始人马特罗尼后从政，曾任马萨诸塞州州长，并曾宣布参加 2008 年美国总统选举。

2. 并购过程

2007 年 9 月 28 日，中国深圳华为技术有限公司（简称华为）与美国私募股权投资基金贝恩资本宣布双方合组公司，并斥资 22 亿美元共同收购曾经显赫一时的美国网络设备公司 3COM。按照收购要约，华为将以 44% 的溢价持有 3COM 公司 16.5% 的股权。此次收购的核心资产 H3C 是 2003 年 11 月由华为和 3COM 公司共同建立的合资企业，当时 3COM 投资 1.65 亿美元占有 49% 的股份，华为以技术入股占 51% 的股份。2005 年华为将所持 H3C 2% 的股权出售给 3COM 公司，2006 年 11 月又将剩余 49% 的股权以 8.8 亿美元出售给 3COM，从而实现了聚焦核心业务、收缩战线的目的，同时获得了 10 亿美元的商业回报。贝恩资本看好 H3C 在企业网数据通信市场的发展前景以及在未来华为能给予 H3C 的商业支持，2007 年年初邀请华为作为少数股东参与收购 3COM 公司。

在历经美国外国投资委员会（CFIUs）对此项交易共 75 天的两期国家安全审查后，2008 年 2 月 21 日，此项收购计划最终因 CFIUS 以"危害美国政府信息安全"为由拒绝对收购案放行而暂时搁浅。贝恩资本和 3COM 公司在其公开声明中称，为使此项交易获得批准，贝恩资本已向美国政府做出多项让步：对 3COM 公司中主要开发国防安全软件的 Tipping Point 部门提议分拆，华为不会获得敏感的美国技术或美国政府订单，也不具有该公司的运营控制权和最终决策权等。即便如此，也仍未打消 CFIUS 的疑虑。这项被美国商界看好的商业并购计划和中国私营企业有史以来参与的最大一宗海外收购案以失败而告终，但其背后的原因却值得思考。

3. 并购动机

战略性收购是指企业按照发展战略规划，有选择地收购、重组本行业或者相关行业的企业，旨在扩大自身市场份额、把握资源要素、提高行业地位和改变行业组织结构等。作为少数股东，华为的此项收购就是一次善意的横向收购和战略性收购。深入分析此项收购，其战略动因主要有以下几个方面。

3.1 进入新市场

华为所处的通信行业属于投资类市场，2006年华为销售额增至656亿元，其中来自海外的销售额占全部销售额的44%，2007年该比例超过了70%，特别是2007年上半年欧洲市场合同销售额的增长速度超过了150%，但在美国市场的销售额却仍然没有太大的进展。另外，由于近年来美国的电信运营商之间发生了大规模的并购，使得其对电信设备的采购量进一步缩小，国外的电信设备商很难进入这个市场。因此，从短期来看，华为参与收购3COM公司的动机不是指望以此能够给公司带来多少回报，而是通过美国3COM公司从战略上进入美国市场。

3.2 调整发展结构

企业级应用市场是电信企业潜在的、比较重要的收入来源，而收购3COM正可以弥补华为在企业网这个市场细分上的缺失，符合公司战略调整的需要，尤其是目前H3C业务贡献了3COM公司全部销售额的一半和全部毛利，且3C公司的员工已占到3COM公司总体员工的80%。

3.3 获得新的销售渠道，提高市场占有率

美国3COM公司曾是现代网络通信技术的始祖之一。1998年，该公司的全球销售额达54亿美元，仅次于思科公司，其拥有的现代网络通信技术的销售渠道和大型客户正是华为进入美国市场、快速提高市场占有率的突破口。虽然是贝恩资本联合华为收购3COM公司，华为也并非此次并购的主动方，但一旦并购成功，华为将成为最大的受益者：用较少的资金实现对日3C业务的再次整合，完善和补充自己的产品线，借助3COM公司的全球渠道为华为重新进入北美市场铺路。

4. 华为并购3COM失败原因分析

（1）"危害美国政府信息安全"成为并购失败的首要原因。3COM公司是美国国防部主要电脑网络设备供应商之一，其关键部门TippingPoint的电脑安全产品广泛应用于五角大楼和其他军事部门的网络系统。华为的创始人兼总裁任正非曾在中国人民解放军服役，而且华为也曾在伊拉克、阿富汗等地开展业务，所以，2007年10月，8名美国议员提出议案认为，华为可能通过收购3COM公司来盗窃美国军事技术。此时，恰逢西方多家主流媒体大肆炒作某五角大楼官员对

"中国军方黑客4月侵入五角大楼计算机网络"的指责。即使贝恩在2007年10月4日递交给CFIUS的申请中强调,出售3COM公司不会对美国国家安全构成威胁,但最终也未打消掉CFIUS的疑虑。由此看出,交易受挫正是美国对中国企业收购美国敏感行业资产意图的明确回绝。

(2) 华为公司透明度低是并购失败的主要原因。作为一家完全独立的民营公司,华为长期采取刻意低调、回避媒体的做法,很少透露其公司的国内及国外业务信息,拒绝公布详细的股东结构,只称股份完全由职员持有。因此,当遭遇类似"国家安全"大棒时,华为缺乏诸如评级机构等给出的具有公信力的判词。

(3) 华为在美国市场中的强悍形象和一系列事件造成的负面影响也是其并购失败的原因之一。2002年,华为在美国的一些主流和专业媒体上刊登了极具攻击性的广告——"他们唯一的不同是价格",图案背景是旧金山金门大桥。众所周知,思科公司的标志就是金门大桥。有分析家指出,正是华为咄咄逼人的气势才导致了那场沸沸扬扬的国际诉讼。美国的《华盛顿邮报》撰文指出,"我们遗憾地发现,不知道是有意还是无意,华为在海外总是以强势形象进行传播,这让很多国家和企业敬而远之。"另外,在国内发生的员工猝死、自杀以及7 000人的"辞职门"事件,也使得华为的形象受到不同程度的影响。

(4) 华为16.5%的持股比例和44%的溢价率收购所造成的竞争威胁也是并购不能成功的阻力之一。2006年年底,3COM公司全资收购了H3C,表面上看H3C已经脱离华为体系,但实际上却从来没有真正离开过华为。在人事方面,H3C现有的管理团队和员工很多都来自华为,关键业务也全部控制在华为转来的管理团队手中。在业务方面,目前华为仍然是H3C的最大客户,占3COM公司全部销售额的30%左右。在文化方面,H3C和华为也是一脉相承的,很多H3C员工都有着根深蒂固的华为情结。虽然在并购后华为仅持有3COM公司16.5%的股份,并有权在未来增持5%的股份,但因为涉及技术这一敏感性投资以及高达44%的溢价率,使得其未来在H3C和3COM公司的实际影响力将不止于股权比例关系,由此造成的竞争威胁加大了美国监管部门的顾虑。

5. 并购启示

5.1 应加深对目标市场的了解

我国很多公司在进行海外并购时大多缺乏对目标市场的了解,这极有可能导致并购失败。比如在美国或者其他国家有一些很有影响力的团体,如消费者、工会、环保组织等,我国企业不一定认为他们很重要,而在国际环境下,人们却很看重这些团体的观点,所以我国企业在实施并购前一定要了解企业的利益是否会触犯到这些团体组织的利益。另外,在国际并购中,国内的"默认"惯例是不被认同的,合作双方的信任是建立在合同和法律条款之上的。因此,不管分拆 Tipping Point 部门也好,还是华为不具有运营控制权和最终决策权也好,这些都应明确写入收购协议中,而不是说说而已。

5.2 应考虑借助第三方机构的力量

虽然此次收购以失败而告终,但华为采取和私募基金联合的方式却是明智之举。华为想要进入的是市场和媒体高度开放的美国,单凭华为自己的回答和解释是产生不了说服力的,而与知名私募股权投资基金的联手可以增加外界对其客观和公正的评价,更易被国际社会所接受。这是我国企业今后开展海外收购时应借鉴的做法。

5.3 要选择合适的时机

2006 年的迪拜公司收购案加强了 C 日 US 对外资并购的审查力度,并导致美国审查制度越收越紧,国会通过的《2007 年美国外国投资与国家安全法案》除将能源部增设为 CFIUS 的第 13 个成员外,还有两个重要变化:要求 CFIUS 及时向国会披露信息;要求美国国家情报总监分析所有被审查交易在国土安全方面存在的威胁。2007 年年底,国家情报总监布莱纳在 CFIUS 这个商业主导的专家组里还建立起反情报小组,并公开发表言论称:"高端技术向中国方面流失是个十分严重的问题"。贝恩资本和华为正是在此背景下递交了收购审查申请。虽然美国国家安全利益与美国公司对资金的渴求之间存在着冲突,但美国政府对此项收购谨慎和消极的态度表明此次并购的选择时机并不合适。

5.4 应提高自身的透明度

企业应克服国际化过程中非技术因素带来的阻力。同时,在国际化宣传上应淡化自己的强势公众形象,跟媒体更好地沟通,调整公关战略,理解市场、资本、形象和社会责任的重要性。

【思考题】
1. 什么是战略性收购?其在此次海外并购中是如何体现的?
2. 分析华为此次收购对中国企业走出去的启示。

【资料来源】
[1] 并购 3COM 失利华为国际化进程再遭挫折. 商虎中国, 2008 – 3 – 7.

［2］王玉玲．从并购动机透析华为收购美国3COM［J］．财务与会计，2008（8）．

［3］华为并购3COM失败案例．能源观察网，2012．

［4］华为收购3COM失败内幕．凤凰网，2010．

［5］褚伟．在中国推销3COM，在3COM推销中国［J］．多媒体世界，2008（5）．

京东方杠杆收购韩国现代 TFP 生产线

【理论链接】

　　杠杆收购

　　杠杆收购的主体一般是专业的金融投资公司，投资公司收购目标企业的目的是以合适的价钱买下公司，通过经营使公司增值，并通过财务杠杆增加投资收益。通常投资公司只出小部分的钱，资金大部分来自银行抵押借款、机构借款和发行垃圾债券（高利率高风险债券），由被收购公司的资产和未来现金流量及收益作担保并用来还本付息。如果收购成功并取得预期效益，贷款者不能分享公司资产升值所带来的收益。在操作过程中可能要先安排过桥贷款作为短期融资，然后通过举债完成收购。杠杆收购在国外往往是由被收购企业发行大量的垃圾债券，成立一个股权高度集中、财务结构高杠杆性的新公司。在中国由于垃圾债券尚未兴起，收购者大都是用被收购公司的股权作质押向银行借贷来完成收购的。

　　摘要： 跨国并购实施阶段所涉及的融资决策是并购活动成功与否的关键环节。然而，中国企业在走出去并购进行融资时由于企业自身、外部市场与制度原因而普遍缺乏创新模式，大大影响了企业跨国并购的规模与发展。本案例在阐述这些现状的基础上，着重通过对京东方典型个案的剖析，由此指出战略定位＋财务杠杆这种产业资本与金融资本的新型结合模式，是我国企业未来跨国并购融资的新范式。

　　关键词： 韩国 TFP；京东方；并购融资；财务杠杆

1. 双方简介

1.1 京东方

　　京东方流通 A 股 6 000 万，总股本 5.50 亿元。公司前身为成立于 1952 年的北京电子管厂，该厂是中国著名真空电子器件产品生产厂家。目前公司的主导产品为显示器及 VFD 和彩色显像管等，其中显示器产量居国内第三位，产品 40%

出口；VFD居国内第一，市场占有率达35%，彩色显像管产量居国内第二位。公司的核心竞争力在于显示器件领域的产业投资及产业整合能力，在显示产业内具有范围经济优势并在单个产品上拥有规模经济优势。公司1997年合资组建东方冠捷，1998年出资收购了浙江真空电子有限公司60%股权，2001年收购韩国HYNIX半导体株式会社所有STN-LCD产业及OLED业务。2002年11月，京东方斥资3.8亿美元通过在韩国设立子公司BOE-HYDIS收购了韩国现代半导体株式会社HYNIX及其子公司韩国现代显示株式会社（HYDIS）全部与TFT-LCD（薄膜晶体管彩色液晶显示器件）业务持续进行有关的资产、房产和权益。2003年8月6日，京东方与FIELDS PACIFIC LIMITED（简称"FPL"）、潘方仁（FPL的全资持有人）签署协议，京东方总价10.5亿港元收购FPL持有的占冠捷科技（0903，HK）已发行普通股总数26.36%比例的股份。

虽然京东方目前仍是国有企业，但却实行民营化管理，公司建立了快速市场反应机制、科技创新机制、创业激励机制、管理与约束机制和人才海外培训机制，使企业在组织框架和制度管理方面与国际同步，同时京东方十分注重核心团队的价值认同和文化认同。京东方创业之初，公司就将自己的核心业务定位在了显示领域，京东方拥有中国北方最大的CRT（彩色显像管）显示器生产基地，但是，液晶显示器是未来显示器发展的主流。由于液晶显示器的使用正从电脑向电视等多个区域推进。国内彩电业巨头已明确提出将液晶电视作为具有战略意义的产业来发展。因此，作为生产液晶显示器最重要部件——TFT屏的市场前景被普遍看好。京东方自20世纪70年代就开始研究TFT-LCD技术，后来京东方开始在显示器领域逐渐站稳脚跟，除开发生产显示器件外，他们还推出了以京东方为品牌的移动数码产品。

1.2 韩国现代半导体株式会社

韩国现代半导体株式会社（Hynix）是全球主要芯片制造商之一，受20世纪90年代末以来的全球存储晶片需求下降打击，订单量巨减，现金严重短缺。公司自2000年起就一直在进行产业、产品结构调整，出售旗下TFT-LCD业务是其进行调整的举措之一。自两年前，公司宣布出售TFP-LCD务以来，引起了业内的广泛关注。台湾剑度公司更是曾以4亿美元的价格与Hynix达成收购协议，但最终由于剑度未按协议进度付款，而使收购流产。但是，此时Hynix出售TFT-LCD业务已是箭在弦上，不得不发了。

2. 并购过程

2003年2月12日，京东方科技集团股份有限公司正式对外宣布，以3.8亿美元收购韩国现代半导体株式会社（Hynix）属下韩国现代显示技术株式会社的TFT－LCD（薄膜晶体管液晶显示器件）业务，资产交割已于2003年1月22日全部完成。至此，国内上市公司最大的一起高科技产业海外收购案尘埃落定。此次收购的资产包括HYDIS所拥有的三套完整的TFT－LCD生产线的生产设备、厂房和其他固定资产，各项技术专利等知识产权和其他无形资产以及全球性的市场营销网络。HYDIS的TFT－LCD部门的生产和开发能力在韩国国内均居先进水平，并且拥有实力雄厚的技术、管理人才和多年形成的国外客户及营销渠道。

通过此次收购，京东方成为中国第一家拥有TFT－LCD核心技术与业务的企业，开辟了直接进入国内显示器高端领域和全球市场的通道。而且，京东方通过建立北京的TFT－LCD产业基地，逐步将该公司在这一领域的生产和技术向国内合理转移，带动了国内相关上下游产业的发展，大大提升了中国在该领域的竞争实力。具体并购步骤如下：

借助原来的成功的海外并购经验，京东方在韩国设立子公司BOE－HYDIS作为收购主体。资产收购的总价格为"非流动资产价格＋营运资金＋海外子公司价格＝3 000万美元（最后调整金额）"，其中非流动资产价格为38 000万美元，营运资金的价格在资产交割完成后根据审计和未来的市场状况由双方协商确定。

京东方采用了国际上惯用的杠杆收购技巧和只收购资产不收购负债的特殊做法，依托资本市场和银行，利用各种金融工具，合理安排了收购资金，以6 000万美元自有资金完成3.8亿美元资产收购。

（1）京东方筹集15 000万美元资金用于投资BOE－HYDIS，其中公司自有资金及自有资金购汇6 000万美元，公司通过国内银行借款9 000万美元，借款期限均为1年，利率为1.69%至1.985%。

（2）BOE－HYDIS以资产抵押方式，向韩国产业银行！韩国外换银行、Woori银行、现代海商保险借款折合18 820万美元，利息率由提款日前一天的市场利率决定，并将在提款日后3年进行调整。该笔贷款从2005年10月22日开始按季度分十次等额向银行偿付贷款本金。

（3）BOE－HYDIS以资产向HYDIS再抵押方式获得卖方信贷，BOE——HYDIS向HYNIX签发了长期票据A和票据B，金额分别为3 590万美元（5年期）和373.0万美元（6年期），利率均为伦敦同业拆借利率加3%。

经过这次收购，京东方成功掌握了国际领先的TFT－LCD技术，为以后的构造显示产业链奠定了技术基础。在世界液晶产业市场供过于求的背景下，京东方此次的运作可谓是逆流而上，机遇与挑战并存。京东方的此次收购是我国上市公司运作的最大一起海外高科技收购案，与国内外资并购雷声大雨点小形成了鲜明的对比，展现出中国企业在防守中出击的"走出去"战略。京东方此次实行的全盘收购的策略，不仅得到了海外金融机构的融资本，还直指世界先进核心技术，这对于目前国内许多企业在"走出去"时缺乏明确的发展方向和规划，出去之后面临较高的经营风险，无疑是个很好的借鉴。

3. 并购启示

对于现况的中国而言，并购似乎已经成为一种时尚，许多的公司都曾经、正在或者即将进行并购。使很多人颇有痴迷的更是杠杆收购。这确实为一些资金不充裕而又需要进行并购的企业指出一条道路。

3.1 设立收购主体控制风险

京东方在收购前，根据所掌握的情况，对收购的风险逐项进行了评估，包括政治风险、经济风险、财务风险、法律风险、文化风险、技术风险、经营风险、市场风险、行业风险和资金风险等。研究表明，京东方的这次海外收购风险很大，因此，在杠杆收购模式中创新性地设立一个新企业作为收购主体，以起到防火墙的作用。这样，京东方不直接收购，并把收购的主要风险留给新设企业，京东方只需承担投入资金的风险。

3.2 采用连续抵押方式

作为杠杆收购的具体运用，基本有9种可供选择的方式，包括背债控股、连续抵押、合资加兼并、与猎物企业股东互利共生、甜头加时间差、借势、以猎物企业作抵押发行垃圾债券、将猎物企业的资产重置后到海外上市、分期付款。此次京东方对韩国现代 TFT - LCD 业务虽不能完全简单的用以上其中的某一种单独方式来概括，但从整个收购过程来看，这次杠杆收购所采用的是9种策略当中的连续抵押方式。京东方不是用本企业的资产或收入作为担保对外负债的，而是利用本身自有资金 6 000 万美元及向国内银行贷得的 9 000 万美元，全部投入成立了一家全资子公司作为收购主体，即子公司兼并，将风险完全转嫁以保护母公司的利益，这里扮演防火墙的就是 BOE - HYDIS 技术株式会社。另外，BOE - HYDIS 以资产抵押方式，先向韩国外换银行为首的银团借款合 1.883 亿美元，然后通过 BOE - HYDIS 以资产向 HY - DIS 再抵押方式，获得来自 HYDIS 的卖方信贷。

3.3 融资特点分析

首先，此次杠杆收购符合投入少量的自有资金便可获得较大金额的银行贷款用以收购目标企业的特点，同时，高比例的负债给公司本身以鞭策动力，促使其改善经营管理，提高经济效益。京东方收购的资本来自于不代表企业控制权的借贷资金，即以 BOE - HYDIS 为资产抵押的银行借贷款，占了超出收购总额的

80%。其次,并购的组织过程中不能没有中介机构的参与,尤其是海外并购。在此次收购中,尽管京东方当时对韩国的法律、文化都不是很了解,但投资银行等市场中介组织组成了强大的顾团,发挥了重要的作用。

就上述分析,可以看出这是一次相当成功的资本运作。京东方 2001 年的销售收入是 5 418 亿元人民币,如果以 318 亿美元(约合人民币 32 亿元)现金进行海外收购,无疑是行不通也是不明智的。因此,采用杠杆收购模式,能最大限度地发挥财务杠杆作用、最大限度地避免财务风险、最快速度完成收购计划。对并购后公司财务的进一步分析可看出,公司总资产、负债及资产负债率、营业规模、投资收益、利润、净资产收益率较去年同期都有较大增加,表明企业并购后综合实力增强,股东收益增加,企业并没有因为并购负债而资金紧张,并购达到了预期目的。

【思考题】

1. 试分析杠杆收购在此次并购过程中的作用。
2. 在此次收购中,京东方是如何做到"以小吃大"取得成功的?

【资料来源】

[1] 姜秀珍. 中国企业跨国并购融资新范式——京东方杠杆融资案的启示 [J]. 昆明理工大学学报, 2006 (3).

[2] 阮祥伦. 2001~2007 年中国企业跨国并购案例的研究 [D]. 华东师范大学, 2008.

[3] 王英杰. 京东方并购的启示 [D]. 清华大学, 2004.

[4] 原松华. 融资并购经营战略京东方杠杆收购凸显财技 [J]. 中国投资, 2005.

[5] 王礼. 京东方 318 亿美元成功收购韩企 TFT - LCD 业务 [N]. 国际金融报, 2003 - 2 - 13.

中石油收购 PK 石油公司

【理论链接】

分公司与子公司

分公司和子公司是跨国公司的两种重要的企业组织形态。其主要区别在于：主体地位不同，分公司不具有独立法人资格，子公司是独立法人；名称不同，分公司没有自己独立的名称，子公司可以有自己的名称；业务范围不同，分公司以总公司的名义开展业务，业务内容与总公司相同，子公司有自己的业务内容，按营业执照的注册事项开展业务，可以与母公司相同，也可以不同；对资产的控制能力不同，分公司经营的是总公司的资产，不具有独立处置能力，同时其资产要在总公司财务报表中体现，子公司经营的是自己的资产，具有依法处置能力，并且不在母公司财务报表中列明。

摘要：2005 年 10 月 26 日，加拿大艾伯塔高等法院裁决，批准中国石油天然气集团 100% 收购哈萨克斯坦石油公司（简称 PK 公司）。根据中石油提出的收购条件，中油国际以每股 55 美元现金购买 PK 公司所有上市股份，这一报价总价值约为 41.8 亿美元，是当时中国企业最大的海外收购案。此次收购是中国为维护国家石油产业安全的重要举措，也在客观上提振了中国企业走向海外的士气，为中国企业海外并购积累了经验。

关键词：中石油；PK 公司；竞购；资源整合

2005 年 10 月 27 日，中石油宣布已通过其全资子公司中油国际完成 PK 公司的收购。此次成功收购，首先意味着中石油将拥有 PK 公司在哈的 12 个油田的权益，得到了已证实的和可能的 5.5 亿桶石油储量。另外，PK 公司还拥有 6 个区块的勘探许可证，这意味着收购后还具有较大的勘探潜力。交易对中国在中亚的投资而言，仅仅意味着中石油从 PK 公司获得的巨大石油储量，更为中国投资打开了大门，将会有更多的中亚石油出口到中国。虽然最终获得了胜利，但与中海油收购优尼科公司一样，中石油的此次收购之路也是强敌环伺，险象环生。

1. 参与双方

1.1 中国石油公司

中国石油公司是于1999年11月5日在中国石油天然气集团公司（简称"中国石油集团"）重组过程中，按照根据《公司法》和《国务院关于股份有限公司境外募集股份及上市的特别规定》成立的股份有限公司。中国石油天然气股份有限公司是中国油气行业占主导地位的最大的油气生产和销售商，是中国销售收入最大的公司之一，也是世界最大的石油公司之一。中国石油发行的美国存托股份及H股于2000年4月6日及4月7日分别在纽约证券交易所有限公司及香港联合交易所有限公司挂牌上市，2007年11月5日在上海证券交易所挂牌上市（股票代码601857）。截至2007年年底，中国石油天然气集团公司拥有公司86.29%的股权。

1.2 PK石油公司

PK公司是在加拿大注册的国际石油公，油气田、炼厂等资产全部在哈萨克斯坦境内，年原油生产能力超过700万吨。总部位于卡尔加里的哈萨克斯坦石油公司是一家集生产和开发一体化的综合型能源公司，其虽在加拿大注册，但拥有的油气田、炼油厂等资产全部在哈萨克斯坦境内；该公司是哈萨克斯坦第三大石油生产商，公司原油日产量为15万桶，旗下炼油厂每天可加工8万桶原油，其2004年的纯收益达到5.007亿美元。仅2005年第一季度，该公司净利润就已达1.66亿美元。这样一个诱人的"蛋糕"不能不使各家企业垂涎。

收购前的PK公司是完全西方背景的独立石油公司，拥有完整的油气工业上中下游业务链、42个分子公司、192个银行账号，在五国上市、五地办公，经营地域分散，业务链及法律架构复杂，管理幅度和难度都很大。同时，PK多元民族文化和不同企业文化并存。4 100多名员工来自中国、美国、加拿大、英国、南非、法国、土耳其、俄罗斯、哈萨克斯坦等10余个国家。并购前PK公司生产经营困难重重，企业发展压力倍增。老油田年自然递减达48%含水率超80%，储采比仅为8.7，轻质油收率只有60%（中国国内平均80%），运费占总成本的30%。与利益相关者关系极度紧张，企业内、外部环境十分恶劣。2004年的矿产国有化运动，迫使外国投资者让出更多利益。PK公司首当其冲，被哈国政府列为重点整治对象，进行了多次大规模的审计和检查，开出巨额罚单，原公司管理层多名高管及雇员（包括在哈总裁）被刑事起诉，限制出境自由。原总裁多年不敢入境哈国，仅靠遥控指挥公司在哈业务的经营管理。政府还关闭了PK公司大量的生产井。

2. 并购过程

在收购该公司之初，中石油就遭遇印度国营石油与天然气公司及俄罗斯卢克石油公司两大劲敌。在最后期限 2005 年 8 月 7 日前，印度国营石油与天然气公司在第一轮竞价时的最初报价更高，其叫价比中石油每股高出 1 美元。而俄罗斯卢克石油公司也因数年前与 PK 公司以 1∶1 的股比，合资成立了图尔盖石油公司，而自认为公司有对 PK 公司的优先购买权，要求加拿大的卡尔加里地方法院对中石油的收购要约发布延期禁令。而比起竞争对手的阻挠更要命的是哈萨克斯坦政府的法律介入。2005 年 8 月 12 日，哈萨克斯坦国会上议院一致通过禁止外资转让国家石油资产交易的法案，此法案一旦由哈总统签署生效，可能会对哈萨克斯坦石油公司处以 5 亿多美元的巨额罚款。哈萨克斯坦政府保护竞争委员会的一名官员暗示，如果中国石油天然气总公司最终能完成收购的话，那么中石油必须替这家公司支付这笔巨额罚款。购价高于市值仍不亏，然而，激烈的竞争还是使中石油付出了不小的代价。据业内人士分析，中石油 41.8 亿美元的报价远远高出哈萨克斯坦石油公司 33 亿美元的市值。而且，此次收购将使中石油的总储量仅增加 2%，其日产量估计相当于中国日均原油需求量的 1% 略强。

虽然收购的价格偏高，但瑕不掩瑜，PK 公司带来的好处也甚是明显。中石油就公开表示，参与收购哈萨克斯坦石油公司，有利于依托在哈萨克斯坦长期油气合作的基础，发挥现有项目与收购资产的协同效益，促进在哈萨克斯坦业务的发展；有利于发挥中石油独特的技术优势和管理经验，提升收购资产的价值；有利于增加在哈萨克斯坦油气领域的投资，促进当地经济发展。同时，收购本身也将给哈萨克斯坦石油公司股东带来增值效益。

不可否认，即将建成的中哈管道确实会为中石油日后的运营带来得天独厚的优势。这条西起哈萨克斯坦里海阿特劳，东至我国新疆阿拉山口的管道，设计的口径很大，2005 年年底，将达到 1 000 万吨运量。这使它不仅能在日后将成为我国能源供应的重要血管，也完全可以在日后七年中，充盈 PK 公司 5.5 亿桶储量（约合 7 500 万吨）的运力。而从整个中国能源格局的角度考虑，中石油的此次举动则更关系到我国能源安全与发展的大局。中国海关 2004 年的统计数据表明，仅 2004 年一年，中国就进口原油 1.2 亿吨，增长率高达 34.8%，进口量增速为 4 年来最快，进口价值 339.1 亿美元，增长 71.4%，全年总共多支付外汇 70.68 亿美元。虽然这是一个巨大的数字，但比起外汇储备流失更为危险的，却是海外原油来源途径太过单一，国内储备严重不足。2004 年，中国进口原油已经占到实际消费量的 40%，根据世界能源机构预计，到 2010 年，我国进口石油总量将达到 1.5 亿吨，占消耗总量的 50% 以上，这些让人触目惊心的数据已足够解释中国石油企业不断尝试向海外扩张的原因。

3. 并购动因分析

3.1 缓解国际油价飙升给国内经济发展带来的困境

美国对伊拉克的战争虽然以伊拉克萨达姆政权的倒台为结束，但并不是一个完全的胜利。随之而来的却是石油价格的一路飙升，从战前的 28.33 美元/桶涨到创纪录的 75 美元/桶。现在，世界各国尤其是能源消费国对本国经济发展纷纷亮起了红灯。1993 年，我国开始从一个能源生产国转为能源消费国，持续高速的经济发展对能源的需求更是与日俱增。油价的上涨给国家带来了额外的负担。为了缓解、避免出现因能源紧张而阻碍经济发展的局面，国家不断调整自己的能源战略。作为中国石油工业代表的三大石油集团：中国石油天然气集团公司（以下称"中石油"）、中国海洋石油总公司（简称"中海油"）、中国石油化工股份有限公司（简称"中石化"）最近几年频繁的进行跨国收购活动就是基于这个重要动因。

中石油虽然是中国石油市场的三巨头，但即使在产量空前提高的 2004 年，原油开采增长率也仅为 0.5%。若收购 PK 公司成功，可一举增收 6% 原油产量，这将是一个超越 10 年的大跃进式胜利。中石油可获得 5.5 亿桶原油储备，以 41.8 亿美元计算，每桶 7.06 美元。可资比较的是，此前中海油拟以 185 亿美元收购尤尼科 17.5 亿桶原油储备每桶超过 10 美元。中石油的竞购价格已相当吸引人，但是最终还是不欢而散。

3.2 获得石油利益中石油在哈萨克斯坦这个邻邦得到了很多的利益

中石油在哈萨克斯坦拥有 Aktobe 油田 70.4% 权益，以及 North Buzachi 油田 50% 权益。加上此次收购，将令中石油在该国所拥有的石油储备超过 10 亿桶油当量，相当于哈萨克斯坦石油总储备的 2%。1997 年，中石油就正式进入哈萨克斯坦。当时，中石油在竞购阿克纠宾斯克油气股份公司时，以 3.2 亿美元的价格竞标成功，购买了该公司 60.3% 的股份。这个油田拥有石油剩余可采储量 1.4 亿吨，天然气 2 200 亿立方米，当时年产原油 430 万吨，中方每年可运回 80 万～100 万吨的原油。

3.3 争夺里海油气资源开采的主动权此次全面收购 PK，表现了中石油在中亚战略上更大的进取心

据中石油集团关人士透露，中石油集团在中亚的基本战略是，以与哈萨克斯

坦境内的石油公司的能源合作为重点,力争进入里海油田的开发。潘继平亦认为:此次中石油收购 PK 公司,牵出的是一个各国石油巨头争夺的焦点——里海油气资源。里海是继波斯湾之后又一块世界级的产油区,被誉为 21 世纪世界最重要的能源供应基地之一,仅哈属里海部分预计石油地质储量就有 134.5 亿吨。然而,约 5 600 平方公里的里海北部项目,被国际石油界认为是最具潜在商业价值的项目。其中卡沙干油田是目前世界上最大以及 30 年来最重大的石油和天然气勘探发现之一,预期可供开采的储量最多达 130 亿桶油当量。进入这一地区一直是中国石油企业海外发展的战略优选。正如中海油收购优尼科遭受挫折一样,中石油收购 PK 公司不论成功与否,将带给它无比宝贵的并购经验。

4. 并购效益

中国石油并购 PK 公司近几年来,按计划进行组织实施了全面整合工作,取得良好效果,与并购前几年相比,公司内外经营环境明显改善,原油生产、加工、新增储量均创历史新高,经济效益大幅增长,员工队伍日趋稳定,对公司发展的信心得以增强,初步打造了一直国际化经营团队,企业管理效率和水平得到提升,成功实现了公司跨国合并整合。

4.1 勘探和原油生产加工均创历史新高

2006~2007 年,PK 公司年新增探明可采储量 5 002 万桶,为公司历史上年探明储量增幅最高。并购前 PK 公司所属油田共关井 166 口,日产水平由 21 万桶减到 15 万桶;并购后原油生产连破千万吨大关,年均产油量达到 1 006 万吨,年均加工原油 406 万吨。

4.2 经济效益大幅增长,成本控制成效显著

2006~2007 年,销售收入及净利润连创历史新高。截至 2008 年 5 月,PK 公司累计分红 20.7 亿美元,并购仅两年半的时间,中国石油就回首收购资金 69%。两年来 PK 公司还向中哈原油管道供油 506 万吨,成为输往中国方向的主要油源供应者,为保障国家能源安全做出了积极贡献。2006~2007 年,PK 公司平均储量发现成本仅为 0.885 美元/桶,远远低于国际大油公司 1.2~1.5 美元/桶的平均水平。

4.3 企业内部环境得到改善,树立了良好的社会形象

这几年来,PK 公司并购前 50 多个较大的诉讼和仲裁案件及争议金额已下降 98%。并购后未发生新的重大诉讼及仲裁案件。与征服伙伴关系明显改善,建立

和互惠互利、相互信任的长远合作基础。建立起员工对管理层的信心，队伍日趋稳定。公司内外经营环境得到很大改善。

4.4 为我国企业实施走出去战略积累了宝贵经验

2006年PK公司全面完成了业绩合同规定的各项生产经营指标，一些主要指标如原有作业产量、加工量、净利润及现金流等均创历史新高，实现了正式整合第一年生产运营开门红。2007年的经济运营指标均好于去年同期。标志着PK公司整合工作全面成功，不仅为中国石油国际化业务向高层次发展积累了宝贵的经验，也为我国企业实施走出去战略提供了值得借鉴的成功案例。

【思考题】

1. 简述中石油收购PK公司与中海油收购优尼科公司之间"战略目标"的区别。
2. 试分析中石油并购PK公司后面临的最主要问题及解决办法。

【资料来源】

［1］史建三. 跨国并购论［M］. 立信会计出版社，1999.

［2］UNCTAD. 2000年世界投资报告：跨国并购与发展［M］. 中国财政经济出版社，2000.

［3］杨利宏. 中国式跨国并购的进退得失［N］. 中国经营报，2005-12.

［4］全球并购交易中心网.

［5］中国企业报，www.news.ceen.cn.

［6］国务院发展研究中心信息网.

中投公司投资美国黑石集团

> **【理论链接】**
> 官方国际投资
> 　　官方国际投资是一国政府机构作为跨国并购的主体进行的跨国投资的经济行为,具有很强的政策性。官方国际投资的内容主要包括三个方面:(1)基础性、公益性国际投资。官方是国际经济援助性质的基础性、投资性国际投资的主要承担者,尤其是在双边资本援助中发挥了重要作用。(2)国际储备运营。外汇储备是一国国际储备的最主要构成。在储备多元化的国际趋势下对外汇资产的保值和增值是储备运营管理的一大目的。(3)出口信贷。出口信贷(export credit)是一国政府为鼓励大型资本货物出口而给予出口商、进口商的中长期优惠贷款。

> **摘要:** 2007年5月20日,正在筹备中的中投公司以每股29.605美元的价格收购黑石集团30亿美元的股份。作为中国外汇的第一笔投资,投资黑石事件引发了我国外汇储备运作方式以及风险控制等方面的关注和讨论。
> **关键词:** 中国投资有限责任公司;黑石集团;官方国际投资;主权财富基金

1. 并购双方介绍

1.1 中国投资有限责任公司

2007年9月29日,中国投资有限责任公司成立(简称"中国投资公司"、"中投公司"、"CIC")。公司注册资本15 500亿元人民币(2 000亿美元)。公司章程规定的经营范围为:境内外币债券等外币类金融产品投资;境外债券、股票、基金、衍生金融工具等金融产品投资;境内外股权投资;对外委托投资;委托金融机构进行贷款;外汇资产受托管理;发起设立股权投资基金及基金管理公司;国家有关部门批准的其他业务。

中投公司正式挂牌成立，标志着我国外汇管理体制的重大突破，中国主权财富基金正式成立。与以往的外汇储备管理相比，中投更趋向于主动性投资，追求相对较高的风险与盈利。中投董事长、财政部原常务副部长楼继伟在成立仪式上介绍中投的目的是"拓展外汇运用渠道和方式，提高国家外汇资产经营收益"。至此，中国主权财富基金终于能以专门的外汇投资公司的形式走出去迎战机遇与挑战并存的国际资本市场。中投公司在境外主要投资于股权、固定收益和另类资产（另类资产主要包括私募股权投资、对冲基金和房地产投资等），投资区域涵盖发达国家市场和新兴国家市场。

1.2 黑石集团

美国黑石集团（Blackstone Group L. P.，也称"百仕通集团"）是全球领先的另类资产管理和金融咨询服务机构，近几年来成为华尔街一颗耀眼的新星，无论是从企业规模、质量的发展角度评价，还是从给投资者带来的高额、稳定回报方面，黑石集团都创造了令人难以置信的佳绩，同时也吸引了诸多的眼球。黑石集团在其20多年的发展历程中，无论是资产管理额度的增长状况，还是各项业务的经营方面，都取得了骄人的业绩。但是，随着业务领域竞争的日趋激烈，企业面对的外部环境瞬息万变，黑石集团在发展过程中也将面对更多、更大的风险因素。黑石集团是中国主权财富开展的第一笔海外投资。黑石公司成立于1985年，是美国第二大私募基金公司，中投公司投资黑石源于其出众的投资业绩。自2001年以来，黑石集团年资金平均增长率为41.1%。在企业成长速度、投资收益率以及投资收益稳定性方面，黑石集团都非常出色，是国际一流的金融投资机构。

2. 案例介绍

美国黑石集团于2007年6月22日在纽约证券交易所正式挂牌上市，2007年5月20日，正在筹备中的中投公司进行了第一笔投资：以每股29.605美元的价格收购黑石集团30亿美元的股份。黑石集团上市每股发行价格31美元，中投公司相当于其IPO价格折让的4.5%购买黑石的部分无投票权股票，锁定期为4年，占黑石集团扩大后股份的9.37%。2007年6月22日黑石上市首日，股价大涨13.1%，达到35.06美元，一度使正在筹建中的中投公司账面盈利高达5.51亿美元。但是，随着美国次贷危机引发的全球金融危机的到来，黑石公司开始承受着来自市场的沉重打击。截至2009年1月28日，黑石公司的股价已从31美元发行价最低下跌至每股4.47美元，中投公司的浮亏金额为25.47亿美元，亏损幅度达到85%左右。2010年3月，黑石股价徘徊在14美元左右，目前亏损仍然巨大。作为中国外汇的第一笔投资,投资黑石事件引发了我国外汇储备运作方式以及风险控制等方面的关注和讨论。黑石集团是国际上最好的品牌公司,从参与海外PE(私募股权投资)分析,中投公司投资黑石的战略方向上是对的。但是从目前看来,中投公司在许多具体操作上还有很多细节问题有待商榷。比如,锁定期是否应该这么长、对公司价值的判断是否准确、投资应该在黑石的主体部分还是其操盘的基金部分。中投公司面临着越来越苛刻、越来越复杂的国际金融投资环境。从中投公司投资美国黑石集团的事件可以看出,刚刚成立的我国主权财富基金在诸多方面还存在着不足。投资决策机制有待更加科学,风险控制能力有待加强。

3. 投资亏损的原因分析

2007年5月底,即中投公司正式成立之前,国家外汇投资公司(中投公司前身)投出了其在海外市场上的"第一单":通过中国建银投资公司(中央汇金公司全资子公司)入股美国黑石集团(Blackstone Group),在黑石集团首次公开发行股票(IPO)时斥资30亿美元,以每股29.605美元的价格(相当于IPO价格的95.5%)购买1.01亿股的无投票权的股权,不超过黑石集团总股份的10%,并承诺持有期限不少于4年,4年期限结束后,中投公司可以每年出售1/3的股份。美国黑石集团是一家全球领先的另类资产管理和提供金融咨询服务的机构。中投公司选择黑石,或许就是冲着其在私募股权投资(PE)行业中的领先地位、先进的资产管理理念与高收益水平,甚至还有可能看重在其发展史上很难找到在中国市场投资的影子。我们很难再找出其他更适合的理由来支持中投公司的这笔投资业务,因为其存在着许多不解的疑团。

首先,这次投资的宏观经济环境尽职调查分析,值得怀疑;锁定4年的持股期限,值得商榷。锁定股权的期限,并不能像债券那样能锁住收益率,反而是将收益"押"在了美国股市上。4年的时间足够股市发生翻天覆地的变化,况且当时次贷危机已"崭露头角",房贷市场已出现明显的紧缩,美国经济环境的不确定性越来越大,虽然黑石未有在贷款担保债务证券(CLO)等次贷产品上的投资业务,但次贷危机的连锁反应,很显然会波及银行等金融行业主体,以及导致高额的资本市场融资成本,从而会给黑石带来资金链供应上的压力。因此该投资期限不但限制了30亿美元在4年内的流动性,其背后还隐藏着较高的系统风险。对中投公司来说,这是个很不利的投资条件。

其次,违背了缓解当时国内流动性过剩的目的。黑石集团在我国内地未有过投资业务,若在中投公司对其的投资期内,黑石也能继续保持着对我国的"零"投资,这显然有助于缓解我国当时的流动性过剩问题。但迄今为止,黑石在我国已进行了两笔投资：2007年9月10日，黑石以6亿美元战略入股我国的蓝星集团20%的股份；2008年8月，黑石集团以逾45亿元人民币投资于仲盛集团的商业地产项目。这意味着中投公司的资金又绕回了中国。

再次，选择无投票权的IPO股权使自己陷入被动。虽然无投票权能减小东道国对中投公司背后带有政府色彩的疑虑，但这也带来了如何维护自己的投资权益问题，使自己处于被动的局面。另外，作为无投票权的补偿，黑石虽承诺中投公司将会在收益和财产清算时获得分配顺序优先的权利，但这并不能对中投公司的收益起到保证作用，只是在黑石集团出现经营不利的状况，甚至破产清算时，减少一些中投公司的损失罢了。

最后，投资工具存在较大风险。对于初涉海外市场的中投公司来说，应该从谨慎保守做起，初期应选择在金融工具风险谱系上靠前的工具（风险低）试水，再按照风险从低到高的顺序延伸扩展。金融工具风险谱系按照风险从低到高的顺序为：国债、政府债、机构债、货币市场产品、房地产金融产品、公司债、实业公司股票、金融公司股票、衍生产品等。但这次对黑石的投资却似乎直接跨越了该系谱，因为黑石集团投资业务极其多样化，使得其股票价格更多取决于股市的整体行情，所以其股权在一定程度上具有股指期货的性质。中投公司的第一笔投资就选择类似于金融衍生产品的高风险金融工具，这显然有悖于按照金融工具风险谱系由低到高的循序渐进的投资思路。黑石自从上市之后，股价就一直处于水深火热之中，发行后单周之内就跌回IPO价格。由于次贷危机导致的糟糕的外部经济环境，股价更是一路低走。到2008年10月26日时，黑石的股价收于7.89美元，中投公司投资黑石的收益率已为 -73.35%，账面亏损额约达22亿美元。

2008年10月初，中投公司通过公开市场操作增持黑石股份至12.5%，增持部分为具有投票权的普通股，黑石目前的股价低于10美元，虽说增持黑石有"亡羊补牢"之嫌，但这次的抄底行为还是得到业界的普遍认可。

以上的亏损数据确实很令人失望，虽然说这是一笔4年的投资，要到到期时才能确定其最终的成败。但目前金融危机已经导致了全球经济环境逐渐萎缩，中投公司想要在投资期限内实现这30亿美元投资资产的保值，确实很让人捏一把汗。这笔投资也反映出了中投公司的投资思路还不够清晰，投资经验还不成熟，没有形成一个完善有效的投资决策机制。

4. 得到的启示

4.1 组织治理

规范化与多元化并重。为了实现我国主权财富基金的市场化运作，建立科学、规范、高效的内部组织架构与治理结构，打造专业化与市场化的管理团队也是至关重要的。中投公司当前的治理模式显然带有浓厚的政府色彩，政府意志干预公司决策很难避免。一方面，从中投公司的党委会、董事会和管理委员会人员构成的机构背景来看，管理层大都来自国务院、社保基金、财政部和中央银行等各个国家部委，政治色彩显然过于浓厚，很难克服政府固有的官僚体制的弊端。中投公司与各政府部门千丝万缕的联系将使得公司日常投资经营运作受到众多的相关利益单位的牵制和干涉。公司内部投资决策之争将有可能演化为部门利益之争。另一方面，中投公司的治理结构是一个具有中国特色的典型国有独资公司结构，包括管理委员会、董事会、监事会和党委会。监事会和党委会的职能和角色分工一直是国有独资公司治理的一个难题。在我国，党委会在某种程度上是政府意志影响国有企业日常经营决策的机构。中投公司的资金量巨大，在谋求全球投资机会时不可避免地要与东道国合作方及其政府打交道，如何使对方相信中投公司的行为是市场化动机驱动而非政府意志驱动是一个难题。

中投公司在组织运作方面必须做到规范化与多元化并重。规范化指的是要按照国际通用的模式构建组织架构。多元化则指的是在中投公司的董事会、经理层、监事会等架构中应该引入具有多种专业背景的高级人才。公司高层架构的组成绝不能只是政府官员。成功的主权财富基金如阿联酋阿布扎比投资局、新加坡GIC与淡马锡、挪威政府养老基金等，都致力于仿效国际金融市场上的私人投资公司的组织，避免照搬政府行政机关的架构，尤其是突出董事会与专业投资委员会的核心决策职能与自主权，讲究组织上的精简与决策的效率。新加坡淡马锡董事会由政府官员、下属企业高层和专业人士三方共同组成。淡马锡注重从民营企业和社会各界吸收人才，使董事会包容政府和民间的看法，具有良好的双边性。

目前，我国政府始终掌握着对国有企业人事的管理权，外部董事能否保持独立性是中投公司能否引进淡马锡成功模式的关键。外部董事的独立性一方面要有规范的制度制衡；另一方面要有专业道德与品行约束。多元化的董事会结构可以较好地制衡国家股东，实质也是国家控制和市场运作之间的平衡。

4.2 风险控制

投资分散与监督完善。对于中投公司而言，资金来源外汇储备属于国家财富，属于全民所有，因此，风险控制问题非常重要。黑石公司事件反映了中投公司对海外投资的风险预先判断方面存在较大问题。中投公司的运作存在着流动性风险、外汇汇率波动风险、法律风险以及国家风险。中投公司防范投资风险应该从两个方面入手：一是投资品种的多元化；二是投资国家的分散化。从投资品种上，除了对金融机构的股权投资外，房地产投资、实体企业投资都可以考虑；从投资区域上看，不要仅限于发达国家，新兴市场也存在很多机会。由于资金量十分巨大，再加上资本金的低风险承受能力，中投公司投资收益应该追求稳定收益。中投公司投资黑石事件失败的其中一个原因就是对于未来市场风险没有进行有效的预测。

中投公司与美国黑石集团签订的契约中的一系列条款有 4 年的锁定期，这显然增大了风险，有赖于中投公司对未来市场风险的判断。显然，国际金融市场的管理机制和运作模式与国内差异很大，中投公司低估了国际金融市场投资风险，国际金融市场的不确定性超出了中投公司的预料。中投公司的初始资本金为 2 000 亿美元，可以推测，未来中国政府将会不断利用新增外汇储备对中投公司进行增资。渣打银行估计，两年后，中投公司的资金规模有望达到 6 000 亿美元。这样庞大的资金规模就要求中投公司的投资品种选择上需要合理调整资产比例，从而在风险规避和提高收益之间取得平衡。在投资品种的选择及扩展上，中投公司可以按照风险金融产品的风险谱系从低到高的顺序逐渐扩展。在国际投资运作经验尚不丰富的情况下，投资应该以规避风险为主，选择国债、政府债、机构债、货币市场产品、资产抵押证券产品、公司债和实业公司股票为主。随着投资经验的丰富，可以开始尝试选择金融公司股票、衍生产品等高风险高收益的投资品种。当然，在任何情况下，高风险高收益品种的比例必须严格控制。新加坡 GIC 公司的资产组合能够为中投公司提供某些借鉴：从产品分布而言，该公司的资产组合中股票占 50%，债券占 20%~30%，私人股权、房地产和大宗商品占 30%~20%；从地域分布来看，则是美国占 50%，欧洲占 30%，日本占 10%，除日本之外的亚洲地区占 10%。中投公司的战略方向是正确的，重点在于如何控制好各投资产品的比例与规模，淡马锡公司的资产结构可以作为中投公司的参考数据，公司可依据其进行投资产品的调整，有效规避金融市场风险。

风险控制不是减少风险，而是有效地管理风险，强调风险管理的全面性、系统性，从而形成一整套风险管理机制。中投公司控制风险的手段应该从多方面入手。风险控制首先就是参与董事会，由政府指定专人入驻董事会，对公司日常经营决策积极进行了解和监督，以便及时掌控投资风险并采取措施。中投公司内部应该建立专业的审计委员会，定期或者不定期地对中投公司财务的安全性和稳定性进行审计。此外，中投公司的重大投资应该向董事会提交财务报告和项目审批制度，报告应该经过国际权威投资银行或审计公司评审，通过外部评估控制投资风险。通过律师事务所、政府相关职能部门和新闻媒体、证券交易所等外部监管力量，可以更好地对中投公司实施有效的风险控制。

4.3 人才机制

国际接轨与专业外包。在国际投资市场进行博弈，对业务人员有着极高的要求，不仅需要过硬的专业素质、扎实的研究功底、丰富的操作经验，更要具备对投资风险的深刻理解、对市场的敏锐判断力以及稳定的心理素质。在黑石事件中，刚刚成立的中投公司中政府人士居多，缺乏熟悉国际金融市场的专业人士参与决策，没有有效预测市场风险。中投公司投资黑石集团是源于其过去20多年来取得的辉煌业绩，但是专业人士指出：黑石集团的大部分兼并收购业务都依赖于充分发挥杠杆收购的效应来获得高额回报，这样的运作方式存在着巨大的实质性经营风险，一旦遭遇经济萧条，高额负债将使公司面临巨大困境，同时公司业绩对利率的敏感性也非常高。中投公司在投资之初显然低估了黑石盈利模式内含的极大风险。因此，克服专业人力资本劣势是中投公司必须解决的一大问题。中投公司要在国际金融市场进行专业性投资，必须面向全球，招聘高级金融人才进行专业化运作。新加坡淡马锡公司建立了相对开放的人才市场，放眼于全球金融市场，大范围网罗优秀人才、董事、经理的选择采用市场原则。新加坡主权财富基金的员工队伍中极少有公务员，而是竭力在国际金融市场网罗吸引招聘一流金融人才，绝大部分基金经理包括首席投资官都是外聘的专业人员。淡马锡人才选聘的基本原则是"任用最佳人选，确保决策过程透明，然后放手让公司自行运作。"

必须指出的是，优秀的人才总是稀缺的。中投公司在短期内不一定能够招聘到国际一流的人才，即便招聘到一些专业人士，专业能力的展现以及双方的磨合都需要很长时间，不可能立即具备单独从事某些交易的能力。因此，外部管理在我国主权财富基金管理中扮演着极为重要的角色。通过外部管理可以弥补政府投资机构专业人才的严重不足，同时也可以避免主权财富基金直接出面在国际金融市场上竞购资产，从而在相当大程度上可以减少主权财富基金面临的特殊市场风险与政治风险。中投公司可以通过外包的方式，将部分资金委托给具有丰富国际投资经验的国际机构运作，包括投资银行、PE公司、对冲基金以及传统资产管理公司等。这样做不仅能够获得较高的投资回报率，也可得到外部专业机构所能提供的研究报告、市场资讯与投资经验等。

【思考题】
1. 主体为官方机构的中投公司此次投资的目的是什么？
2. 分析此次跨国并购面临的风险。

【资料来源】

[1] 周煊. 黑石事件的反思与中国主权财富基金运营策略的建议. EFORM OFECONOMIC SYSTEM. 2010（3）.

[2] 张光红，王坤，吴航. 中国投资有限责任公司海外投资案例分析 [J]. 改革与战略，2009（1）.

[3] 黄强，张明星，周焌. 中国外汇投资的风险研究. ECOLOGICAL ECONOMY.

[4] 艾瑶. 主权财富基金：中投公司背景及投资现状 [J]. 北方经济，2009（1）.

金河生物收购潘菲尔德

> **【理论链接】**
> 价值评估
> 跨国并购目标公司评估的重点一般包括产业、法律、运营、财务等方面，而目标公司价值评估是指对目标企业的股权或资产做出价值判断，从而影响并购方的出价与融资方式的选择。股权或资产是唯一可以量化的因素，产业、法律等分析只有辅助性的指导作用，因此目标公司价值评估的结果决定了并购能否成功。价值评估的主要内容包括：分析企业现状、评估企业自我价值、确定并购策略、选择并购目标、审查并购目标、评估目标企业的价值、评估协同效应、评估并购后的联合企业的价值、分析并购的可行性。目标企业价值评估的方法主要有贴现金流量法、资产价值基础法和市盈率法。

> **摘要**：金河生物2014年10月16日晚间发布公告，公司控股子公司美国法玛威药业有限公司，拟以约6 000万美元收购美国潘菲尔德石油公司（PENNFIELD OIL COMPANY）经营相关的全部资产，包括厂房、土地、设备、商标、专利、在FDA注册的药号以及现有存货。通过收购潘菲尔德，公司将进入美国动物保健品市场。
> **关键词**：企业资产；价值评估；海外收购；拓展市场

1. 双方背景

1.1 金河生物

金河生物公司是由金河实业整体变更设立的股份有限公司。2007年11月1日，金河集团实业有限公司（公司前身，以下简称"金河实业"）召开股东会，决议整体变更为股份有限公司。2007年11月30日，金河实业以截至2007年9月30日经万隆会计师事务所有限公司审计净资产65 738 127.18元中的65 690 000元，按 1∶1 的比例折股，折合股本 65 690 000 元，整体变更为股份有限公司。金河实业全体原股东作为发起人按原出资比例持有公司相应股份，金河实业的债权、债务、资产全部进入金河生物。

金河生物科技股份有限公司是一家生产和销售饲用金霉素及动物保健品为主的民营控股企业，1998 年被国家科委认定为"国家重点高新技术企业"，同时也是内蒙古自治区 60 家重点企业之一。公司位于青山南麓、黄河之滨的内蒙古托克托县境内，与亚洲最大的火力发电厂——大唐托克托电厂比邻相依，并与中国最大的露天煤矿——准格尔煤田隔（黄）河相望，具有得天独厚的地理优势和资源优势。

公司现拥有国际上先进的发酵生产设备和产品质量检测设备，主要工艺流程全部采用微机自动控制，现有发酵吨位 4 700 立方米，金霉素的发酵规模居世界前列。其主导产品"牧星"、"金河"牌饲用金霉素目前年生产能力 4 万多吨，连续五次顺利通过美国联邦政府食品与药品管理总署（FDA）的质量验收。产品主要出口到美国、加拿大、东南亚等国家和地区，同时行销网络遍布国内各省、自治区、直辖市，市场前景十分广阔。

作为一家高新技术企业，金河生物科技股份有限公司近年来得到了迅猛的发展，这主要得益于企业以人为本的发展思路和强大的技术支撑。通过人才的引进和人力资源的合理配置，使企业逐步形成了自己的人才梯队，在充分发挥人才优势的群体效应的同时，在生产技术领域不断地完善与创新，为企业在知识经济时代异军突起奠定了坚实的基础。

良好的信誉、卓越的品质源于企业严格的管理和对技术创新孜孜不倦的追求。2001~2002 年，企业先后顺利通过了 ISO 9002 质量体系认证和国家兽药企业 GMP 验收。从 1994 年起，企业连续五次顺利通过美国联邦政府食品药品管理总署（FDA）的质量验收，并被国家九部委认定为农业产业化国家重点龙头企业。

金河生物科技股份有限公司在未来的发展进程中，将按照"面向市场、优化结构、整合资源、提高效益"的发展构想，以发酵工业为载体，以调整产品结构为主线，走外延与内涵相结合扩大再生产的科技强企之路，通过与行业精英联盟，实现资产优化和管理升级，结合基因工程等高科技手段的探索与研究，全面提升企业的整体素质和核心竞争力，进一步增强企业的经济实力和发展后劲，为民族工业的繁荣和发展做出新的更大的贡献。

1.2 美国潘菲尔德石油公司

美国潘菲尔德石油公司（简称"潘菲尔德"）是一家美国动物保健品生产企业，主要业务为生产及销售饲料添加剂和水溶性兽药产品，在美国动物保健品市场中拥有一定地位。2011~2013 年，潘菲尔德实现营业收入分别为 4 488.98 万美元、5 177 万美元和 5 108.41 万美元，净收益分别为 836.28 万美元、420.51 万美元和 366.83 万美元。截至 2013 年年底，潘菲尔德的总资产为 3 142 万美元，净资产为 2 647 万美元。

潘菲尔德的生产经营药物饲料添加剂业务在评估基准日 2014 年 8 月 31 日的市场价值为 5 733.83 万美元。按当日官方汇率（1∶6.1647）计算，折合人民币约为 3.53 亿元。在美国食品药品监督管理局注册的新动物药申请药号、仿制动物药申请药号及尚在申请中的药号有 16 项，此外还拥有 6 项美国专利和 22 项美国注册商标，在动物饲料用金霉素生产工艺、设备等方面有多项专利。实物资产均位于美国内拉布斯加州道格拉斯县奥哈马市工业路 14040 号，房屋建筑物包括水溶性产品生产车间、饲料添加剂生产车间和办公用房，房屋建筑总面积 37 800 平方英尺。设备类资产包括机器设备、车辆、电子设备三大类，机器设备主要有：水溶性饲料生产设备、饲料级等。

2. 收购动因

（1）本次交易完成后，金河生物将拥有潘菲尔德的生产体系和销售渠道，获得直接进入美国动物保健品终端市场的平台，对公司业务的战略布局具有重要意义。

金河生物主营业务以生产和销售饲用金霉素及动物保健品为主，公司产品销往全球 20 多个的国家和地区，目前是全球饲用金霉素生产规模最大的企业之一。金河生物是我国饲用金霉素使用标准的编制者。预计本次收购完成后，金河生物将拥有潘菲尔德的生产体系和销售渠道，公司将获得进入美国动物保健品终端市场的平台，预计公司产品附加值、产品品种数量、业务规模也将得以提高，从而提升公司未来盈利能力。

（2）金河生物目前的产能已基本饱和，不能满足市场需求。为保证公司的持续快速发展，提升公司的竞争力，金河生物需要进一步扩大产能，且市场还有很大的发展空间。

长期以来，盐酸金霉素制剂产品在医药市场上的销售呈现稳步上升态势，特别是眼膏剂，市场上的销量十分庞大。目前市售的金霉素眼膏剂的规格有 2 克/支等，含量为 0.5%，其市场零售价格十分低廉，每支仅为 1.2 元人民币，是十分典型的大众廉价药物，加之其本身又是非处方药，现在已成为千家万户家庭药箱的常备品种之一，不但可以用于眼部感染等，也可以用于其他外部感染如皮肤感染。粗略统计，现在每年我国市场上销售的金霉素眼膏就有几百亿支，预计未来市场还有一定发展空间。

2014 年 2 月，金河生物的控股子公司美国法玛威药业生产的 22% 金霉素颗粒预混剂在加拿大的药品和销售商的注册许可工作已全部完成。也就是说，该项工作完成后，公司生产的22%金霉素颗粒预混剂可以在加拿大市场销售。因此扩大市场，增加产能显得十分重要，符合公司的发展规划要求。

（3）金河生物正在谋求新的领域的可持续发展。

目前金河生物饲用金霉素发酵周期平均为85至90小时，发酵单位达到23 000μg/ml以上。收购项目将能进一步提升公司的技术创新能力，加快新产品新工艺的产业化进程，扩展生产经营领域，开拓新的利润增长点，从而增强核心竞争力，确保可持续发展。

3. 收购过程

金河生物于2014年10月16日发布公告表示，将通过其控股子公司法玛威药业有限公司（以下简称法玛威）收购美国潘菲尔德石油公司的经营性资产，从而进入美国动物保健品终端市场，交易总额为6 000万美元。该经营性资产主要包括潘菲尔德生产经营所需厂房、土地、设备、商标、专利、药号，以及现有存货等，并承继客户，接收雇员。

此次收购资金来源由法玛威通过申请银行贷款筹集，金河生物将通过内保外贷方式为其提供融资支持。其中，金河生物将以超募资金先用于内保外贷的银行保证金，并最终作为此次收购资金的部分来源。

根据有关资产评估的法律、法规、规章和评估准则，本着独立、公正、科学、客观的原则，履行了资产评估法定的和必要的程序，采用收益法，对潘菲尔德实施了实地勘察、市场调查、询证和评估计算，得出结论：法玛威药业有限公司拟收购美国潘菲尔德石油公司的生产经营药物饲料添加剂业务在评估基准日的市场价值总计5 733.83万美元。按国家外汇管理局公布的2014年8月31日美元兑人民币中间折算价1∶6.1647，本次评估结论折合人民币为35 347.37万元。

4. 收购影响

（1）金河生物与2015年2月12日晚间发布2014年度业绩快报的公告，报告期内，公司营业总收入83 853.04万元，较上年同期74 107.12万元增加13.15%；营业利润8 556.14万元，较上年同期10 677.56万元减少19.87%；利润总额9 636.58万元，较上年同期10 816.41万元减少10.91%；归属于上市公司股东的净利润8 039.85万元，较上年同期9 043.25万元减少11.1%。

公司称主要原因系子公司法玛威药业有限公司收购美国潘菲尔德的资产后，营业收入较上年同期大幅增加，同时母公司营业收入受市场因素影响有所下降；主要原材料玉米价格的上涨及人力资源成本的增加，导致产品成本上升，毛利率有所下降所致。

报告期末，公司财务状况良好，公司总资产 152 223.57 万元，总负债 56 182.14 万元，归属于上市公司股东的所有者权益为 95 488.92 万元，资产负债率 36.91%。报告期内，公司下属子公司法玛威药业有限公司通过内保外贷方式向银行借款完成对潘菲尔德约 6 000 万美元的资产收购业务，导致公司总资产、总负债和资产负债率均有较大幅度上升；归属于上市公司股东的每股净资产增加（两年同口径按 21 784 万股计算）的主要原因系本年实现利润所致。

（2）金河生物拟通过本次非公开发行股票补充流动资金，为公司实现发展战略提供资金支持。公司拟通过内保外贷的方式筹集本次收购潘菲尔德的资金，这将使公司的负债大幅增加，公司需要通过股权融资获得资金，偿还部分银行借款，减少利息支出，降低偿债风险。故在 2014 年 10 月 31 日晚间，金河生物披露了非公开增发股票预案，公司股票将于 2014 年 11 月 3 日起复牌。根据预案，公司拟以 13.15 元/股的价格发行 3 600 万股，其中公司控股股东内蒙古金河建筑安装有限责任公司认购 1 000 万股，呼和浩特昌福兴投资管理企业认购 600 万股，上银基金管理有限公司拟设立的资产管理计划认购 2 000 万股。本次非公开发行募集资金总额不超过 47 340 万元，在扣除发行费用后全部用于补充公司的流动资金。

（3）本次资产收购完成后，公司相关业务的整合、运营均需要流动资金的支持。另外，在进军美国动物保健品终端消费市场的同时，公司还计划进行动物疫苗产品的研发和生产，从而完善丰富自身产品结构，进一步增强持续盈利能力。公司上述业务的发展都需要充沛的流动资金支持。而本次定增是围绕公司主营业务，紧密结合本次收购，着眼于延伸产业链和提高产品附加值，为实现公司发展战略提供资金支持。

【思考题】
1. 简要分析金河生物收购潘菲尔德的原因。
2. 被收购方的评估价值与收购价格会等同么？为什么？

【资料来源】
[1] 贺建业，赵晓琳. 产能饱和难敌市场需求 金河生物扩产借力 IPO [N]. 上海证券报，2011.
[2] 严翠. 两公司定增"补血" 股东高管积极认购 [N]. 上海证券报，2014.
[3] 张伦. 技术升级让老药重获生机 [N]. 医药经济报，2014.
[4] 解读：金河生物收购海外资产 切入美国动物保健品市场. 中证网，2014.

联想收购 IBM 全球 PC 业务

【理论链接】

市场占有率

市场占有率又称为市场份额,它在很大程度上反映了企业的竞争地位和盈利能力,是企业非常重视的一个指标。市场份额具有两个方面的特性:数量和质量。市场份额的大小只是市场份额在数量方面的特征,是市场份额在宽广度方面的体现。市场份额还有另外一个质量方面的特征,这就是市场份额的质量,它是对市场份额优劣的反映。市场份额数量也就是市场份额的大小。市场份额质量是指市场份额的含金量,是市场份额能够给企业带来的利益总和。衡量市场份额质量的标准主要有两个:一个是顾客满意率,一个是顾客忠诚率。顾客满意率和顾客忠诚率越高,市场份额质量也就越好,反之,市场份额质量就越差。

摘要:2005年5月1日下午,联想正式宣布完成收购IBM全球PC业务,任命杨元庆接替柳传志担任联想集团董事局主席,柳传志担任非执行董事。前IBM高级副总裁兼IBM个人系统事业部总经理斯蒂芬·沃德出任联想CEO及董事会董事。收购后的新联想将以130亿美元的年销售额一跃成为全球第三大PC制造商。根据收购交易条款,联想已支付给IBM的交易价为12.5亿美元,其中包括约6.5亿美元现金,按2004年12月交易宣布前最后一个交易日的股票收市价值6亿美元的联想股份。交易完成后,IBM拥有联想18.9%股权。此外,联想将承担来自IBM约5亿美元的净负债。此次收购的最终协议于2004年12月8日公布,2005年1月27日联想股东批准通过。最终协议中的所有重要条款完成。在获得香港联合交易所审批及联想股东投票通过后,IBM的最终交易代价预期将为约8亿美元现金及价值4.5亿美元的联想股份,此安排将按照目前建议的方案由联想向IBM回购股份达成。联想借助跨国并购不仅做大了规模,巩固了全球化运营能力,而且在国际舞台中展现出色的成本控制优势。

关键词:联想;IBM;海外并购;市场占有率

1. 交易双方

1.1 联想集团

联想集团是 1984 年中科院计算所投资 20 万元人民币，由 11 名科技人员创办，是一家在信息产业内多元化发展的大型企业集团，富有创新性的国际化的科技公司。从 1996 年开始，联想电脑销量一直位居中国国内市场首位；2004 年，联想集团收购 IBM PC 事业部；2013 年，联想电脑销售量升居世界第一，成为全球最大的 PC 生产厂商。

联想集团全球分为 2 大总部，第 1 个是位于中国北京市联想集团全球行政总部的所在地联想中国大厦，第 2 个是 2004 年中国联想集团收购美国 IBM 全球 PC 业务时在纽约刚设立的临时总部，称为联想国际。而中国北京市联想集团联想中国大厦是联想集团真正的全球行政总部所在地。2004 年中国联想集团收购美国 IBM 全球 PC 业务后，同时在中国北京和美国北卡罗来纳州的罗利设立两个主要运营中心，通过联想自己的销售机构、联想业务合作伙伴以及与 IBM 的联盟，新联想的销售网络遍及全世界。联想在全球有 27 000 多名员工。研发中心分布在中国的北京、深圳、厦门、成都和上海，日本的东京及美国北卡罗来纳州的罗利。

联想的全球行政总部是位于中国北京市的联想中国的联想大厦。中国北京和美国北卡罗来纳州的罗利设立的两个主要运营中心。作为全球个人电脑市场的领导企业，联想从事开发、制造并销售最可靠的、安全易用的技术产品及优质专业的服务，帮助全球客户和合作伙伴取得成功。

作为全球电脑市场的领导企业，联想从事开发、制造并销售可靠的、安全易用的技术产品及优质专业的服务，帮助全球客户和合作伙伴取得成功。联想公司主要生产台式电脑、服务器、笔记本电脑、打印机、掌上电脑、主板、手机、一体机电脑等商品。2003 年，联想宣布使用新标识"Lenovo"为进军海外市场做准备。基于关联应用技术理念，在信息产业部的领导下，联想携手众多中国著名公司成立 IGRS 工作组，以推动制定产业相关标准。联想启动 2003 联想科技巡展，推广联想的创新技术及理念。联想成功研发出深腾 6800 高性能计算机，在全球超级计算机 500 强中位居第 14 位。IBM 个人电脑事业部推出业界第一部持久电池寿命长达 11 小时的笔记本电脑。IBM 个人电脑事业部建立 ThinkCentre 台式电脑生产线。IBM 个人电脑事业部推出带有主动硬盘保护系统的笔记本电脑，这是业界第一款具有安全气囊式硬盘和数据保护功能的笔记本电脑。IBM 个人电脑事业部发售第两千万台 ThinkPad 笔记本电脑。

2005年8月10日，联想集团公布2005年第一季度业绩，期内实现纯利3.57亿港元，是联想收购IBM全球PC业务后，首次计入该业务的季度财务报告。

自2014年4月1日起，联想集团成立了四个新的、相对独立的业务集团，分别是PC业务集团、移动业务集团、企业级业务集团、云服务业务集团。

1.2 IBM

国际商业机器公司或万国商业机器公司，简称IBM。总公司在纽约州阿蒙克市，1911年托马斯·沃森创立于美国，是全球最大的信息技术和业务解决方案公司，拥有全球雇员30多万人，业务遍及160多个国家和地区。该公司创立时的主要业务为商用打字机，及后转为文字处理机，然后到计算机和有关服务，2011年，IBM在中国、韩国两国行贿被罚1 000万美元。2013年9月19日，IBM收购了英国商业软件厂商，打算将其并入软件集团和企业内容管理（ECM）业务。2014年1月9日，IBM宣布斥资10亿美元组建新部门，负责公司最新电脑系统Watson。

IBM在1932年投入巨资100万美元建设第一个企业实验室，这个实验室在整个20世纪30年代的研发让IBM在技术产品上获得领先。在整个经济大萧条期间，IBM一直在研发和新产品上投资，它的产品比所有其他公司都更好、更快、更可靠，它因此赢得了独家代理罗斯福新政会计项目的合同。1935年，IBM的卡片统计机产品已经占领美国市场的85.7%，IBM公司因卡片机的大量销售而积累雄厚的财力和强大的销售服务能力，为以后成为计算机领域的主宰奠定了重要的基础。

IBM与中国的缘分源远流长。早在1934年，IBM公司就为北京协和医院安装了第一台商用处理机。1936年，IBM在远东地区的第一个办公室就设立在上海，为其在中国乃至整个东亚地区布局发展奠定了基础。1937年，中国第一个越洋电话就从IBM上海办公室拨出，从此开辟了中国与世界连接的新途径。

随着中国改革开放的不断深入，IBM在华业务日益扩大。20世纪80年代中后期，IBM先后在北京、上海设立了办事处。1992年，IBM在北京正式宣布成立国际商业机器中国有限公司，这是IBM在中国的第一家独资企业。此举使IBM在实施其在华战略中迈出了实质性的一步，掀开了在华业务的新篇章。随后的1993年，IBM中国有限公司又在广州和上海建立了分公司。到目前为止，IBM在中国的办事机构扩展至33个城市，业务渗透到300多个城市。IBM全球服务执行中心分布在大连、上海、深圳和成都，标志着IBM在中国的应用服务外包已经达到了国际最先进的水平。除此之外，IBM还成立了10家合资和独资公司，分别负责制造、软件开发、服务和租赁的业务。从而进一步扩大了在华业务覆盖面。

20世纪90年代中后期，IBM最早在中国成立合资生产厂，最早开设研发机构，发掘人才的价值，最早将世界级的专业服务引入中国，引导了"中国制造""中国研发"和"中国服务"的潮流；进入21世纪，IBM将中国视为全球最重要的创新中心和服务中心，IBM协助金融、电信、流通、制造等国民经济重要行业实现了信息化的跨越式前进。2007年，IBM提出了"全球整合企业"概念，将中国变成IBM全球整合的最重要的基地之一，为中国企业的国际化成长提供了先进的指导思想和实践经验。

IBM为计算机产业长期的领导者，在大型/小型机和便携机方面的成就最为瞩目。其创立的个人计算机标准，至今仍被不断的沿用和发展。2004年，IBM将个人电脑业务出售给中国电脑厂商联想集团，正式标志着从"海量"产品业务向"高价值"业务全面转型。

2. 收购动因分析

（1）收购完成之后，占全球PC市场份额第9位的联想跃升至第3位，仅次于戴尔和惠普。

20世纪90年代，联想在中国PC市场独领风骚。但随着中国市场开放，同样是戴尔等PC国际厂商的进入使得联想的PC业务盛极而衰，风光不再，2002年的20%的国内市场占有率已近极致，同IBM一样，联想的PC业务也到了"瓶颈"阶段。而并购能够有效地提高市场占有率。由于市场竞争对手的减少，优势企业可以增加对市场的控制能力。从全球化的角度看，中国企业通过跨国并购开拓国际市场，兼并的是行业里的竞争对手，导致在整个国际市场上的竞争对手减少，而且可以利用被兼并者的品牌、销售渠道及原有的市场份额，因此可以达到进一步控制市场、提高市场占有率的目的。

（2）联想结合自身优势并购IBM，利用IBM的品牌和销售渠道，是一种进入国际市场的有效途径。

这次收购使联想能够迅速进入国际市场并占有市场份额。这主要是由于通过并购国外企业有效降低了进入国际市场的壁垒，大幅降低企业发展的风险和成本并且充分利用经验曲线效应，就是能够利用被收购企业在其本国市场或国际市场内所积累的各方面的经验，企业能够通过并购获得营销方面的竞争优势。

并购IBM的PC业务就是获得进入国际市场的通行证，可以借助IBM的品牌提升联想的国际地位和形象，并且IBM的销售体系也将为联想的国际化步伐在一定程度上铺设好道路，也可以更好地学习IBM的先进管理经验和市场运作能力。并购后拥有IBM的Think系列品牌及相关专利、两个研发中心以及原IBM高层主管的留任，这些因素保证联想延续了原IBMPC部门的竞争优势，拥有领先的产品研发与产品创新能力，进而保证联想能够拥有国际化的产品，并以此来开拓国际市场。

（3）IBM 的战略部署使其需要出售亏损严重的个人电脑业务，集中精力发展服务业。

IBM 的 PC 业务连年亏损，使得公司高层抛售 PC 部门的想法更为坚定。该公司个人电脑部门 2001 年亏损状况为 3.97 亿美元，2002 年为 1.71 亿美元，2003 年为 2.58 亿美元。而 2004 年上半年已亏损 1.39 亿美元，PC 是一个很特殊的产业，它需要有较低的价格和较大的经济规模来支撑，此外，它还需要企业较为注重对个人的销售（IBM 的客户主要是那些大客户，而它对中型客户的关注程度并不高）在这些方面，IBM 都与以 PC 销售为主的戴尔以及经验丰富的惠普相竞争。如果抛弃 PC 业务，IBM 可以将更多的资金和精力投在其他的较为擅长的业务上，例如服务器和其他技术领域，尤其是服务器这一市场。操作系统与硬件产品犹如鱼水，是分不开的。一台电脑必须配有 Windows 操作系统，即 IBM 和微软的关系一定要好，倘若能成功抛售掉 PC 业务，IBM 就不用费力去搞好与微软公司的关系了。总而言之，IBM 善于并适合销售高端产品，这个特性开始与 PC 市场的趋势相冲突时，抛弃 PC 业务也只能是时间问题。当这两个巨大的企业同时面临危机而要各取所需的时候，强强联手就成了必然。

3. 收购过程

2003 年 11 月到 2004 年 5 月，是联想与 IBM 谈判的第一个阶段。联想的谈判队伍以柳传志、杨元庆等最高层为领导，包括了所有收购涉及的部门。谈判小组由供应链、研发、行政、财务等各部门的 3~4 名员工，总计超过百人。IBM 则由两名高管主导，小组包括内、外部律师近 20 人。同时，IBM 高级副总裁约翰·乔伊斯与 CEO 彭明盛都深度参与，成为并购的促成者。并购谈判开始后，联想聘请麦肯锡作为战略顾问，高盛作为并购顾问，安永和普华永道作为财务顾问，奥美公司作为公关顾问。IBM 则聘请了美林证券作为顾问进行谈判。

2004 年 6~10 月，双方的谈判进入了在收购价格、范围、支付方式和合作方式各个问题方面的实质性谈判阶段。在这个过程中，支付的价位与支付手段是谈判的焦点问题，同时对于 IBM 在 PC 业务上的专利和品牌将如何被运用也成为非常重要的问题。最终在 2004 年 12 月双方达成并购协议，敲定所有细节，实现并购。其并购协议长达 37 页，包含了品牌和融资协议、过渡型服务协议等四十多个服务协议。

2005 年 5 月 1 日，联想集团有限公司与 IBM 宣布，联想完成了对 IBM 全球个人电脑业务的收购。新联想在中国个人电脑市场占有 1/3 的份额，在全球企业个人电脑市场上占领先地位。根据收购交易条款，联想支付 IBM 的交易代价为 12.5 亿美元，其中包括约 6.5 亿美元现金，及按 2004 年 12 月交易宣布前最后一个交易日的股票收市价价值 6 亿美元的联想股份，此外联想还承担了来自 IBM 约 5 亿美元的净负债。交易前，联想控股对联想集团的控股比例达到 57%，剩余为公众持股，交易完成后，联想向 IBM 支付价值 6 亿美元联想股份，IBM 拥有联想 18.9% 股权，而联想控股的持股比例降到 46%。

联想的个人电脑将通过 IBM 强大的遍布世界的分销网络进行销售。新联想将成为 IBM 首选的个人电脑供应商，而 IBM 也将继续为中小型企业客户提供各种端到端的集成 IT 解决方案。IBM 亦将成为新联想的首选维修与质保服务以及融资服务供应商。此次所收购的资产包括 IBM 所有的笔记本、台式电脑业务及相关业务，包括客户、分销、经销和直销渠道；"Think" 品牌及相关专利、IBM 深圳合资公司（不包括其 X 系列生产线）；以及位于日本大和及美国北卡罗来纳州罗利的研发中心。并购后，联想在全球有 19 000 多名员工，在中国的北京、深圳、厦门、成都和上海，日本的东京以及美国北卡罗来纳州的罗利都设有研发中心。

4. 收购影响

（1）联想收购 IBM 消息公布后，香港市场对此反应强烈。2004 年 12 月 6 日开始停盘的联想股票 9 日重新开盘后，股价表现颇具戏剧性。受到收购消息的鼓舞，联想集团股价早上开盘便快速爬高，最高涨幅高达 7.4%。与往日相比，成交量成倍放大，显然有人趁此利好拉高出货，接盘也十分踊跃，换手频频。临近上午收盘时，终于图穷匕见，大股东大笔抛出，股价掉头下挫，到尾市收盘，跌幅为 3.74%，股价暴跌。9～13 日的 3 个交易日里，其股价下跌了 13%，由 2.67 港元跌至 2.33 港元。收购消息宣布后，多家证券公司下调了对联想的投资预期。2005 年 1 月 26 日，据《竞报》载，联想收购 IBM 的 PC 业务尚未获得美国外国投资委员会（CFIUS）的批准，美国外国投资委员会的委员担心，联想员工可能会刺探商业机密，将有可能对此项交易进行调查。香港股市对此也作出了反应，联想集团股价前天逆市上扬 4.9% 至 2.125 港元。由此，可以看到资本市场对于联想的此次收购并不看好。

（2）此次收购后，联想成为全球第三大 PC 领导者，获得了独特的竞争优势，联想拥有了全球认可的品牌和更加多元化的客户群以及广泛的分销网络并且通过整合双方在台式机和笔记本方面各自的优势为全球客户提供了更多元化的产品。同时资源的整合也提高了运营效率。新团队兼具了双方的管理经验和专长，最重要的事联想与 IBM 形成了长期战略联盟，IBM 为联想提供品牌、分销、服务及融资等方面的长期支持，IBM 领先的技术保证了联想在行业中的技术优化和产品的差异化。

（3）联想本次收购采用了借款的融资方式，使得资产负债率大幅上升，2006年和2007年的负债率都是0.79，说明企业暂时出现了难以筹到资金的情况，筹资风险加大，利息风险增加，偿债风险也增加了，由此直接导致了联想短期利润下滑。总资产收益率（ROA）的高低直接反映了公司的竞争实力和发展能力，也是决定公司是否应举债经营的重要依据。2006年，在总资产规模发生335.3%增长的情况下，总资产收益率从2005年的0.1209下降到0.0055，下降了11.54。2004～2007年，公司的存货周转率呈现上升趋势，表明销售增长率高于生产增长率，库存减少，即公司存货的流动性或变现能力增强了，实现的销售额或周转额增加了，获利能力相应提高。净利润增长率反映了企业实现价值最大化的扩张速度，2004年和2006年出现负增长，但2007年又增长到4.81，表明公司通过调整销售方式，扩大了销售收入，控制了成本与费用，进而提高了盈利能力。这一切都得益于并购所带来的规模效应。

（4）据初步统计，2005～2011年，联想集团年营业规模增长10倍，利润增长4倍，全球市场份额扩大5倍，Lenovo也从一个区域品牌成长为一个国际知名度超过50%的品牌；其次，跨国并购为联想在全球市场带来持续活力。近年来，IT产业的深度整合令惠普、戴尔等美国巨头相继出现业绩疲软。2013年第三季度，全球PC出货量同比下降超过8%，是自2001年以来最严重的滑坡；而同期联想PC出货量刷新历史纪录，同比增长9.8%，达到近1380万台。此外，近5年来，联想集团通过并购完成一系列国际化布局调整，全球供应链成本降低到只有竞争对手的一半，交付效率提高到117%，现金周转率提高了14%。清华大学经管学院领导力研究中心研究员秦合舫认为，联想借助跨国并购不仅做大了规模，巩固了全球化运营能力，而且在国际舞台中展现出色的成本控制优势。因此，在PC市场趋于微利的背景下，联想依然能保持增长和盈利的双丰收。

【思考题】
1. 结合案例，分析联想收购IBM的PC业务后是如何提高其市场占有率的。
2. 试分析联想收购IBM的PC业务后对其日后的国际化道路有何影响？

【资料来源】

[1] 孔玲玲. 横向并购的组织变革比较——以联想和惠普为例 [D]. 北京工商大学，2010.

[2] 贾晓朦. 机遇与挑战并存——联想收购IBM-PC业务分析 [J]. 中国集体经济，2008.

[3] 谢光亚，郑春. 从联想收购IBM PC业务看中国企业跨国并购 [J]. 商

业研究，2006.

[4] 徐加，付建彬. 联想收购 IBM 全球 PC 事业部案例分析 [J]. 经济论坛，2005.

[5] 李菁. 联想收购 IBM 全球 PC 业务案例分析 [D]. 对外经济贸易大学，2007.

[6] 岳东宇. 透过企业合并再谈联想收购 IBM [J]. 商场现代化，2012.

[7] 高祖原. 基于核心竞争力的中国企业跨国并购研究 [D]. 华中农业大学，2013.

出版说明

本书作者对相关企业管理情况的分析、评议，不代表出版方的立场和观点。未经本书作者和出版方同意，严禁转载本书中的内容。

本案例撰写者对案例中所涉及的企业情况及数据来源的可靠性、真实性负完全法律责任，由此而引起的法律纠纷与出版方无关。